V&R

Jens Förster

Black-Box-Methoden

Mit systemischer Haltung therapieren, coachen und beraten, ohne das Problem zu kennen

VANDENHOECK & RUPRECHT

Dem IF Weinheim gewidmet

Bibliografische Information der Deutschen Nationalbibliothek:
Die Deutsche Nationalbibliothek verzeichnet diese Publikation in der Deutschen Nationalbibliografie; detaillierte bibliografische Daten sind im Internet über https://dnb.de abrufbar.

Umschlagabbildung: chingraph/Adobe Stock

Satz: SchwabScantechnik, Göttingen
Druck und Bindung: Elanders Waiblingen GmbH, Waiblingen

Vandenhoeck & Ruprecht Verlage | www.vandenhoeck-ruprecht-verlage.com

ISBN 978-3-525-40035-7

Inhalt

Die Würde des Menschen ist unantastbar

Kapitel I: Losgehen

Black-Box-Methode: Wie ich zu dem wurde, was ich jetzt bin

Ich habe mich gemeldet. Karin Nöcker hat gefragt, wer ein Anliegen hätte, und meine Hand hat sich wie von selbst erhoben. Sie steht auf, stellt sich in die Mitte des Raumes und macht eine einladende Geste. Karin möchte eine Black-Box-Methode[1] zeigen und braucht dafür ein »echtes« Problem eines Teilnehmenden. Ich bin zu diesem Zeitpunkt Teilnehmer am »Institut für systemische Entwicklung und Ausbildung Weinheim«, kurz IFW, und Karin ist meine Dozentin. Im Seminar, das dieses Mal an der Universität Düsseldorf stattfindet, sitzen 14 andere Teilnehmer:innen[2] im Stuhlkreis und sind gespannt.

Ich bin vor allem erleichtert. Ich wollte dieses Thema sowieso im Seminar mit ihr bearbeiten, aber es gibt tausend Gründe, warum ich mich davor auch gefürchtet hatte. Die Einladung, dass ich gar nichts erzählen müsste, sondern dass wir »rein körperlich und ohne viel Sprache« arbeiten würden, gibt mir eine richtig gute Energie. Ich fühle mich bei Karin in sicheren Händen. Sie weiß, was sie tut, und sie wird schon dafür sorgen, dass ich nicht zu tief falle.

Ich kann Ihnen hier das Problem verraten, das ich damals hatte: Ich war Professor der Sozialpsychologie mit einer guten Reputation und einer Institutsleitung an der Universität Amsterdam und dem

1 Black-Box-Methoden werden von systemisch Arbeitenden auch »verdeckte«, »formale« oder »analoge« Methoden genannt. Guido Nöcker schlug uns für die ersten Seminare, die Karin Nöcker und ich zum Thema durchführten, den Begriff »Black-Box-Methoden« vor, weil er verständlicher wäre.

2 Zum Gendern in diesem Buch siehe im Abschnitt »Zu mir und diesem Buch« (S. 21).

Kurt-Lewin-Institut der Niederlande. Ich hatte mich, weil ich es dort ganz furchtbar fand, entschieden, mich an der Ruhr-Universität Bochum zu bewerben. Mein eigentliches Ziel war es, ein eigenes Institut mit therapeutischer Praxis in Köln zu gründen und übergangsweise an der Ruhr-Uni zu arbeiten, als Zwischenfinanzierung. Ich wollte kündigen, wenn meine Praxis gut laufen würde. Nach Jahren in der Forschung hatte ich alles erreicht, was ich erreichen wollte, und ich war es zudem leid, hinter dem Schreibtisch zu sitzen. Ich war es auch leid, als Homosexueller in einem spießigen System diskriminiert zu werden, und ich war es leid, 16 Stunden am Tag zu arbeiten und darum gleichzeitig beneidet und bedauert zu werden. Und ich hatte über viele Jahre genug Erfahrung als Therapeut, Coach und Supervisor angesammelt, um mich selbstständig zu machen.

Doch dann kam Alexander von Humboldt. Die Uni Bochum hatte mich während des Bewerbungsprozesses für eine Stiftungsprofessur vorgeschlagen. Ein Preis der Alexander-von-Humboldt-Stiftung, den Forscher aus dem Ausland erhalten können, wenn sie nach Deutschland zurückkehren. Ein Preis, den bisher nur ein einziger Psychologe je erhalten hatte. Eine Anerkennung, die mit 5 Millionen ausgestattet war und mir selbst ein Gehalt von 175.000 Euro pro Jahr zusichern würde. Ich hatte zugelassen, dass sie mich vorschlugen, weil ich mir sicher war, dass ich diesen Preis sowieso nie erhalten würde, und hatte mich schon nach Praxisräumen in Köln umgesehen.

Dann aber gewann ich das Ding und war in der Falle. Jede und jeder, der oder dem ich erzählte, dass ich mich bald selbstständig machen würde, hielt mich nun für verrückt. 5 Millionen! Beamtenstatus! Räume, Personal und ein gutes Gehalt! Pension! Prestige! Und ein Teil von mir sagte ebenfalls: »Das kannst du nicht einfach zum Fenster rauswerfen!« Während ein anderer Teil mir zurief: »Die Arbeit hat dich so erschöpft, dass du neun Monate zu Hause sein musstest. Universitäten sind Haifischbecken! Du bist ein richtig guter Therapeut und Supervisor! Mach endlich was Nützliches.«

Ich könnte noch stundenlang weitererzählen, doch war ich froh, dies nicht vor der Gruppe öffnen zu müssen. Was würden die anderen denn denken, wenn die mich so reden hörten? »Was für ein arroganter Angeber!«, »Hat der noch andere Probleme?«, »Ich verdiene grad mal 30.000 im Jahr – geht's noch?« »Wie blöd ist der denn – erst will er die Stelle und dann will er sie nicht?« Ich musste das alles nicht erzählen, ich musste mich nicht erklären und nicht rechtfertigen. Ich darf aber alles denken.

Die Gruppe sieht mir freundlich zu, während Karin mich bittet, eine Karte aus einem bunten Kartenstapel zu wählen und sie auf den Boden zu legen. Ich soll mir einen »guten Platz« für mein Thema suchen, das ich mitgebracht habe. Ich nehme eine gelbe Karte und lege sie in die Mitte des Raumes. Karin lädt mich ein, mich auf das Thema zu stellen und mich einzufühlen. Ich stelle mich darauf und sofort beginnt mein Körper zu zittern. Die körperliche Reaktion ist so heftig, dass ich mich neben das Problem stelle.

Karin fragt: »Was passiert gerade?«

»Ich stehe da drauf und es ist heftig. Ich will da nicht draufstehen.«

»Was bedeutet es für dich, dass du dich danebengestellt hast?«

»Ich denke, es könnte so etwas wie Verdrängen sein. Nein, das ist es nicht. Ich halte es einfach da nicht aus und kümmere mich um mich selbst. Ich muss mir nicht weh tun.«

»Du verdrängst nicht und kümmerst dich um dich. Und im wirklichen Leben: Stehst du da drauf oder daneben?«

Meine Gefühle übermannen mich. Nach einer Minute Arbeit stehe ich mitten im Raum und weine.

»Ist das auszuhalten?«, fragt Karin.

»So ist es eben«, sage ich. »So, genauso, ist es. Ich stehe da die ganze Zeit drauf und es ist furchtbar.«

»Ich sehe dich, wie du da danebenstehst, auf das Problem schaust und weinst.«

»Ja.«

Ich stelle mich wieder drauf. Die Reaktion ist weniger heftig.

»Es geht jetzt. Ich halte das ja täglich aus. Stündlich, jede Sekunde.«

»Wie machst du das? Wie hältst du das aus?«

»Weiß nicht.« Ich denke nach, lange, vielleicht drei Minuten? Fünf? Es arbeitet in mir. Stille im Raum.

»Ich kann Dinge gut aushalten.«

»Was spürst du im Körper?«

»Magen, Nacken, die Haut juckt. Alles meine körperlichen Baustellen.«

»Liebevolle Signale deines Körpers?« Karin lächelt.

Ich lächle: »Könnte man so sagen.«

»In Bezug auf dein Thema, das ich ja nicht kenne – gibt es da einen ersten Impuls?«

»Ja, klar, ich kann mich auch danebenstellen, neben mein Thema. Ich muss mir nicht wehtun. Das ist mir gerade bewusst geworden.«

Ich sehe vor meinem inneren Auge die neun Monate, in denen ich nicht zur Uni gegangen war. In denen ich zu Hause in meiner schönen Wohnung wieder Kraft entwickeln konnte, Gedanken nachhängen durfte, Sport treiben, Malen, Singen, Filme schauen durfte – schöne Dinge schreiben konnte.

Karin reicht mir den Kartenstapel noch einmal. »Wähl doch einmal eine Karte für einen Zustand, der sich richtig gut anfühlt. Wo wäre der Platz?«

Ich nehme eine hellblaue Karte, gehe im Raum herum und bleibe vor dem Fenster stehen. Durch die Wolken bricht ein Licht. Ich lege die Karte auf den Boden, stelle mich auf die Karte, es fließt warm von den Füßen hoch. Magen, Schultern, Haut fühlen sich gut an. Es ist gut, dass Karin mich im Blick hat, es passiert gerade viel mit mir und sie fragt mich nichts. Dennoch ist es gut, dass sie mich sieht. Irgendwie sorge ich selbst dafür. Ich bin verbunden.

Erst nachdem ich mich ganz zu ihr wende fragt sie: »Wie kämest du denn von dem Hier und Jetzt da hinten auf diesen Zustand? Was bringst du mit, um das zu erreichen?«

»Viel!«, sage ich spontan. Sie bittet mich, in den Kartenstapel zu greifen.

»Greif mal rein, gefühlsmäßig. Wie viele Ressourcen stehen dir zur Verfügung, die dir helfen könnten, um von dem furchtbaren Zustand in diesen zu kommen?« Ich greife in die Vollen. Das fühlt sich gut an. Ich denke sofort an meinen Fleiß, meine Disziplin, meine Intelligenz, meine Beredsamkeit, meine Freunde, meinen Mann, meine Begeisterungsfähigkeit … wie gut, dass ich diese Ressourcen nicht laut nennen muss – wie komisch käme ich mir dann wohl vor. Hier darf ich einmal alles denken, ohne bewertet zu werden! Das fühlt sich großartig an.

»Kann das sein, dass du gerade deinen Rücken aufgerichtet hast? – Ich nehme gerade wahr, wie aufrecht du stehst« Ich nicke. Sie deutet auf die Karten. »Wo liegen diese Ressourcen? Leg sie doch mal in den Raum!«

»Na, zwischen Problem und Ziel.«

»Du nennst das jetzt Ziel. Was ist für dich der Unterschied zwischen Ziel und Zustand?«

»Ein Ziel kann ich erreichen und ich möchte es vielleicht auch …«

Ich denke: Ich stehe auf meiner Selbstständigkeit. Meiner Praxis. Meiner Arbeit mit Menschen. Es ist schön, dass ich all das nicht aussprechen muss, denn ich bin ja mit der Praxis noch am Anfang und allein dieser Wunsch könnte den anderen ja überheblich vorkommen. Das Ganze macht mir auch Angst. In der Wissenschaft hatte ich mich an die internationale Spitze gespielt. Ich wusste, wie es geht, auch wenn es mir keinen Spaß machte. Aber wer würde in meine Praxis kommen? Was, wenn niemand käme? Ich würde meine Pension verlieren.

Ich streue die Ressourcenkarten mit Schwung zwischen Problem und Ziel.

»Wie wäre es, wenn du vom Problem einmal zum Ziel gehen würdest?«

Ich habe große Lust dazu, stelle mich auf das Problem und gehe über meine Ressourcen hinweg zum Ziel. Ich merke wie sich mein angespannter Rücken auf dem Weg zum Ziel entspannt, wie die Schultern weicher werden, wie ich mich aufrichte und gleichzeitig entspanne. Ich darf dem eine längere Zeit nachgehen, es ist wieder minutenlang Stille im Raum.

»Jetzt ist das Leben ja nicht nur voller Ressourcen, sondern es gibt auch Herausforderungen, Hindernisse, Schwierigkeiten. Möchtest du auch dafür Karten wählen?«

Ich wähle sechs Karten und beschrifte sie mit einem Buchstaben. S wie »finanzielle Sicherheit«, F für »was sollen meine Freunde denken«? H wie »Haifischbecken«, P wie »Prestige«, Z wie Zweifel an einer Karriere als Selbstständiger« und M, ja meine Mutter fällt mir ein – sie würde das wohl nie begreifen. Ich lege die Karten auf den Weg.

Wieder gehe ich vom Problem über die Karten, dieses Mal die Problemkarten, zum schönen Zustand, dem Ziel. Das fühlt sich weniger schlimm an, als erwartet. Liegt es an den vielen Ressourcenkarten, die da liegen? Ich denke: Das Haifischbecken werde ich ja verlassen und was die dann sagen werden, muss mich nichts mehr angehen. Eine finanzielle Sicherheit habe ich, ohne viel zu arbeiten, da sich meine Bücher gut verkaufen und die daraus folgenden Vorträge richtig viel Geld einbringen. Mir kommt der Gedanke: »Du wirst nicht mittellos werden, du nicht.« Bei Prestige fallen mir zuerst die Nachteile ein, die jemand hat, der erste Liga spielt: Neid und Einsamkeit. Je erfolgreicher ich in der Universität wurde, umso einsamer und belasteter fühlte ich mich.

Es war ein Angebot aus Ohio, das den Amsterdamer Kolleg:innen nicht gepasst hatte. Wie hat er denn das gemacht? Dann bekam ich den europäischen Kurt-Lewin-Preis, der einmal in drei Jahren vergeben wird – und den meine Kolleg:innen eben nicht bekommen hatten. Nahezu jeder Artikel, den ich schrieb, wurde in internationalen Zeitschriften veröffentlicht; sie fragten sich, ob das an meinen guten internationalen Beziehungen lag, dem »Vitamin B«. Ein Maiskolben, der aus dem Feld herausragt, wird niedergemacht, heißt es in einem niederländischen Sprichwort. Und wieder ist es gut, dass ich all das nicht erzählen muss, denn ich weiß nur zu gut, wie viele Deutsche die Niederlande einfach nur wunderbar finden. Ich dagegen darf an all die Diskriminierungen zurückdenken, die ich dort erfahren habe. Ich muss jetzt nicht so komische Erklärungen liefern wie: »Wisst ihr, als Touristen seid ihr hier willkommen, aber wenn ihr da arbeitet, dann macht euch auf was gefasst.« Ich denke auch, dass ich auf keinen Fall nach Bochum will. Die Uni, die Kollegen, die Stadt – ich muss das alles nicht erklären. Aber ich darf das alles denken! Das Unangemessene, das Tabuisierte, das politisch Inkorrekte, das Schräge, das vielleicht Ungerechte.

Karin lädt mich dazu ein, den Weg ein paar Mal hin und her zu gehen. Irgendwann stehe ich auf der Zielkarte, schaue in das Licht, die Hände in den Hüften, wie ein Bauer, der auf ein frisch gesätes Feld schaut.

»Karin, reicht«, höre ich mich sagen. »Ich weiß, was ich zu tun habe.«

»Heißt dass, wir beenden die Sitzung hier?«

»Ja, gern, Karin, es ist jetzt alles klar. Es fühlt sich großartig an. Danke!«

Karin bedankt sich bei mir und fragt nach, wie ich aus der Sitzung gehe. Ich nehme die anderen um mich herum wahr, bedanke mich bei allen und sage zu ihr: »Gut. Deine Arbeit ist so würdevoll.« Wundere mich über meine Wortwahl. Das Wort »Würde« ist mir im Zusammenhang mit Therapie noch nie eingefallen.

Karin schlägt mir vor, eine Stunde lang allein spazieren zu gehen, um dann den Tag mit der Gruppe zu beschließen. Ich gehe ein wenig durch Licht und Regen und die Zeit verfliegt in Gedanken. Die Uni Düsseldorf ist architektonisch irgendwie hässlich wie alle anderen deutschen Universitäten – doch das nehme ich nur am Rande wahr. Ich gehe schwanger mit meinen Gedanken. Ich fühle Licht. Kraft. Mut.

Dann teile ich der Gruppe mit, dass ich meine Universitätskarriere heute Abend noch beenden werde. Dies ist der Beginn meiner schönsten Lebensphase.

Zu mir und diesem Buch

Sie merken es bereits, ich nehme diese Arbeit persönlich und trotzdem denke ich, dass ich ein Sachbuch geschrieben habe. 2005, da war ich seit vier Jahren Professor in Bremen, habe ich mir zum ersten Mal die Aufgabe gestellt, Wissenschaft verständlich zu kommunizieren. Ich komme aus »einfachen Verhältnissen« und meine Mutter wusste nicht, über was ich redete, wenn ich mit meinen Brüdern über meine Arbeit schwadronierte. »Stereotype«, »Embodiment« und »Metaebene« waren in der Ludwigstraße in Lübbecke unbekannte Begriffe. Ich wollte Bücher für meine Mama und meinen Papa schreiben, damit sie wussten, was ich tue.

Mittlerweile habe ich viele Lieder, Bücher, Theaterstücke und wissenschaftliche Artikel geschrieben und habe irgendwann für mich herausgefunden, dass jeder Text ein Stück Biografie des Autors oder der Autorin ist. Niemand kann über den eigenen Schatten springen, selbst Wissenschaftler:innen nicht. Ich habe Stimmungsforscher:innen erlebt, deren Stimmung ich im Uni-Alltag bemerkenswert fand; ich habe Selbstregulationsforscher:innen morgens Wodka trinkend bei Kongressen beobachtet und Aggressionsforscher:innen, die ihr Kind beleidigten. Jedes Buch hat etwas mit den Autor:innen selbst zu tun, jedes Buch ist eine Biografie – es ist schwierig, wie Niklas Luhmann sagen würde, unser eigenes, geschlossenes System zu verlassen (wenn Sie es kompliziert wollen: Für mich ist ein Schreiben in der persönlichen Ich-Form ein Ernstnehmen der Kybernetik 2. Ordnung: Ich *kann* als Mensch nicht neutral sein, alles, was ich schreibe, fließt durch *mein Hirn,* das sich von allen anderen unterscheidet, und durch *mein Herz.* Daher ist alles, was ich sage, weit entfernt von Wahrheiten – alles, was ich sage, ist nichts als eine Meinung, auch wenn es wissenschaftlich klingt). Daher bleibe ich lieber in meinem System und erzähle frei heraus von mir, meinen Wahrnehmungen, meinen Erlebnissen und meinen Fällen.

Mit einem früheren Lektorat hatte ich verschiedene Möglichkeiten ausprobiert, »verständlich zu schreiben«. Bis ich schlussendlich hörte: »Schreiben Sie über sich. So, als ob Sie mir ins Ohr sprechen würden. Reden Sie über Ihren Alltag, Ihre Wahrnehmung der Dinge, in Ich-Form. Ihre Krisen, Höhepunkte im Leben. Seien Sie persönlich. Das verstehen wir am besten.« Auf diese Weise habe ich acht Sachbücher geschrieben.

In meiner Rolle als Professor der Psychologie dagegen habe ich über 200 Artikel in einer Sprache geschrieben, die sehr wenige verstehen. Nicht weil Menschen dumm wären, sondern weil es einen wissenschaftlichen Jargon gibt, der gleichermaßen ein Ticket für den Elfenbeinturm ist. Einen Jargon, der Komplexität reflektiert, der Qualität anzeigen soll und der auch beeindrucken soll. Meiner Erfahrung nach exkludiert dieser Stil auch. Mit dem Älterwerden verliere ich die Lust, andere durch Schreiben zu beeindrucken. Ich gebe mir auch in diesem Buch die Erlaubnis, leichter zu schreiben. In meinem persönlichen Stil.

Das bedeutet übrigens nicht, dass es leichter ist, so zu schreiben. Als Sänger weiß ich: Es ist viel schwieriger, eine Operette zu singen als eine Opernarie. Ich versuche Leichtigkeit, ohne Komplexität zu verlieren – das wird mir nicht immer gelingen. Aber so macht mir das Schreiben Spaß. (Und wenn mir langweilig darüber werden sollte, dann schreibe ich eben wieder kompliziert.)

Sie werden auch bemerken, dass ich viele Zitate aus meiner eigenen wissenschaftlichen Karriere präsentiere. Ich war fast zwei Jahrzehnte lang Professor der Sozialpsychologie und habe unter anderem in Bremen, New York, Amsterdam und Trier gearbeitet. Als ich mit Black-Box-Methoden begann, habe ich nahezu jedes Forschungsthema, das ich bis dahin bearbeitet hatte, nutzen können. Wie oft dachte ich, wenn ich Kolleg:innen am IF Weinheim beobachtete: »Hey, das ist doch so wie in meiner Embodiment-Forschung!« oder »Wow – da geht es doch um meine Selbstregulationstheorie!«. Mein Therapeuten-Ich war mit meinem Forscher-Ich in Resonanz, es war kongruent. Manche werden denken: Muss der denn ständig sich selbst zitieren? Und ich kann nur antworten: Ich müsste nicht, aber ich will. Das, was ich war, passt einfach so gut zu dem, der ich bin. Ich bin gespannt darauf, was Sie sagen!

Zu guter Letzt: Ich habe mich entschieden, in diesem Buch zu gendern. Ich weiß aus meiner Arbeit in den Medien, dass mir dies Schelte einbringen wird, halte es aber aus verschiedenen Gründen für notwendig (s. Abschnitt »Sprache als Teambuilderin«, S. 95 f.). Schon vor über 30 Jahren zeigte sich in wissenschaftlichen Experimenten, dass Frauen eher gedanklich mit einbezogen werden, wenn das generische Maskulinum durch eine gegenderte Form ersetzt wird (Förster, 1993). Frauen werden demnach nicht automatisch »mitgedacht«, wenn von »Therapeuten« die Rede ist. Seitdem versuche ich, durch eine differenzierte Sprache Ungerechtigkeit und Diskriminierung entgegenzuwirken. Daher finde ich es auch bedenklich, wenn Politiker:innen wie Markus Söder oder Alice Weidel diesen sinnvollen Sprachgebrauch verbieten wollen.

Es gibt verschiedene Versionen, um zu markieren, dass alle Geschlechter gemeint sind. Ich habe mich für den Doppelpunkt »:« entschieden, weil er am ehesten barrierefrei ist, das heißt, bei einer automatisierten akustischen Übersetzung verständlich gesprochen wird[3]. Wenn ich das Gefühl hatte, dass der Lesefluss stark eingeschränkt war, habe ich, vor allem wenn ich Beispiele schildere, »gelost«. Das bedeutet, ich spreche in manchen Abschnitten von einer Klientin, in anderen von einem Klienten und manchmal von einer Therapeutin bzw. einem Therapeuten. Dadurch sollte der Anteil von männlichen und weiblichen Beispielen ausgeglichen sein.

Für bessere Ideen zur Lösung von Diskriminierung auf der sprachlichen Ebene bin ich sehr dankbar, da Gerechtigkeit ein hoher Wert für mich ist (Förster, 2020b).

3 https://barrierefreies.design/blog/wie-barrierefrei-ist-das-gendern.

Black Box-Methoden: Menschen beim Denken zuschauen

Mit Hilfe von Black-Box-Methoden kann ein Coach oder eine Therapeutin Prozesse begleiten, ohne viele Informationen über das Problem oder die Themen der Klient:innen zu haben. Manche nennen sie auch »verdeckte« Methoden, manche »formale« im Gegensatz zu »inhaltlichen« Methoden und manche »analoge« Methoden.

Wir gehen als systemisch Arbeitende ja sowieso davon aus, dass wir andere Menschen nur annähernd verstehen können (Luhmann, 1984; Nöcker u. Molter, 2012). Wenn meine Klientin von »Sehnsucht« spricht, dann habe ich eine vage Vorstellung davon, was sie meinen könnte. Aber wie sich dieser Zustand für sie anfühlt, welche Bilder und Assoziationen er bei ihr weckt oder mit welchen Erfahrungen (vermutlich Hunderte!) sie Sehnsucht verbindet, das werde ich auch nach jahrelanger therapeutischer Arbeit mit ihr nicht begreifen können.

Eine radikale Lösung wäre, auf Sprache als recht vages, unsicheres Element der Therapie zu verzichten oder, in einer weniger radikalen Weise, mich nicht allein auf Sprache zu verlassen, sondern andere Wege der Kommunikation und des Sich-Einfühlens zu finden. An die Stelle von Gesprächen, die in vielen therapeutischen Sitzungen die Hauptsache sind, treten beim Einbezug von Black-Box-Methoden angeleitete Imaginationen, Verbildlichungen, Körperübungen und Aufstellungen, um nur einiges zu nennen.

Black-Box-Methoden sind für verschiedene Beratungssettings wie Coachings, Supervisionen und psychologische Therapien nutzbar. In diesem Buch rede ich meistens von Therapie, wechsele aber auch zwischen diesen Beratungsformen, wann immer es sich anbietet. Tatsächlich sind Black-Box-Methoden fast universell einsetzbar. Ich kenne wenige Situationen in der Beratung, in denen sie fehl am Platz wären – allein wenn der Klient oder die Klientin diese Art des Vorgehens nicht möchten, wende ich sie – natürlich – nicht an. Black-Box-Methoden ermöglichen ein würdevolles, am Menschen orientiertes Vorgehen, das ihre oder seine kreativen Ressourcen und die eigene Selbstorganisation anregt. Sie begrenzen übergriffiges vorurteilsbehaftetes Therapieren sowie Beeinflussungs- und Manipulationsversuche und entsprechen einer systemischeren[4] Haltung des Nichtverstehens.

Grenzen der Kommunikation

»Ja, das habe ich verstanden!« – wie oft sagen wir das im Alltag? Und wundern uns wiederum nicht, wenn wir wieder einmal jemanden nicht verstanden haben oder selbst nicht verstanden wurden.

Da habe ich einer Klientin eine Hypothese präsentiert, lehrbuchmäßig, indem ich einen Ich-Bezug hergestellt habe, im Konjunktiv geredet und sie noch extra darauf aufmerksam gemacht habe, dass dies nur ein subjektvier Eindruck ist: »Ich habe beobachtet, und das bin ja nur ich, dass Sie häufig, wenn Sie von ihrem Vater sprechen, Sätze nicht beenden. Sie selbst sprachen einmal von Verwirrung. Ich habe eine Hypothese, es ist nur eine Hypothese, aber vielleicht bringt sie Sie ja weiter. Möglicherweise ist Ihre Verwirrung ein Mittel, um ein größeres Problem nicht ansprechen zu müssen? Wer profitiert möglicherweise noch von Ihrer Verwirrung?« Und dann kommt sie in die nächste Sitzung und sagt: »Ich habe jetzt genau das gemacht, was Sie mir gesagt haben: Mein Vater bringt mich durcheinander. Ich habe ihm Ihre Einschätzung mitgeteilt und er war total sauer und hat mich aus der Wohnung geschmissen.«

Wir können immer wieder versuchen, zu kommunizieren, wir können und sollten uns Mühe geben, eine therapeutische Sprache zu entwickeln, die möglichst klar und verständlich ist – aber letztendlich hören Menschen das, was sie hören wollen oder können. Wir können Kommunikation nicht kontrollieren.

4 Da es im systemischen Denken keine Möglichkeit gibt, zu überprüfen, ob etwas richtig oder falsch ist, kann auch nicht entscheiden werden, ob etwas systemisch ist oder nicht. Ich nutze die Steigerung »systemischer«, um zu verdeutlichen, dass es immer nur um Annäherungen an ein Konstrukt geht.

Kommunikation ist unmöglich, Therapie ist nützlich

Die Logik der Black-Box-Methoden folgt der konstruktivistischen Grundthese (von Foerster, 1981; Watzlawick, 1976), dass das, was wir als unsere Wirklichkeit erleben, nicht etwa ein passives Abbild der Realität, sondern das Ergebnis einer aktiven Erkenntnisleistung ist. Über die Übereinstimmung zwischen subjektiver Wirklichkeit und objektiver Realität kann keine gesicherte Aussage getroffen werden.

Subjektives Verstehen bedeutet auch, dass jeder Mensch eine Information anders versteht. Spricht meine Klientin Frau Schmidtke etwa von »der Erfüllung einer tiefen Sehnsucht«, übersetze ich dies vielleicht als »wehmütiges Zweifeln am Leben«, während sie damit »Ort in der Zukunft, wo ich gern leben will« meint. Oftmals reden wir aneinander vorbei, haben aber den Eindruck, einander zu verstehen. Dieses Phänomen der »Kontingenz« hat Niklas Luhmann in seiner Systemtheorie beschrieben (Luhmann, 1984; 2017). Kontingenz bedeutet für ihn, salopp gesagt, dass sich Menschen nicht gegenseitig in die Köpfe schauen können und damit letztendlich nicht wissen, welche Bedeutung sie gleichklingenden Situationen, Gedanken oder Gefühlen geben. Reden wir über Bäume, stellt sich mein Gegenüber vielleicht eine Tanne vor und ich eine Birke. Menschen sind nach Luhmann »geschlossene Systeme«. Ich kann nicht in das Gehirn meiner Klientin schauen (Luhmann, 1984).

Landkarten sind nicht das Land

Ich kann mich zudem nicht von meinem Wahrnehmungssystem lösen. Ich höre das, was ich hören *will,* ich höre alles so, wie mein Wahrnehmungsapparat es verstehen *kann.* Mein Verstehen ist *aktiv,* wie die moderne Sozialpsychologie zeigt, es basiert auf dem, was ich gelernt habe: Die Information, die hereinkommt, wird von mir verändert (Bartlett u. Burt, 1933; Förster, 2018). Spricht ein Klient davon, dass er sich heute Abend »etwas Gutes« tun will, denke ich vielleicht an ein leichtes gutes Essen, ein gutes Buch und frühes Zubettgehen, weil das dem entspricht, was ich tue, wenn ich mir einen schönen Abend mache. Er versteht darunter aber vielleicht eine Flasche Rotwein und Chips. »Aktives Verstehen« bedeutet für mich, dass ich beim Zuhören immer Eigenes mit in das Gehörte einfließen lasse. Habe ich meine Mutter über Jahre beobachtet, wie sie sehnsüchtig ein besseres Leben verfolgte, dann kommen diese Assoziationen hoch, wenn meine Klientin von Sehnsucht spricht. Information kommt nicht objektiv bei mir an, ich kann sie nur vor dem Hintergrund meines eigenen biografischen Gedächtnisses verstehen.

Der Sozialpsychologe Tory Higgins nennt das »chronisches Priming«, das heißt, mein biografisches Langzeitgedächtnis »bahnt« die Wahrnehmung (Higgins, 1996; Higgins u. King, 1981; Förster u. Liberman, 2007). Wir hören Gesagtes durch einen individuellen Filter. Wissenschaftler wie Daniel Kahnemann (Kahneman, Slovic u. Tversky, 1982), die sich mit der Frage »Was ist richtiges Urteilen?« beschäftigt haben, nennen solche Prozesse »Urteilsfehler«, »Biases« oder sprechen von »verzerrter Wahrnehmung«. Als systemisch Denkende und Arbeitende sind wir eingeladen, jenseits der Dimension »richtig–falsch« solche Phänomene zu beobachten, sie hinzunehmen oder nach ihrer Funktion zu suchen.

Schublade auf, Schublade zu

Die Sozialpsychologie zeigt, dass unsere Wahrnehmungsfilter wie Schubladen zu vorurteilsbasierten Bewertungen führen können, dies geschieht auch in der Therapie und Beratung (Förster u. Nußbaum, 2022). Wir haben zahlreiche Vorstellungen über andere Menschen, Rollen und Situationen im Gedächtnis abgespeichert. Kommt eine 50-jährige Managerin zu uns ins Erstgespräch und erzählt von »hoher Leistungsmotivation«, erhält dies vielleicht eine negative Konnotation, weil viele von uns die Gruppe der »Manager:innen mit 50« mit Midlife Crisis, Burnout und Stress assoziieren. Unser Gedächtnis ist in Schubladen aufgebaut und wenn in meiner Schublade »Managerin« »Geld«, »Stress« und »Midlife Crisis« stecken, dann führt die Aktivierung dieser Konzepte zu einem bestimmten Verständnis von »Leistungsmotivation«. Dieses Konzept hätte vermutlich eine andere Bedeutung, wenn eine Mutter bezogen auf ihren drogenabhängigen 16-Jährigen von mangelnder »Leistungsmotivation« berichtete (Förster, 2020a; 2020b). In diesem Fall habe ich eine ganz andere Schublade geöffnet, in der auch andere Assoziationen liegen.

Das alles kann für die Therapie förderlich sein, da die Schubladen nicht nach einem Zufallsprinzip gebaut sind, sondern meist eine gewisse Plausibilität haben (statistisch gesehen steigt die Zahl der Manager:innen mit Problemen in diesem Alter; Lubbadeh, 2020). Es kann aber auch im individuellen Fall hinderlich sein. Wenn wir beispielsweise unterstellen, dass ein Leistungsmotiv für jede Managerin um die 50 schlecht ist, verschwenden wir viel Zeit, wenn das bei der Klientin, nennen wir sie Frau Schmitdke, nicht der Fall ist. Wenn wir zu sehr auf unsere Vorannahmen und Vorurteile vertrauen, kommen wir mitunter zu Hypothesen, die für Frau Schmitdke in unserer Praxis unplausibel sind: »Ach, Frau Schmitdke, Sie haben eine hohe Leistungsmotivation? Sie stehen ja ganz schön unter Druck!« Nehmen wir an, Frau Schmidtke wollte mir mit einer Geschichte über ihre Leistungsmotivation schlichtweg andeuten, wie erfolgreich sie sein kann, wenn sie ihre Ressource Leistungsmotivation nutzt, dann hätte ich eine recht unpassende Bemerkung gemacht. Darauffolgend könnten mir wenig anschlussfähige Methoden einfallen (zum Beispiel Entspannungsübungen). Zudem könnten meine Fragen, die durch meine Konstruktion eines bestimmten Begriffs beeinflusst sind, auch als irritierend empfunden werden. Ich könnte der Klientin sogar den Eindruck vermitteln, sie würde nicht »gehört«.

Und es könnte sogar sein, dass ich eine Klientin in eine Richtung lenke, die für sie wenig hilfreich ist. In eine Richtung, in die sie gar nicht will. Im obigen Beispiel der Sehnsucht könnte ich die Klientin durch mein Reden etwa in eine melancholische Stimmung versetzen, wohingegen sie selbst gerade gern über schöne Perspektiven reden möchte. Und bei Frau Schmidtke könnte ich versucht sein, ihr ihre Ressource madig zu machen: »Tun Sie mal was für sich selbst und gehen eine halbe Stunde am Rhein spazieren.« Zugegeben, so explizit würde vermutlich kein systemischer Berater arbeiten, aber es gibt ja auch eine unbewusste Neigung, Menschen in eine bestimmte Weise zu beeinflussen. Unbewusste Stereotypsierungen, so zeigt die Forschung, geschehen hunderte Male am Tag – auch wir als Therapeut:innen und Coaches sind nicht vor ihnen gefeit (Förster, 2007; Förster u. Nußbaum, 2022). Nachfragen und Informationen sammeln sind eine Möglichkeit, dieses allgemeine Kommunikationsproblem anzugehen, wobei es sich dabei jedoch immer nur um Annäherungen handelt. Vollständiges Verständnis ist prinzipiell unmöglich.

Und dennoch funktioniert die systemische Therapie so gut, dass sie – trotz enormer Gegenwehr – im Jahre 2019 als Richtlinienverfahren anerkannt wurde. Sie wird seit Juli 2020 als ambulante Leistung für Erwachsene von gesetzlichen Krankenkassen bezahlt – trotz aller Zweifel an menschlichen Wahrnehmungen und der Anerkennung von Grenzen der Einflussmöglichkeiten auf die menschliche Psyche.

Chancen von Black-Box-Verfahren

Es gibt sicherlich viele Gründe für die Wirksamkeit der systemischen Therapie, Beratung und Supervision. Auch ich beobachte mannigfaltige Faktoren. Dies ist nicht der Ort, sie alle zu benennen. Jedoch glaube ich, dass der Einsatz von Körper, Raum und Metaphern in systemischen Beratungssettings einen großen Beitrag am Erfolg hat.

Neben diesen methodischen Besonderheiten ist es für mich die systemische Haltung (Erpenbeck, 2017). Ich verstehe sie so, dass wir in jedem Menschen ein kreatives und kluges System entdecken können, das seine Probleme selbst lösen kann. Aus dieser Einstellung heraus versuchen wir nicht, Menschen zu beeinflussen, sondern erarbeiten mit ihnen Optionen, für oder gegen die sie sich entscheiden können. Wir akzeptieren ein Nein zu Interventionen, Fragen und Methoden und ermöglichen eine Freiheit zu denken, zu fühlen und zu handeln. Menschen sind freiheitsliebende Wesen und sie dürfen bei uns experimentieren, ungewöhnliche Dinge denken, sich in neue und alte Situationen hineinfühlen. Sie sind keine Patient:innen (kommt von lateinisch »erdulden«), denen wir etwas verschreiben oder die uns zuhören und uns folgen müssen. Sie sind stattdessen Klient:innen mit allen Rechten und Anliegen und wir sind Dienstleistende, die versuchen, sie zu ihren Zielen zu führen (de Shazer, 1989/2022).

Zu dieser Haltung passen Black-Box-Methoden in besonderem Maße, sie sind tatsächlich ihre Verkörperung – wenn ich wenig vom Problem weiß, kann ich auch nicht besserwisserisch im Leben der Menschen herumpfuschen. Wenn ich nicht über das Problem spreche, kann ich es auch nicht missverstehen. Black-Box-Methoden erleichtern uns Therapeut:innen zudem, unserer Haltung treu zu bleiben und sie durchzuhalten, denn es kommt ja schon einmal vor, dass wir das Gefühl haben, es besser zu wissen, oder geneigt sind, unseren Klient:innen Tipps und Tricks mitzugeben.

Rechte statt Zuschreibungen

Wir sollten nicht vergessen, dass die systemische Haltung ein revolutionäres Verständnis von Therapie beinhaltet: Wenn ich andere nicht verstehe, kann ich sie auch nicht kontrollieren (Einführungen bei von Schlippe u. Schweitzer, 2016; 2019). Damit klingen Begriffe wie »Intervention« und »Methode« oder »Manual« schief, insofern ich damit verbinde, dass irgendetwas einen gesicherten Effekt auf eine bestimmte Klientin oder einen Klienten haben könnte, damit es ihnen besser geht. Es geht bei Therapie um das Gegenteil von Kontrolle. Es geht um Selbstermächtigung – der Klient:innen!

Ja, es geht um unsere Haltung. Ja, es geht um Methoden. Aber nicht vorrangig. In allererster Linie geht es um die Klient:innen, die von uns Hilfe erwarten. Und wenn sie uns ihre Anliegen präsentieren, ist es unsere Aufgabe, sie zu stützen, ihnen Impulse zu geben. Doch der Zweck heiligt keinesfalls die Mittel. Klient:innen haben Rechte. Diese Hilfesuchenden Menschen stehen nicht unter uns. Sie geben Zeit und Energie, sie zahlen Geld in die Krankenkasse ein oder zahlen privat. Wir sind in jedem Fall Dienstleistende. Sie haben das Recht, angemessen begleitet zu werden.

Das Recht, die Kontrolle über den Prozess zu haben

Es gilt, dass ich mit den Klient:innen herausarbeite, was bei ihnen individuell schon gewirkt hat oder wirkt. Sie selbst haben die Kontrolle über ihre Denkprozesse und ihre Entscheidungen. Klient:innen können schon alles, was sie brauchen, um aus einer misslichen Lage herauszukommen. Sie haben bisher überlebt. Sie kommen zu uns – ein Akt der Selbstbestimmung und nicht etwa der Hilflosigkeit. Wir müssen sie lediglich daran erinnern, was sie können, und können sie dabei unterstützen, Ideen zu entwickeln.

Ein Beispiel: Einer Klientin hatte in einer Therapie eine Weiterbildung zum Erwerb eines Pferdekutschführerscheins aus dem Burnout geholfen. Tatsächlich gibt es kein Manual, in dem ich hätte lesen können, dass Pferdekutschenführerscheine ein wirksames Mittel gegen sogenannte »Burnouts« wären. Ich habe, bevor sie bei mir die Idee zu ihrer »Intervention« entwickelte, gar nicht gewusst, dass es Pferdekutschenführerscheine überhaupt gibt. Ich habe ihr das also auch gar nicht vorgeschlagen, sondern sie ist selbst darauf gekommen, dass ihr das helfen könnte.

Ich hatte auch nicht verstanden, warum sie ihren Zustand »Burnout« nannte und ob das so ähnlich war wie damals mein Zustand, den Ärzte als »Erschöpfungszustand« bezeichnet hatten. Obwohl ich weder ihr Problem noch ihre individuelle Lösung richtig verstanden habe, hat sich ihre Lage in meiner Praxis, so ihre eigenen Worte, stark verbessert. Seitdem empfiehlt sie mich.

Die vier weiteren Fallbeispiele, die ich geben werde, sollen zeigen, wie es möglich ist, Klient:innen an das zu erinnern, was bei ihnen »wirkt«. Ich habe in diesen Prozessen kaum Informationen zu ihren jeweiligen Problemen gesammelt – oftmals war mir das Problem total unbekannt. Im systemtheoretischen Verständnis (das habe ich oben bereits beschrieben, S. 24) ist es sowieso nahezu unmöglich, die Probleme anderer zu verstehen. Damit können wir auch keine spezifischen Lösungen anbieten. Eine prozess- und klient:innenorientierte Therapie hingegen kann Rahmenbedingungen schaffen, in denen Klient:innen Ideen und Lösungsimpulse entwickeln. In diesem Rahmen denken und entscheiden sie selbst.

Eine Teilnehmerin meines Black-Box-Seminars drückte es so aus: »Ich sehe mich nach diesem Seminar als Umzugsdienst, der Leuten dabei hilft umzuziehen. Dazu muss ich ihnen nicht in die Kisten schauen. Tatsächlich ist das gar nicht mein Job. Es würde mich sogar vom Job abhalten.«[5] Führen wir den Vergleich für unsere Praxis konsequent weiter, so wäre es sogar höchst unprofessionell, sich von Inhalten verführen zu lassen.

---

5 Katharina, Teilnehmerin eines Black-Box-Seminars am IF Weinheim, entwickelte diese Metapher. Herzlichen Dank dafür!

Das Recht, alles denken zu dürfen

Black-Box-Methoden stellen Rahmungen zur Verfügung, die – statt Interviews – eine hilfreiche »innere Kommunikation« bei Klient:innen fördern sollen. Mit der Idee: Je bewusster eigene innere kommunikative Abläufe werden, umso mannigfaltiger die Entscheidungsmöglichkeiten. Durch eine innere Kommunikation werden Impulse für neue Ideen und Veränderungsmöglichkeiten aktiviert – wird Raum geschaffen für Eigenes.

Eine Klientin sagte es so: »In dem Moment, wo ich nichts erzählen musste, kamen mir ganz neue Gedanken. Ich fand es auch gut, dass ich nicht alles erklären musste. Manchmal schweifte ich ab. Manchmal dachte ich was total Verrücktes. Manchmal hatte ich Gedanken, die man nicht sagen darf. Ich durfte hier einmal alles denken. Das hat zur Lösung geführt.«

Black-Box-Methoden können Klient:innen dabei helfen zu sehen, »was sich zeigt« im Jetzt oder »was sein könnte« in der Zukunft. Der Prozess selbst bleibt uns Therapeut:innen dabei im Verborgenen (Kiel, 2020). Dabei dürfen Klient:innen alles fühlen, denken, ausprobieren – und wir können sie zum freien Denken ermuntern. Was sie dann umsetzen, ist der nächste Schritt. Wenn sie wollen, können wir sie auch darin unterstützen.

Das Recht auf Widerstände

Mit Hilfe von Black-Box-Methoden können wir Menschen therapieren, beraten, coachen oder supervidieren, ohne viel um das vermeintliche Problem zu wissen. Die Klient:innen entscheiden, was sie veröffentlichen möchten und was nicht und wie sie es veröffentlichen möchten. So kann es passieren, dass wir manchmal lediglich den Namen, manchmal nur die Anfangsbuchstaben der zum Problem gehörigen Personen und ein paar Eckdaten wissen. Dies kann ein Vorteil sein, weil es Zuschreibungen, eine enge Fokussierung auf Lieblingshypothesen und Vorurteile in Grenzen hält. Klient:innen haben das Recht, uns nicht zu folgen, nein zu sagen, Fragen unbeantwortet zu lassen. Um es auf die Spitze zu treiben: Unsere Klient:innen haben alles Recht der Welt, zu verdrängen. Was sich nicht zeigt oder zeigen will, geht mich als Therapeut:in überhaupt nichts an und ich kitzele es auch nicht aus ihnen heraus. Wenn ich beim Einsatz von Black-Box-Methoden sowieso nichts über das Problem wissen will, dann erübrigt sich auch die Frage an die Klient:innen, was sie sagen wollen und was nicht.

Ich habe es häufig erlebt, dass Auszubildende gern »bohren« wollten. Sie meinen damit meist, dass sie genau Bescheid wüssten, was der Grund für das eigentliche Problem sei. Und dass sie es »aufdecken« sollten, das heißt in meinen Worten: ihre Hypothese bestätigt haben wollten. Ich finde das höchst anmaßend: Was soll das denn sein, dass du als Therapeut über die Klientin weißt, was die Klientin nicht über sich weiß? Was sollte dich denn zu diesem Wissen ermächtigen? Deine Erfahrung mit gerade mal zweitausend Klient:innen? Hier laufen ein paar Millionen Menschen herum, die anders ticken könnten. Deine Erfahrung mit deinem Familiensystem, was eventuell nicht repräsentativ ist? Deine Intuition, die sicherlich auch schon zu Fehlern geführt hat? Ich bitte um Entschuldigung, falls ich deinen Selbstwerttopf geleert habe.

Ich würde dich aber auch nicht bremsen wollen, wenn du mich jetzt abwertest. Also in den sogenannten Widerstand gehst[6]. Das ist dein Recht. Soll ich dir ernsthaft nahelegen, dich meinen Ideen anzupassen? Dasselbe Recht zum Widerstand gilt auch für unsere Klient:innen.

Das Recht, mich nicht verändern zu müssen

Wenn ein Klient zu mir kommt, gehe ich erst einmal davon aus, dass er etwas verändern will – sonst wäre er ja nicht gekommen. Wir arbeiten also daran, zu ergründen, was er verändern möchte und wie das aussehen könnte. Letztendlich ist es aber an ihm zu entscheiden, ob er sich tatsächlich verändern möchte. Es steht mir nicht zu, ihn dazu zu motivieren. Es gilt, Veränderungen als selbstverantwortliche »Eigenleistungen« zu begreifen (Willke, 2004).

Das beinhaltet auch »Störungen«. Wenn sich eine Klientin dafür entscheidet, weiterhin 16 Stunden am Tag zu arbeiten und damit ver-

6 Ich habe es bis jetzt nicht verstanden, warum eine Abwertung unserer Dienstleistung durch Klient:innen als Widerstand bezeichnet wird. Wenn ich einen Blumenstrauß, den mir ein Florist gebunden hat, nicht kaufe, weil er mir nicht gefällt – was hat das mit »Widerstand« zu tun?

mutlich in die nächste sogenannte »depressive Phase rutscht«, dann ist das ihre Angelegenheit. Ein systemischeres Verständnis würde mir nahelegen, dass ich letztendlich nicht weiß, was die Konsequenzen eines Aufgebens der »Störung« für sie bedeuteten. Käme etwas Schlimmeres hoch? Bekäme jemand anderes in ihrem System eine »Störung«? Würde sie die Beachtung, die Aufmerksamkeit ihres Systems verlieren? Was wäre sie ohne ihre »Störung«?

Beim Ausführen von Black-Box-Methoden werden Klient:innen häufig noch nicht einmal eingeladen zu berichten, was oder ob sie etwas verändern wollen. So kann ich sie als Therapeut auch nicht in eine eventuell problematische Veränderung führen. Welche Therapeutin würde denn die Verantwortung dafür übernehmen, wenn ein bettnässendes Kind sein störendes Verhalten aufgibt – und damit seine Eltern wieder die Kapazitäten haben, über eine Scheidung nachzudenken?

Das Recht, nicht über-redet oder manipuliert zu werden

Insgesamt wird auch eine unbewusste oder bewusste Beeinflussung der Klient:innen verhindert, was dem Anspruch vieler systemischen Berater:innen entgegenkommt. Wenn man der These folgt, dass mit dem Reden über Probleme die Wahrscheinlichkeit von bewussten oder auch unbewussten Tendenzen zu beeinflussen und zu manipulieren, steigt, dann könnte man das Argument auf die Spitze treiben und sagen: Je weniger Details wir von unseren Klient:innen wissen und je weniger wir darüber reden, umso besser. Bei Black-Box-Methoden wird die Bedeutung des gesprochenen Wortes minimiert und körperinterne Prozesse treten in den Vordergrund.

Es hätte ja zum Beispiel sein können, dass Karin Nöcker in der Arbeit mit mir insgeheim Angst vor der Wucht meiner Entscheidung gehabt hätte. Jemand, der seinen Platz in der Gesellschaft gefunden hat, Professor ist, eine Sicherheit hat – welche Therapeutin würde schon gern verantworten wollen, dass er sich selbstständig macht, sein schönes Haus in Amsterdam verkauft, Forschungsgelder in Millionenhöhe zurückgibt, noch mehr Zorn der Kolleg:innen auf sich zieht, als er ohnehin schon erleben muss – um sich dann auf den recht vollen Markt als Therapeut in Köln aufzumachen, ohne dort gut vernetzt zu sein? So manche Coachin hätte da wohl versucht, die Risiken einer solchen Entscheidung zu betonen – oder »herauszuarbeiten« –, und dies mit guter Absicht und nicht, weil sie beeinflussen wollte. Und viele selbsternannte Coaches hätten gesagt: »Mein lieber Herr Förster, wollen Sie denn wirklich eine so hoch dotierte Stelle aufgeben? Allen Ernstes?« Und ich würde denken: »Wer bist du denn, dass du mir etwas sagen kannst? Was weißt du denn schon, was alles daran hängt? Soll ich dir das alles in drei Stunden erzählen, damit *du* es annähernd verstehst, und dann auch noch dafür bezahlen?«

Das Recht, nicht bewertet oder analysiert zu werden

Es gibt noch eine andere Beobachtung. Viele Klient:innen fürchten sich vor Bewertungen. Wenn wir Therapeut:innen erst einmal gar nichts über das Problem wissen, können wir es auch nicht bewerten. Wir können gar nicht anders, als das zu nehmen, was vor uns liegt, was von der Klientin gespürt, berichtet, gesprochen wird. Die Kunst der systemischen Therapeut:innen, zu beobachten statt zu bewerten, wird durch Black-Box-Methoden unterstützt, Bewertungen bieten sich hier schlichtweg nicht an.

Ich habe einer Klientin einmal geholfen, deren verdecktes Problem es war, dass sie den Kauf eines Zwei-Millionen-Hauses bereute. Es ging um zwölf Zimmer, ein Riesengrundstück, vier Garagen. Das war ihr zu klein. Hätte ich das Thema gewusst, hätte ich kaum mit ihr arbeiten können. Ich selbst habe mich aus Klimagründen für ein Tiny Apartment in Köln entschieden, habe 30 Jahre kein Auto gehabt, kaufe nur gebrauchte Konsumgüter – aufgrund meiner persönlichen Haltung zum Klimawandel hätte ich sie auf irgendeiner Ebene sicherlich bewertet, unbewusst oder bewusst. Ich denke, das wäre nicht hilfreich gewesen. Nach der verdeckten Arbeit verließ sie zufrieden meine Praxis und entschied sich für einen umfangreichen Anbau. Als Mensch finde ich das Verhalten umweltschädigend und »materialistisch«, als Therapeut bin ich froh, dass ich ihr geholfen habe, ohne sie bewertet zu haben. Was weiß ich denn, was jemand braucht oder tun sollte?

Auch eine Analyse, im Sinne von »woher kommt dieses Verhalten?«, wird meist als eine Wertung wahrgenommen. Fast immer geht es ja um eine Auseinandersetzung mit einem abgewerteten Verhalten, das »weg muss«. Und fast immer gibt es eine schuldige Person, die das ungewünschte Verhalten »bewirkt« hat.

Im Fall der Klientin hätte ich vermutlich selbst unbewusst versucht, ihren »Materialismus« anzusprechen. Und ich hätte nach jemandem gesucht, der oder die sie damit »infiziert« hat – ein Vater, eine Mutter, eine Lehrerin, Instagram …? Vermutlich hätte ich sogar versucht sie zum Nachdenken anzuregen, darüber, ob Sein nicht besser als Haben ist (das zeigt »die Forschung«, s. Förster, 2022). Dieser gesamte Beurteilungsprozess könnte durchaus hilfreich sein, er könnte aber auch wenig nützlich sein, weil es nicht unbedingt zu einer Lösung oder Verbesserung für die Klientin führt. Und überhaupt: Was habe ich davon, wenn ich zu wissen glaube, woher »es« kommt?

Insgesamt scheint mir eine solche Analyse ziemlich vage zu sein und sie enthält teils absurd anmutende Schlussfolgerungen: Ich bewerte das, was ich beobachtet habe, zunächst unhinterfragt als »Materialismus« (ich hätte es ja auch als »Lust an baulicher Expansion« bezeichnen können). Danach entscheide ich, der Experte in Sachen »Störung Materialismus«, »das« müsse weg, und dann »entlarve« ich die angeblichen Verursacher:innen dieser »Störung«, wobei ich alle Information, die mir zur Verfügung steht, aus einer Erzählung erschlossen habe, die mir meine Klientin in vielleicht einer halben Stunde aufgrund meiner vorurteilsbehafteten Fragen in einem Setting erzählt hat, das ganz bestimmte Antworten nahelegt. Und das soll dann zu Lösungen führen?

Klar ist, dass diese Deutung mehr mit mir und meinen Werten zu tun gehabt hätte als mit ihr. Oftmals vergessen wir, dass unsere Erklärungen lediglich Hypothesen sind, Ideen oder Narrative. Oftmals sind diese Narrative nicht hilfreich, weder für den Selbstwert von Klient:innen (vor allem, wenn sie sich selbst die Schuld geben) noch für den Therapieprozess. Oftmals braucht die Lösung kein Verständnis des Problems (de Shazer, 1996). Vielen Klient:innen gefallen Black-Box-Methoden allein deshalb, weil sie und ihr Umfeld nicht bewertet werden.

Das Recht, mich nicht für irgendjemanden verstellen zu müssen

Weiterhin beschäftigen sich Klient:innen häufig mit Erwartungs-Erwartungen (Luhmann, 1984), das heißt, sie stellen sich vor, wie eine therapeutische Sitzung ablaufen sollte und was wir von ihnen erwarten und wie wir sie gern sehen möchten. Dementsprechend verhalten sie sich dann sozial erwünscht. Die meisten von uns kennen die »vorbereiteten Reden« in geschliffener Sprache. Wir kennen den »falschen Respekt« vor uns. Wir wissen auch, dass Menschen sich Coaches und Therapeutinnen mit Hilfe von Stereotypen vorstellen und sich so verhalten, wie sie denken, dass sie sich verhalten sollen. Das Ringen um Formulierungen, um »richtig« verstanden zu werden, ein »gutes Bild« abzugeben, raubt viel Energie, erschöpft und führt in manchen Fällen zu Sprachlosigkeit. Wir bemerken die Anpassung an das therapeutische Setting aus Erstgesprächen, wenn wir Klient:innen nach ihren Ressourcen fragen. Viele sind dann richtig perplex, viele denken, wir wären einzig und allein an ihren Schwierigkeiten interessiert – Ressourcen passen nicht in die Schublade »Therapie und Beratung«. Zudem gibt es gängige Narrative, wer an »meiner Störung« schuld sein könnte. Unser Narrativ der Therapie legt Mutter, Vater und Lehrer:innen nahe. Es wäre kein Zufall, wenn allein deshalb mir viele Klient:innen diese Personen als Ursache ihrer Probleme schildern. Das ist nicht falsch, das ist sogar häufig der Fall, werden viele sagen, und doch führt es zu blinden Flecken – was, wenn es die Cousine war?[7]

Die Erlaubnis, nicht über das eigene Thema sprechen zu müssen, entlastet und führt dazu, dass Klient:innen mehr bei sich und ihrem Prozess bleiben können. Und Berater:innen kommen erst gar nicht in die Versuchung, sich zu fragen, ob die gegebenen Antworten nicht eher Ausdruck einer sozialen Konformität sind. Gerade beobachte ich mich beim Schreiben selbst und denke »Wie peinlich, dass Leute sich vor mir verstellen. Was habe ich und was hat unsere Disziplin angerichtet, dass sie solche Anpassungserwartungen und Einschüchterungen von zahlenden Kund:innen hervorbringt? Und ist das noch zeitgemäß?« In den 1980er Jahren wurde ich noch schräg angesehen, wenn ich in ein Sternerestaurant ohne Krawatte ging. Kellner, die ich bezahlte, Dienstleistende also, schüchterten

7 Studien legen nahe, dass für Störungen in der Pubertät häufiger eher die Peers »schuld« sind als die Herkunftsfamilien (s. Baumeister u. Bushman, 2020). Das wird auch nicht der Weisheit letzter Schluss sein – und vor allem, was nutzt mir diese Landkarte, wenn mir mein Klient eine sehr individuelle, komplexe Geschichte erzählt? Weiß ich, wie es bei ihm war?

mich ein, werteten mich ab. Heutzutage muss ich nicht mehr »fein tun«, heutzutage würden mich die meisten auch im Sweatshirt hofieren. Sind wir in der Psychotherapie noch im Zeitalter der Krawatte?

Das Recht, mich nicht verständlich machen zu müssen

Im Prinzip wissen wir alle, dass wir einander nicht verstehen. Deshalb kommunizieren wir ja immerzu. Um klarzustellen, dass du das verstanden hast, was ich dir sagen wollte. Manchmal wiederhole ich Sätze, variiere sie aufwendig, damit du eine bessere Idee von dem bekommst, was ich denke. Klient:innen brauchen viel Zeit, um sich uns zu erklären, um ihre Sprache an unsere anzupassen. Um sich Begriffe zu überlegen, von denen sie denken, dass wir sie besser verstünden als ihre eigenen. Klient:innen ringen um Worte, um ein Anliegen zu formulieren, das ihnen selbst klar ist – aber schwer zu vermitteln. Der gesamte Prozess – »ich überlege mir, was du verstehst« – »ich suche nach Worten« – »ich höre dir zu, damit ich eine Idee über deine Sprache bekomme« – »ich passe meine Sprache deiner an« – »ich frage mich, ob ich noch ich selbst bin« – kostet Zeit, Energie und lenkt womöglich auch vom eigentlichen Kern des Problems ab, das durch Sprachgebung eine Färbung erhält, die sich vom eigenen Erleben unterscheidet. Beim verdeckten Arbeiten müssen Klient:innen nichts dergleichen tun: nichts erklären, anpassen, färben – sie müssen sich keine Gedanken und keine Sorgen um mich, den Therapeuten machen. Ich würde sie eh nicht verstehen.

Das Recht, mich nicht schämen zu müssen

Zudem sind viele Themen schuld- und schambesetzt. Manche Klient:innen haben richtig Angst, uns bestimmte tabubesetzte oder geheime Themen zu präsentieren. Das können sexuelle Themen oder moralisch verwerfliche Taten sein, jedoch sind es manchmal auch eher uns Therapeut:innen nichtig erscheinende Dinge, die Klient:innen peinlich sind. Da schämt sich ein Pubertierender zu erzählen, dass er Angst hat, nach seinem frischen Kreuzbandriss nie wieder Handball spielen zu können, da möchte eine junge Frau nicht erzählen, dass sie manchmal Lust auf eine Currywurst mit Fritten und Mayo hat, und eine junge Mutter schämt sich, weil sie betrunken im Bad gestürzt war. Ich hatte in der Arbeit mit Karin Nöcker Angst, von den anderen Teilnehmer:innen komisch angesehen zu werden, weil ich in Amsterdam so schlechte Erfahrungen gemacht hatte und weil ich mit Gedanken unterwegs war, die gesellschaftlich nicht immer akzeptiert werden. Es war mir peinlich, zu erzählen, wie schön mein Haus in Amsterdam war oder wie angesehen ich als Wissenschaftler war. Die Tatsache, dass ich das uneingeschränkt denken durfte, hat mir, so würde ich es im Nachhinein sagen, einen schnelleren Zugang zu meiner Selbstwirksamkeit gegeben. Ich erinnere mich, wie ich damals dachte: »Hey, du hast *das alles* hingekriegt, du warst mit 35 Jahren Professor – warum sollst du jetzt mit Mitte 40 kein guter Therapeut werden?« Mir fielen auch die vielen positiven Rückmeldungen meiner Klient:innen ein – diese Fülle an Erinnerungen hätte ich beim Reden beschnitten, um bloß nicht unbescheiden zu wirken. Der Kraftaufwand, Geheimes preiszugeben, kann anders eingesetzt werden: als Energie, neue Wege zu gehen, das Problem zu lösen oder Veränderungen auszuprobieren.

Beim verdeckten Arbeiten muss ich mich als Klient nicht verstellen oder präsentieren. Ich kann alles zulassen. Und wir Therapeut:innen könnten ja überlegen, ob unser Interesse an Tabus nicht auch durch Romane oder Netflix & Co. befriedigt werden kann. Lassen wir den Klient:innen doch ihre Geschichten und »kitzeln sie nicht aus ihnen heraus«.

Das Recht auf einen co-kreativen Raum

Zu guter Letzt gibt es einige Klient:innen, die schon in vielen Therapien, Beratungen oder auch Supervisionsprozessen »ihre Geschichte« erzählt haben. Um mit Michael White zu sprechen, so scheint diese Narration nicht besonders nützlich gewesen zu sein. Jedenfalls hat sie nicht aus dem Problem geführt (White u. Epston, 1990; White, 2011). Demnach braucht ein Klient in einem Veränderungsprozess eine neue Konstruktion. Schlichtweg weil die alte, gängige Geschichte, die er sich über sein Leben erzählt, gerade nicht funktioniert. Sonst käme er ja nicht in die Beratung. Black-Box-Methoden können solche Gebetsmühlen oder unheilvolle Mantras verstören; sie unterbrechen den Redefluss und bieten einen anderen Zugang zu der Erzählung: Aus dem nach außen gerichteten Narrativ wird ein inneres Gespräch, wird eine innere Suche nach Lösungen, ein von innen initiierter Versuch, körperliche Impulse, Gefühle und innere Bilder anders zu nutzen.

Black-Box-Methoden stellen einen neuen Zugangsweg zu Wirklichkeitskonstruktionen von Klient:innen dar. Sie nutzen äußere Räume als Metaphern für innere Bilder, Bewegungen im Raum, Konstellationen mit Bodenankern und den Körper als Resonanzraum. Anstelle des Gesprächs tritt die Beobachtung der Person in ihrer körperlichen Gesamtheit in den Vordergrund, für Therapeut:innen und Klient:innen. Während Therapeut:innen Beobachtungen möglichst wertfrei teilen, können Klient:innen sich selbst beobachten und entscheiden, was sie berichten wollen.

Meiner Erfahrung nach aktivieren Black-Box-Methoden kreative Prozesse, weil viele verschiedene, teils ungewöhnliche Zugänge zu Empfindungen, Problemen und Lösungen gesucht werden. Ein Denken »out of the box« wird angeregt. Unser *Organismus* (also der Körper), unsere *Psyche* (unsere Gedanken und Wahrnehmungen) und unser *soziales System* (unsere Kommunikation) stellen drei notwendige Kontexte oder »Umwelten« füreinander dar und liefern unterschiedliche Informationen (Luhmann, 1984; 2017). Natürlich bedingen sich diese Umwelten gegenseitig. Wenn ich morgens mit dem falschen Bein aufstehe und mich körperlich matt fühle, dann kommen mir höchst wahrscheinlich auch negative Gedanken in den Sinn und ich klage meinem Mann mein Leid. Meine Stimme wird weinerlich sein, leise, und ich werde vermutlich langsam reden. Alle drei Umwelten sind zugleich Wissensspeicher und Erfahrungsraum. Auch mein Körper speichert Informationen und die können, wie meine Gedanken, Bilder oder meine Kommunikation, im Gedächtnis abgelegt werden. Black-Box-Methoden nutzen alle diese Umwelten. Dem Körper in seinen verschiedenen Zuständen kommt dabei besondere Bedeutung zu. Körperliche Bewegungen etwa beeinflussen Kognitionen, können Veränderungen unterstützen und Gefühle verdeutlichen (s. Embodiment; Förster u. Strack, 1996). Körperliches Erfahrungswissen kann aktiviert und genutzt werden und neue körperliche Erfahrungen können Wirklichkeitsvorstellungen und Beziehungen positiv gestalten.

Das Nutzen kognitiver und emotionaler Potenziale, gekoppelt mit körperlichen Erfahrungen, erzeugt co-kreative Prozesse zwischen Körper und Geist und zwischen Klient:in und Berater:in. Nicht selten fallen Klient:innen Lösungen ein, wenn ihr Fokus auf dem körperlichen Empfinden ist. Lösungen, die ihnen während Gesprächen zu dem Thema schlichtweg nicht eingefallen waren.

Klient:innen haben insgesamt ein Recht auf Selbstaktualisierung durch Therapeut:innen – es ist unsere Verantwortung, Räume dafür zu gestalten. Vielleicht kümmern wir uns besser um die Rahmen als um die Kunst. Es ist ja nichts Schlechtes am Handwerk – und wir arbeiten ja mit Künstler:innen, die vor uns sitzen. Das ist ein Privileg.

Das Recht auf Begleitung statt Analyse, Beratung oder Therapie

Menschen können nicht »umgedreht« oder »umgekrempelt« werden, wir können ihnen nicht »auf die Sprünge helfen«. Wir können sie nicht »durchleuchten« und wir treffen auch nicht »ins Schwarze« mit unserer außerordentlichen Expertise oder Intuition. Menschen sind geschlossene Systeme und auch ihre Erzählungen über sich sind zunächst Narrative, die nicht eins zu eins dem entsprechen, was passiert oder passiert ist. Wir haben keine Ahnung, was wirklich ist und war.

Für Beratungen zahlen Klient:innen, entweder privat oder indem sie Krankenkassenbeiträge entrichten. Sie können erwarten, dass wir sie ernst nehmen, dass wir ihnen zuhören und dass wir gemeinsam mit ihnen an ihren Anliegen arbeiten. Da *sind* Menschen nicht »depressiv«, »gestört« oder »minderbegabt«, um nur einige Zuschreibungen zu nennen, die sie in ihrem Kontext erfahren haben, sondern sie *haben* Probleme, Themen, Anliegen. Sie haben Aufträge an uns (z. B. White, 2011). Und wenn jemand etwas hat, kann er oder sie es auch wieder her- oder abgeben. Oder behalten. Wir aber können niemandem das Leid oder ein ungewünschtes Verhalten nehmen. Das können sie am besten selbst. Wir können nur einen Raum zur Verfügung stellen, der es Menschen ermöglicht, Entscheidungen zu treffen, an sich selbst zu glauben, sich auszuprobieren.

Es ist wie bei einem Boutique-Besitzer. Kommt der Kunde herein, dann hat dieser meist Vorstellungen davon, was er kaufen möchte. Wir hören uns das an, lassen ihn erst ein bisschen schauen und wenn er will, zeigen wir ihm ein paar Kleidungsstücke. Letztendlich wählt er das, was er will. Und wenn wir noch so auf ihn eingeredet haben, er solle die grüne Hose kaufen, so wird er die Hose kaufen, die er haben will. Falls wir ihn aber doch bequatscht haben sollten, käme er ein paar Tage später wieder und wir müssten die grüne Hose umtauschen. Natürlich kann es auch sein, dass jemand, der überhaupt keine Ahnung von Mode hat, froh ist, wenn wir ihm sagen: »Nehmen Sie die grüne, die steht Ihnen richtig gut.« Aber hier hinkt der Vergleich zur Therapie. Hier geht es nicht um Hosen. Hier geht es um das Leben und das bewältigt jede:r von uns auf seine oder ihre Weise. Wäre das falsch, säße der Kunde nicht vor uns und hätte auch keine Fragen an uns – das allein ist ja ein Akt der Selbstbestimmung. Der Mensch, der vor uns sitzt, hat vielleicht selten eine Hose ohne Beratung gekauft, aber er hat schon zig Krisen bewältigt und er hat sich entschieden, seine jetzige Krise zu bearbeiten. Die Tatsache, dass er zu uns kommt, zeigt, wie selbstmächtig er ist. Wer sind wir denn, wenn wir denken, wir könnten bessere Lösungen liefern als er selbst?

Haltung als Methode

Black-Box-Methoden sind aus einer systemischen Haltung heraus entstanden, die die Ausführung von »Interventionen« begleiten sollte. Eine systemischere Methode würde ich nur dann als solche bezeichnen, wenn sie aus einer Haltung des Nichtwissens angewandt wird (Cecchin, 1988; Boscolo, Cecchin, Hoffman u. Penn, 1988), bei der Bewertungen und Zuschreibungen wenig Platz haben und die Autopoiese, das Vertrauen in die Selbstorganisation der Klient:innen, zentral ist (Maturana u. Varela, 1987 s. a. Kapitel II Selbstorganisation – die Autopoiese, S. 70 ff.). Ich würde sogar, noch pointierter, sagen, dass es im systemischen Ansatz gar keine »Methoden« gibt, in dem Sinne, dass es Tools gäbe, die man in einer bestimmten Reihenfolge anwenden könnte und die einen Effekt hätten. Wenn wir behaupten, es gäbe keine Kontrolle, dann können wir auch nicht von Methoden sprechen, die einen Effekt hätten. Tatsächlich wissen wir, dass es gar nicht möglich ist, eine Methode wie in einem wissenschaftlichen Labor stur in immer derselben Weise durchzuführen. Wir werden immer unser Wording, unseren Tonfall, unseren Blick an die Klient:innen anpassen, wir werden immer mal schneller, mal langsamer vorgehen oder eine Frage vergessen, die im Manual steht. Und selbst wenn es uns gelingen sollte, eine Intervention streng nach Handbuch durchzuführen, wirkt sie bei Klientin A anders sein als bei Klient B. Wir können uns gegenüber lebendigen Organismen gar nicht immer gleich verhalten. Philosophisch betrachtet können wir keine einzige Situation wiederherstellen.

Die Systemtheorie lädt mich dazu ein, eine Haltung der Prozessorientierung einzunehmen, in der ich mich immer frage, ob das, was ich anbiete, für mein Gegenüber noch nützlich ist. Weil das für jeden und jede unterschiedlich sein wird, passe ich jedes Mal in anderer Weise Methoden an meine Klient:innen an.

Manchmal wirkt eine Methode auch gar nicht – und was sollte das im Übrigen auch heißen: wirken? Wann – dienstags, jetzt gleich, nächstes Jahr? An welcher Stelle – zu Hause, bei der Arbeit, im Magen, beim Sortieren der Gedanken? Und wie lange wirkt etwas, damit wir es als Wirkung erkennen können? Und wer nimmt das wahr? Wer bewertet das? Es unsinnig, von einer richtigen oder falschen Methode zu sprechen – vielmehr geht es darum, zu erkunden für wen, in welcher Situation mit welcher Stimmung, mit welchen sie umgebenden Personen und Strukturen etwas mehr oder weniger nützlich ist (von Glasersfeld, 1985).

Das gilt im Übrigen auch für die Black-Box-Methoden. Ich schreibe darüber, weil es dazu kaum etwas an Veröffentlichungen gibt und ich sie als radikale co-kreative Vorgehensweise anwende, um im Einklang mit meiner Haltung Menschen begleiten zu können. Das wird auf manche Klient:innensysteme passen und auf manche nicht.

Der wichtigste Punkt einer systemischeren Haltung ist für mich aber die Kybernetik 2. Ordnung (Dell u. Golishian, 1981).[8] Sie betrifft die Idee, dass wir als Therapeut:innen immer auch Teil des Problems oder der »Störung« sind. Wir sind dadurch nützlich und gleichzeitig hinderlich. Wenn ich die Idee habe, dass eine Vier-Tage-Woche ein Weg zu einem gesunden Arbeitsverhalten ist, und ein Supervisionsteam darüber diskutiert, wird es schwierig, ja unmöglich, mich in

8 Für ein Lehrvideo aus unserer Werkstatt siehe https://www.youtube.com/watch?v=Sw8B_3LChfw.

einer Diskussion, die ich moderieren soll, neutral zu verhalten (Förster u. Nußbaum, 2022).

Durch unsere Fragen, unsere vorgefertigten Landkarten, unsere positiven wie negativen Vorurteile und Voreinstellungen sind wir immer und unentrinnbar Teil des Problems. Black-Box-Methoden reduzieren den ungewünschten Beitrag unserer voreingenommenen, notgedrungen egozentrierten Wahrnehmung im Vertrauen darauf, dass die Klient:innen sich selbst besser helfen können als wir ihnen.

Kapitel II: Entscheidungen mit Herzen und Füßen

Ein bisschen Struktur vorweg …

Die folgenden vier Kapitel (II–V) sind so aufgebaut, dass Sie sich bestimmte Abschnitte aussuchen können, je nachdem, ob Sie mehr an Praxis oder an Theorie interessiert sind.

Zunächst schildere ich einen Fall im Detail (➡ Fallbeschreibung). Dabei habe ich die Fälle natürlich so verändert, dass sich keine:r meiner Klient:innen hier wiedererkennen könnte. Namen, Orte und markante Eigenarten wurden verändert. Das Prozessgeschehen entspricht allerdings dem Setting, wie ich es wahrgenommen habe.

Nach der Fallschilderung beschreibe ich die Methode (❐ Methoden), die ich verwendet habe. Einige Methoden werden systemischen Berater:innen und Therapeut:innen bekannt sein; teils handelt es sich um Klassiker der systemischen Arbeit, die allerdings meist offen und nicht verdeckt durchgeführt werden (▤ Methodenleitfaden). Trotzdem schildere ich kurz die Vorgehensweise für diejenigen, die die Methode nicht kennen. Alle anderen können diese Beschreibung überspringen.

Danach möchte ich auf einige individuelle Gesichtspunkte, Twists und Entscheidungen der vorgestellten Fälle eingehen. Ich verstehe systemisches Arbeiten so, dass jede Methode auf die Klient:innen zugeschnitten wird. Es gibt hier keine Manuale, die wir streng befolgen müssen; im Gegenteil spricht es für achtsames Arbeiten, wenn jede Methode bei jeder Klientin und jedem Klienten anders gestaltet wird. Manchmal wird sie sogar abgebrochen, wenn es sich so ergibt oder wenn die Klient:innen uns nahelegen, dass für sie die Arbeit beendet ist. Diese Besonderheiten und feinen Unterschiede der individuellen Arbeit am speziellen Fall werde ich ebenfalls kurz besprechen (↗ Prozessorientierte Abweichungen).

Zu guter Letzt erkläre ich kurz, warum mir bei dem speziellen Fall eine Black-Box-Methode sinnvoll erscheint (**Gründe für Black-Box-Methoden**).

Jedes Kapitel schließe ich mit einer Präsentation von Theorien ab. Die vorgestellten Therapien oder Beratungen basieren auf Entscheidungsprozessen, die auf wichtigen Grundpfeilern der systemischen Theorien basieren. Oftmals entscheide ich mich in einer Sitzung spontan für eine bestimmte Vorgehensweise, sodass ein:e Beobachter:in dies als intuitiv beschreiben könnte. Tatsächlich ist das systemische Denken so in meine Haltung übergegangen, dass ich oft nicht mehr überlegen muss, was ich tue. Ich werde im Theorieteil die Elemente des systemischen Ansatzes hervorheben, die meiner Meinung nach in dem jeweiligen Fall besonders deutlich geworden sind, wie etwa Konstruktivismus, Autopoiese, Embodiment oder narrative Ansätze (**Theorie: Systemische Grundpfeiler**; **systemische Konzepte**).

Die Idee zu dieser Struktur soll es allen Leser:innen ermöglichen, dahinzuspringen, wo es sie hinzieht, ob dies nun der Praxis- oder der Theorieteil ist.

Fallbeschreibung: Galips Schlange im Nacken

Der Klient heißt Galip Arta und ist ein 15-jähriger Fußballer aus der Jugendliga, wie er mir sagt. Sein Verein habe ihn geschickt und der zahle auch die Therapie, wobei von Seiten der Auftraggeber mal von Coaching, mal von Therapie die Rede ist. In unserer Kölner Praxis coachen wir einige Sportler:innen und supervidieren Sportteams. Galips Trainer meint, er habe depressive Tendenzen und brauche Unterstützung. Sein Berufsziel sei die Bundesliga. Er habe mehrere Verletzungen erleiden müssen und musste deshalb von der Stürmerposition ins Mittelfeld wechseln. Ich frage ihn, wie sich das anfühlt, und er schaut auf den Boden und brüllt los: »So einen Pycho-Scheiß mache ich nicht mit. Wie soll sich das denn anfühlen?« Er rollt die Augen. »Wer will denn ins Mittelfeld, wenn er eigentlich Stürmer ist. Und ich sage hier sowieso nichts, wenn Sie dauernd im Fernsehen rumsitzen.« Ich muss mir das Lachen verkneifen – denkt der junge Mann jetzt wirklich, dass ich »den Medien« verrate, wie sich ein 15-Jähriger aus dem Ruhrpott in der Jugendliga fühlt?

Ich entscheide mich für eine Black-Box-Methode, auch deshalb, weil ich sowieso wenig vom Fußball verstehe. Ich habe schon viele Sportler:innen, darunter auch einige Fußballer:innen, gecoacht und therapiert, aber auf Fachdiskussionen à la Mittelfeld versus Stürmer will ich mich gar nicht einlassen.

»Wissen Sie, Herr Arta, ich mache Coaching mit Sportlern sowieso gern anders. Da mache ich mehr was Körperliches, als viel zu reden. Sie müssen mir hier nichts erzählen, was Sie mir nicht erzählen wollen. Tatsächlich müssen Sie mir noch nicht einmal Ihr Problem erzählen. Und trotzdem weiß ich aus meiner Erfahrung, dass ich Ihnen helfen könnte. Wie wäre es, wenn wir zusammen mal so eine körperliche Übung machen, statt zu quatschen? Dazu stehen wir auf (ich stehe auf) und wir bewegen uns im Raum und ich stelle Ihnen Fragen, die mehr mit Ihrem Körper zu tun haben als mit Ihren Gedanken. Und wenn Sie mir nicht antworten wollen, dann lassen Sie es einfach, okay? Und Sie können auch nachfragen, wenn Ihnen eine Frage komisch vorkommt. Und wenn Sie das alles hier nicht mögen, dann brechen wir eben ab. Sie brauchen sich dann nicht zu erklären, wir brechen dann einfach ab. Ich habe gute Erfahrungen damit gemacht. Viele sind hier besser rausgegangen, als sie reingegangen sind, und ich hatte hier schon Leute im Raum, die Sie vermutlich nur aus dem Fernsehen kennen. Erwachsene Fußballer aus der Liga, die den Mut hatten, mal etwas Neues auszuprobieren. Die kommen wieder und haben mich auch Ihrem Trainer empfohlen. Herr Arta, das hier ist kein Psycho-Scheiß, aber es ist auch kein Spaziergang. Sie brauchen etwas Mut dazu. Als Stürmer haben Sie den ja?«

Herr Arta steht auf. »Okay.« Ich wundere mich, wie schnell er sich einverstanden erklärt, frage ihn nach seiner Turnschuhmarke. Er lächelt mich an »ja, die sind fresh, oder?«, nennt mir die Marke und ich tippe sie in mein Handy. Frage ihn dann:

Therapeut: »Sie sollen hier nach zwei Stunden besser rausgehen, als Sie reingegangen sind. Sagen Sie doch mal bitte, worum es sich im Groben handelt. Also, erzählen Sie mir keine Details, sondern bitte nur, ob Sie mal in eine Entscheidung reinschauen möchten oder ob Sie sich mit vielen Fragen beschäftigen oder ob Sie mal auf die letzten Jahre zurückschauen wollen oder in die Zukunft. Solche Sachen. Leute, die dabei vorkommen, Ereignisse, Orte, worum es genau geht, muss ich dabei nicht wissen. Das alles müssen Sie mir hier gar nicht erzählen.

Galip Arta: »Es ist eine Entscheidung. Ich meine, da könnte ich mal reingucken.« Er nickt zustimmend.

Therapeut: »Ich weiß nicht, ob es von Bedeutung ist, aber, wenn Sie mich fragen, Sie lächeln irgendwie anders – ist irgendwie meine Beobachtung. Können Sie damit etwas anfangen?«

Galip Arta: »Sie haben als Erstes gefragt, ob es sich um eine Entscheidung handelt, und da habe ich gedacht: Der hat es drauf, wie kann der das wissen?«

Ich zwinkere ihm zu.

Therapeut: »Zufall. Also ist es tatsächlich eine Entscheidung?« Er nickt. »Sie müssen sich zwischen wie vielen Möglichkeiten entscheiden? Zwei, drei, vier?«

Galip Arta: »Zwei. Aber Halt mal. Ist es eigentlich Okay, wenn das hier nicht um die ›depressiven Verstimmungen‹ geht, also, was mein Coach draufgeschrieben hat?«

Therapeut: »Vollkommen okay, Sie können das hier nutzen, wie Sie wollen, das habe ich so mit Ihrem Coach klargemacht. Er ist Ihr Fußball-Coach, ich bin Ihr Mental-Coach.«

Galip Arta: »Okay, sagen Sie mal, können wir uns duzen, weil das hier ja eher Sport ist und da duzt man sich. Ich bin Galip.«

Therapeut: »Okay, Galip, ich bin Jens. Hier sind Moderationskarten für die zwei Entscheidungsmöglichkeiten. Also, habe ich das richtig verstanden, du musst dich zwischen A und B entscheiden?« Galip nickt. »Nimmst du mal eine Karte für A und eine für B? Wie gesagt, ich will nicht wissen, was das ist. Nimm mal die Farben, die du mit A und mit B verbindest.«

Er greift in einen bunten Stapel runder Moderationskarten und wählt eine blaue und eine gelbe.

Therapeut: »Merk dir mal bitte, welche Farbe welche Option ist, und such dir mal bitte einen Platz für die beiden Optionen im Raum, auf dem Boden. Also, wo liegt A und wo liegt B?«

Er legt die Karten in die beiden gegenüberstehenden Ecken und läuft zwischen den Karten hin und her. Richtet sie immer wieder aus. Mal liegen sie ca. 25 cm vor dem Eck, mal 50 cm. Er kommt zur Ruhe, als sie beide ca. 70 cm vor dem jeweiligen Eck sind.

Therapeut: »Ich würde gern ab und zu beschreiben, wie ich dich sehe, ist das Okay?«

Galip Arta nickt: »Ist Okay.«

Therapeut: »Ich sehe, wie du hin und her läufst. Irgendwie siehst du für mich so aus, als ob du nachdenkst, aber das bin ja nur ich, der das so sieht.«

Galip Arta zieht seine Baseball-Kappe und kratzt sich am Kopf: »Ey, das ist krass, Mann. Natürlich denke ich nach! Da liegt mein Leben.«

Therapeut: »Galip, ich habe verstanden: Da liegt dein Leben.«

Galip Arta setzt sich in die Mitte zwischen den Karten, verschränkt die Arme über dem Kopf. Ich setze mich leicht hinter ihn, auf die Uhrzeigerposition »20 nach 12«. So muss er mir nicht frontal ins Gesicht schauen und ich kann ihn trotzdem gut beobachten.

Galip Arta: »Dazwischen sitze ich jetzt. Fühlt sich krass an.«

Therapeut: »Dazwischen, sagst du. Zwischen A und B. Sitzt du näher an A oder eher an B?«

Galip Arta: »Dazwischen.«

Therapeut: »Mir kommt deine Stimme leiser vor.«

Galip Arta: »Kein Wunder.«

Therapeut: »Wo im Körper merkst du was?«

Galip Arta: »Kehle.«

Therapeut: »Angenehm oder unangenehm? Wie ist das?«

Galip Arta: »Würgt mir alles zu. Wie ’ne Python.«

Therapeut: »Wie dick ist die?«

Galip Arta: »Wie mein Ellbogen.«

Therapeut: »Wenn du dich anstrengst, kriegst du die vom Hals?«

Galip Arta: »Da muss ich mich sehr anstrengen.«

Er atmet tief durch.

Therapeut: »Auszuhalten?«

Galip Arta: »Ja.«

Therapeut: »Du hältst grad viel aus. Eine ellenbogendicke Schlange.«

Galip Arta steht auf: »Mann, scheiße«, und weint. Ich lasse ihn, schaue aus dem Fenster. Längere Pause. Ich überlege, ob ich ihm leise zusprechen soll, damit er merkt, dass jemand bei ihm ist, lasse es aber sein.

Therapeut: »Wozieht es dich grad hin? Wir können die Optionen mal durchspielen. A oder B? Stell dich mal drauf auf die Karte und fühl mal rein.« Stellt sich auf B. »Also, die Idee ist, dass du dich jetzt für B entschieden hast, also in echt. Stell dir vor, du hast dich für B entschieden.« Galip richtet sich auf.

Therapeut: »Du stehst da, eben hast du unten gesessen. Irgendwie wirken deine Augen größer auf mich und deine Stirn glatter. Deine Hände bewegen sich und du wippst etwas, ist das so? Kannst du damit was anfangen?«

Galip Arta: »Ja. Fühlt sich gut an. Also, ich stehe jetzt hier so, als hätte ich mich für B entschieden, ist das richtig so?«

Therapeut: »Alles ist hier richtig. Das ist deine Zeit. Du hast dich also für B entschieden. Du hast das jetzt gemacht. Was passiert gerade?«

Galip Arta: »Also, ich entscheide mich für B. Ich fühle mich gerade echt gut. Hätte ich nicht gedacht.«

Therapeut: »Die Kehle? Die Schlange?«

Galip Arta: »Mr. Python liegt tot in der Mitte.«

Therapeut: »Das arme Tier. Was ist passiert?«

Galip Arta lacht: »Altersschwäche. Not guilty. Keine Ahnung.«

Therapeut: »Irgendeine körperliche Regung?«

Galip Arta: »Warm um den Bauch. Wie warme Schokolade im Bauch. Krass, ich muss an meine Oma denken.«

Therapeut: »Was hat die damit zu tun? Ich will es nicht wissen, überleg mal für dich.«

Galip Arta: »Die hätte jetzt gesagt: Mach das. Mach dich nicht unglücklich.«

Therapeut: »Du strahlst. Sie ist eine von den Guten, ich meine, ich wage mich jetzt vor: Wie war sie?«

Galip Arta: »Die Beste.«

Therapeut: »Und was macht das mit dir, wenn sie so was sagt?«

Galip Arta: »Fühlt sich gut an. Meine Oma ist aber tot. Ich heule jetzt aber nicht noch mal.«

Therapeut: »Ausgeheult? Scheint ja auch erstmal keine Position zum Heulen zu sein. Wie ist dein Stand?«

Galip Arta: »Ich stehe hier fest, aber kann mich auch bewegen. Nee, anders. Ich kann mich wegbewegen, aber will gar nicht.«

Therapeut: »Willst du denn irgendwohin oder wie ist das mit der Beweglichkeit?«

Galip Arta: »Ich will hier nicht weg, ich habe aber viele Möglichkeiten hier. Ich könnte, wenn ich das mache, danach viele andere Dinge machen, das heißt, ich habe dann viele Optionen. Das ist wie eine grüne Wiese mit vielen Trampelfaden.«

Therapeut: »Du hast viele Möglichkeiten, du hast viele Optionen. Was siehst du noch?«

Galip Arta: »Blauen Himmel, Sonne, hinten ist ein dunkler Wald, durch den musste ich durch.«

Therapeut: »Wie bist du da durchgekommen?«

Galip Arta: »Kondition. Durchhalten. Auf die Zähne beißen. Zutrauen, das habe ich nicht immer. Selbstzweifel, die ich überwinden musste.«

Therapeut: »Du lächelst nicht mehr, beobachte ich gerade. Die Stirn ist glatt. Du bist also auf einer Wiese, hast einen Wald durchwandert. Dafür hast du dein Durchhalten gut nutzen können? Deine Kondition? Dein Zutrauen? Du bist da beweglich, aber willst nicht weg. Deine Oma würde dir dazu raten. Die ist eine richtig Gute. Die Beste. Die Schlange liegt in der Mitte, sie ist tot. Du kannst sie aber dort auf der Wiese auch spüren?«

Galip Arta nickt: »Die ist immer da, die Schlange. Aber da ist sie wenigstens tot.«

Therapeut: »Möchtest du mal auf die andere Option gehen?«

Galip Arta seufzt und geht auf A.

Therapeut: »Du wirkst ein wenig gebückt. Du stehst auch nicht wirklich auf der Karte, sondern so auf dem Rand. Jetzt, wo du draufstehst, hast du sie ein wenig zwischen den Füßen gefaltet, schau mal ob das für dich so stimmt? Deine Hände sind zu Fäusten geballt. Was geht ab?«

Galip Arta: »Ja, so fühlt sich das eben an. Anspannung.«

Therapeut: »Die Schlange?«

Galip Arta: »Erholt sich wieder und kriecht auf mich zu.«

Therapeut: »Da auch? In friedlicher oder feindlicher Absicht?«

Galip Arta: »Feindlich. Wie so'n krasser Zombie aus TWD[9].«

Therapeut: »Körpergefühl?«

Galip Arta: »Mich zieht das so nach unten. So starr. Meine Haut ist taub. Was geht hier ab, Alter?«

Therapeut: »Inwiefern müsstest du etwas aushalten? Wer verlangt das von dir? Du musst hier nichts aushalten, nicht für mich.«

Galip Arta: »Ich will das aber grad fühlen. Genauso fühlt sich das an. Genauso.«

Therapeut: »Taube Haut. Die Füße ziehen nach unten …«

Galip Arta: »Und die Kehle. Das Bild ist auch das aus ›Walking Dead‹, wo der mit dem Baseball-Schläger den Typen erschlägt. Ich bin der Typ.«

Therapeut: »So schlimm?«

Galip Arta: »Könnte so passieren.«

Therapeut: »Könnte? Also ist es noch nicht so schlimm? Also ist er noch nicht niedergegangen, der Schläger? Was musst du tun?«

Galip Arta schaut ins Leere. Ich lasse ihn eine Weile in Ruhe, beobachte, wie es in ihm arbeitet. Es ist mir nicht wichtig, dass er meine Frage beantwortet.

Therapeut: »Du siehst nachdenklich aus. Es gibt noch eine andere Option: ›Beides‹. Nimm mal eine Karte. Kannst du mit ›Beides‹ etwas anfangen, also, das bedeutet ›sowohl A als auch B‹?«

Galip Arta nickt, nimmt eine rosa Karte und legt sie in eine andere Ecke. Stellt sich drauf.

Galip Arta: »Habe ich mir mal so gedacht. Kann ich mir mal vorstellen, hier. Mich mal reindenken.«

Therapeut: »Du siehst so aus, als gäbe es da Spiel- und Standbein, die Hände sind im Hoody, deine Stirn ist kraus, die Augen etwas geschlossen. Irgendwie so, als ob du was suchst – ich meine, ich will dir nicht zu nahe treten …«

Galip Arta: »Na ja, irgendwie habe ich das schon mal durchdacht, und jetzt muss ich mich was konzentrieren. Aber ja, ist eine Option.

---

9 »The Walking Dead« ist eine US-amerikanische Filmserie. In der Szene, die Galip Arta beschreibt, wird ein Gefangener mit einem Baseball-Schläger erschlagen, um den Stacheldraht gewickelt ist.

Die Schlange ist irgendwie nicht da, spielt keine Rolle, aber ich spüre im Körper auch nichts. Irgendwie ist da keine Leidenschaft. Irgendwie will ich da nicht hin, aber es ist gut, mir das mal vorzustellen. Und das ist schon auch eine realistische Option – also, das ist machbar. Das gibt Sicherheit und alles, macht aber keinen besonderen Spaß, irgendwie. Das sieht so aus wie ein Parkplatz, von dem aus man so viele Sachen sieht, die interessanter sind. Ich fühle nichts. Das ist nicht mein Leben.«

Therapeut: »Nichts Fühlen ist nicht dein Leben? Hört sich an, als ob du jetzt lebst, sorry, aber es scheint dir ja nicht so gut zu gehen, sagt dein Coach jedenfalls. Dann wäre das ›sich schlecht fühlen‹ ja jetzt dein Leben oder was?«

Galip Arta: »So könnte man es auch betrachten. Nicht das beste Leben, aber das da ist zu viel Druck (er zeigt auf A). Das drückt mir die Kehle zu.«

Therapeut: »Also, wenn ich das mal auf die Spitze treiben darf: Das Scheißgefühl hat was mit dem Leben zu tun. Jetzt muss ich mal was fragen, das ist meine Rolle als Mental-Coach, das habe ich so gelernt, so wie du deine Technik im Fußball: Hast du denn manchmal schon mit dem Gedanken gespielt, deinem Leben ein Ende zu setzen?«

Galip Arta: »Nein, nie. Das würde ich nie tun.«

Therapeut: »Gut, das war jetzt gut für mich. Mir ist es in deinem Alter auch mal scheiße gegangen und ich hatte damals ziemlich düstere Gedanken. Es ist gut für mich, zu hören, dass ich mich hier nicht sorgen muss. Und das ist auch für deine Eltern gut und sogar für deine Oma. Und wenn es dir mal schlechter geht, weißt du, wo dein Mental-Coach ist.« Ich schaue auf den Boden, auf seine Sneakers. »Gibt es auf dem Platz noch etwas, oder möchtest du mal noch einen anderen versuchen?«

Galip Arta kratzt sich am Kopf: »Her damit. Ist gut, was wir hier machen.«

Therapeut: »Dann kannst du dir noch einen Platz für die Position ›Keines‹ suchen. ›Keines von beidem‹.«

Galip Arta greift in den Stapel und nimmt ein weißes Blatt, legt es in die vierte Ecke, stellt sich drauf und macht eine Tanzbewegung: »Geht auch. Einfach mal so für ein paar Jahre. Ich trete auf die

Schlange, ich spüre Beine, Hüfte, Arsch, mein Kopf dreht sich wie nach 07 Jägermeister. Aber nicht, dass Sie denken, ich trinke.«

Therapeut: »Jetzt fällst du ins Sie. Ich habe Schweigepflicht. Die ›Bild‹-Zeitung erfährt nichts von mir.«

Galip Arta lacht. »Ja klar kann ich das auch mal so, einfach mal ›Keines‹. Einfach mal durchs Leben tanzen und so, aber das geht nur für eine Woche mal oder so. Mein Vater ist Türke und ich soll's mal besser haben, wie alle jungen Türken. (lacht) Aber mal so eine Woche ›Keines‹ wäre nice.«

Therapeut: »Jetzt erzählst du mir was – noch mal zur Erinnerung, du musst mir gar nichts erzählen. Aber gut: Du lächelst, tanzt, schnippst mit den Fingern, deine Stimme rappt irgendwie, so kommt mir das vor.«

Galip Arta abrupt: »Kann ich mich noch mal auf B stellen?«

Therapeut: »Klar, sei einfach Regisseur in diesem Film. Ich halte mich zurück. Probier die Positionen, die du probieren willst.«

Galip Arta stellt sich auf B: »Fühlt sich immer noch gut an. Irgendwie so klar. Die Schultern sind irgendwie locker wie nach einer Massage. Ich hätte gedacht, dass sich das fremd anfühlt. Ich wollte noch mal den Wald ansehen, den dunklen Wald. Ich weiß, dass ich da irgendwie durch kann. Aber es ist nicht nur Disziplin. Da sind auch alle anderen drin verschwunden. Ich stehe da, glücklich, aber allein.«

Therapeut: »Du stehst da, bist durch den dunklen Wald gekommen, Disziplin hilft, ist es aber nicht allein, du bist allein. Ich habe dreimal das Wort irgendwie gehört. Was braucht es, um die Situation noch ein wenig besser zu machen?«

Galip Arta: »Ich muss Leute mitnehmen durch den Wald? (überlegt) Nee. Ich kenne die ja noch gar nicht. Ich mache ein Fest auf der Wiese? Hmm. Ich lade meine Freunde ein zum Spiel? Nee. Das muss ich mir noch mal überlegen.«

Therapeut: »Was würde deine Oma sagen?«

Galip Arta: »Die lacht jetzt laut und sagt, du hast dann eine schöne Frau und zwölf Kinder. Und sie sagt, dass ich nie allein gewesen bin, dass sie mir beigebracht hat, ein Teamplayer zu sein.«

Therapeut: »Kann die Schlange dir helfen?«

Galip Arta: »Die Schlange?!«

Therapeut: »Irgendwie ist die Schlange ja auch Leben, hast du gesagt, irgendwie – ich bin jetzt einfach mal logisch, wenn das okay ist, so in deiner Logik, dass Emotionen das Leben sind … oder hab ich jetzt was total Bescheuertes gesagt?«

Galip Arta: »Vielleicht kann mir ein bisschen Schlangenhaut oder so'n Armband helfen, das so aussieht wie Schlangenleder, vielleicht eher als Erinnerung.«

Therapeut: »Galip, wir sind nach meiner Sicht gut ins Gespräch gekommen, über die Schlange.«

Galip Arta: »Ja, eigentlich sind das ja auch schöne Tiere. Und sie gehört zu mir.«

Therapeut: »Vielleicht gehört sie einfach auch zu deinem Leben dazu? Wenn das hier alles dein Leben ist? Vielleicht kannst du sie nutzen?«

Galip Arta: »Ja, vielleicht.« Er denkt nach.

Therapeut: »Galip, es gibt noch eine Position: ›Das alles nicht und auch das nicht.‹ Kannst du damit was anfangen?

Galip Arta: »Nee. Sag mal?«

Therapeut: »Also, wenn all das hier kein Thema wäre, was wäre denn dann?«

Er überlegt länger und nimmt sich eine Karte und legt sie auf ein Tischchen, ein bearbeiteter Holzstamm, der bei uns in der Praxis steht. Stellt sich drauf.

Galip Arta: »Da fällt mir sofort was ein, aber das tut mir nicht gut. Darüber will ich heute nicht mehr nachdenken. Reicht.«

Er steigt runter.

Therapeut: »Du bist der Regisseur. Du weißt, was dir nicht gut tut. Du bist der Regisseur.«

Galip Arta: »Mein Film. Ich bin der Regisseur meines Lebens. Ich bin der Regisseur.« Er schaut aus dem Fenster, schaut sich erst nach einer Weile wieder im Raum um. »Heulst du?«

Therapeut: »Schlechte Luft hier. Nee, ohne Scheiß, ich finde den Satz ziemlich stark. Das berührt mich, weil ich das so gespürt habe. Ich bin vollkommen davon überzeugt, dass du dich richtig entscheiden wirst, das heißt, dass es dir besser geht und dass du deine Schlange in einer Tasche mit dir rumtragen kannst. Du hast hier die Sache in die Hand genommen. Du hast gesagt, was du willst, von Anfang an, du hast die Sitzung hier beendet, du bist wieder auf B gegangen, als du das wolltest, und konntest klar sagen, was du magst und was nicht. Um dich muss ich mir keine Sorgen machen.«

Galip Arta: »Danke. Wann soll ich wiederkommen?«

Therapeut: »Wann du willst. Hast du dich eigentlich für irgendwas entschieden? Ich bin ein bisschen neugierig.«

Galip Arta: »Ja. Du wirst es morgen erfahren. Darf ich mir die Karten mitnehmen?«

Therapeut: »Gern.«

Sein Blick fällt auf meine Schleichtier-Sammlung. Tatsächlich liegt da auch eine Schlange.

Therapeut: »Nimm sie mit.«

Galip Arta: »Der Mann kann Gedanken lesen.«

Therapeut: »Leider nein.«

Noch am selben Abend redete Galip mit seiner Familie und teilte ihr mit, dass er seine Fußballkarriere beenden wird. Am nächsten Tag informierte er seinen Trainer. Der schien eher erleichtert zu sein – musste er doch so keinen »Versehrten mitschleppen«. 2018 begann er ein Managementstudium. Ins Sportmanagement wollte er ausdrücklich nicht einsteigen. 2022 hatte er seinen ersten Job, es läuft gut. Er hat eine Freundin und möchte mit ihr zwei Kinder haben. Ein- bis zweimal im Jahr kommt er zu mir zum »Mental-Coaching«. In 50 Prozent der Fälle sprechen wir offen über Themen, in 50 Prozent arbeiten wir mit Black-Box-Methoden. Das Tetralemma (s. nächster Abschnitt) macht er immer wieder gern, wenn Entscheidungen anstehen.

Und falls Sie neugierig sind: »A« war für ihn »weiter im Club zu bleiben und dabei Mobbing, das Zurückstellen auf das Mittelfeld und weitere Verletzungen durchstehen zu müssen«. »B« war »sich auf die Schule zu konzentrieren und ein Managementstudio zu beginnen«. »Beides« war »Sportmanagement zu studieren, was für ihn ›Nichts Halbes und nichts Ganzes‹ bedeutet«. »Keines« war einfach mal durchzufeiern und nichts zu tun. Die fünfte Position waren seine Diskriminierungserfahrungen, auf die wir in späteren Sitzungen eingegangen sind. Unter Diskriminierung hatte er auch als Spieler gelitten – und hatte es nicht wahrhaben wollen.

Um es deutlich zu sagen: Häufig erfahre ich gar nichts von den Klient:innen, die mit mir Black-Box-Verfahren durchlaufen haben. Nur manchmal verraten sie mir viel später, was in ihren Köpfen vorgegangen ist. Wenn wir so etwas in der Therapie anwenden, müssen wir also eines auf jeden Fall bezähmen: unsere ansonsten so nützliche Neugierde.

Methode: Das Tetralemma

Die mit Galip Arta genutzte Methode des Tetralemmas dürfte vielen systemisch Arbeitenden bekannt sein (Sparrer u. Varga von Kibéd, 2000; von Schlippe u. Schweitzer, 2016, S. 289). Im Folgenden erkläre ich Hintergrund und Methode; danach die mögliche Vorgehensweise beim verdeckten Arbeiten. Ich werde danach auch noch auf den Prozess mit Galip eingehen, da ich natürlich ab und zu von diesem idealtypischen Ablauf abgewichen bin. Im Sinne einer Prozessorientierung scheint das angemessen: Die Methode soll sich ja an den Klienten Galip anpassen und nicht Galip an eine Methode, die in irgendeinem Labor entwickelt wurde. Unter einer systemischeren Haltung verstehe ich auch den freien Umgang mit Methoden. Manuale gibt es im systemischen Arbeiten nicht in dem Sinne, dass ich sklavisch alle darin beschriebenen Schritte ablaufen muss. Ich nehme Methoden als Einstiegshilfe in Prozesse und lasse mich dann von den Klient:innen in ihre eigenen, spannenden Gewässer ziehen – womit die Methode sozusagen von den Klient:innen in ihrem Sinne weiterentwickelt wird.

Unter dem Tetralemma versteht man im systemischen Coaching und in der systemischen Beratung oder Therapie eine Strukturaufstellung (Sparrer u. Varga von Kibéd, 2000), die auf einem Schema aus der indischen Logik basiert, das wiederum auf den buddhistischen Philosophen Nagarjuna zurückgeht (Förster, 2020c; Köhn, 2019). In der systemischen Arbeit wird es genutzt, um rigide Denkmuster in einem Dilemma aufzuweichen, damit Entscheidungs- und Handlungsräume erweitert werden können (Sparrer u. Varga von Kibéd, 2010).

Anwendbar ist diese Form der Aufstellung bei klassischen Dilemmata bzw. Entscheidungen zwischen zwei Optionen. Ein Dilemma lässt sich definieren als eine »Zwangslage, Situation, in der sich jemand befindet, besonders wenn er zwischen zwei in gleicher Weise schwierigen oder unangenehmen Dingen wählen soll oder muss (Duden Online 2023). Das Tetralemma führt aus dem westlichen Schwarz-Weiß-Denken heraus in eine multiple Perspektive auf dasselbe Entscheidungsproblem.

Im westlichen Denken (gemäß der aristotelischen Logik) gibt es die Regel: »A« kann nicht »Nicht-A« sein. Mit Hilfe dieser Regel aus der Logik kann ich die physikalische Welt gut beschreiben. Ich kann zum Beispiel entscheiden, ob mein Computer steht (A) oder sich bewegt (–A). Für menschliches Verhalten erscheint sie allerdings häufig als zu eng. Erich Fromm (1960/2015) merkte bereits an, dass schon Sigmund Freud parallel ablaufende Prozesse beschrieb, die eher zu einer buddhistischen als zu einer aristotelischen Logik passten. So kann ich meinen Vater lieben und gleichzeitig hassen oder ich kann Zigaretten als Genuss und gleichzeitig als Last empfinden. Dem liegt die Freud'sche Idee zu Grunde, dass ich auf unterschiedlichen Bewusstseinsebenen fühlen, denken und handeln kann. Während das Über-Ich sagt: »Du musst doch deinen Vater lieben!« – also liebe ich ihn, sagt das Es: »Ich hasse ihn, weil er mir meine Mutter wegnimmt!« Im systemischen Konzept des Teile-Selbst gibt es den Gedanken, dass ich aus mehreren, teils widersprüchlichen Selbstanteilen bestehe (beispielsweise meine Rolle als Sohn: »Ich liebe ihn, weil er mir gegenüber liebevoll ist« – meine Rolle als politisch denkender Mensch: »Ich hasse ihn, weil er AfD wählt«) (s. Virginia Satirs »parts party«, z. B. in Haber, 2002).

Im Tetralemma wird die Ambivalenz zwischen zwei Optionen um zwei weitere Positionen ergänzt. Insgesamt ergeben sich damit die Positionen »Das Eine«, »Das Andere«, »Beides« und »Keines von beiden«. Zusätzlich wird eine fünfte Position genutzt, die außerhalb der Struktur steht (»Nichts von alledem – und auch das nicht!«; Sparrer, 2001, beschrieben in von Schlippe u. Schweitzer, 2016, S. 289). Einen Überblick über die Positionen bietet Abbildung 1.

Das Tetralemma kann als Gesprächsorientierung genutzt werden, oder, so geschieht es normalerweise, es wird mit Klient:innen im Raum aufgestellt.

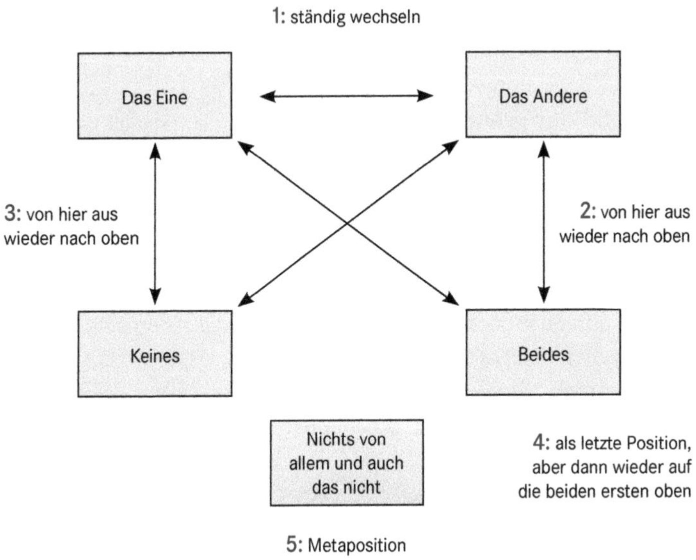

Abbildung 1: Das Tetralemma

Methodenleitfaden

1. Schritt: Nach einem Joining und einer Klärung von Anliegen und Auftrag bietet sich das Tetralemma dann an, wenn es um eine Entscheidungssituation mit zwei Optionen geht. Wenn ich das Ganze aufstellen möchte, platziere ich Moderationskarten, auf denen die Positionen schon beschriftet sein können, sternförmig, wie in Abbildung 1 zu sehen, nacheinander auf dem Boden. Ich lade die Klientin dann ein, jede Position einmal abzulaufen, das heißt, ich bitte sie, sich auf die Positionen zu stellen und sich einzufühlen und einzudenken, wie es wäre, wenn sie sich für diese Position entschieden hätte. Es empfiehlt sich, mit »das Eine« und »das Andere« zu beginnen und die Klientin erst einmal hin und her wechseln zu lassen. Unterschiede und Veränderungen stehen im Fokus meiner Beobachtung als Therapeut. Daneben berichte ich möglichst wertfrei Beobachtungen bezüglich Mimik, Gestik, Körperhaltung, wahrgenommener Stimmung, Stimme, Lautstärke etc. Und ich paraphrasiere, das heißt, ich fasse zusammen, was ich gehört und gesehen habe. Auch Gefühle kann ich mitteilen, dies möglichst in Ich-Form.

2. Schritt: Dann geht die Klientin auf »Beides«. Von da aus eventuell wieder auf die ersten beiden Positionen, bevor sie auf »Keines« geht. Auch diese Reihenfolge richtet sich an der Klientin aus. Wenn ich während der ersten beiden Positionen schon Ansätze für »Beides« gehört hätte, würde ich auf »Beides« gehen, wenn ich gehört hätte, dass »Keines« eine Option wäre, würde ich bei »Keines« anfangen. Von da aus kann es, je nach Zeitbudget, wieder auf die ersten beiden Positionen gehen. Gibt es Unterschiede? Fühlt sich das noch genauso an? Dabei würde ich dem »Tanz« der Klientin folgen – wenn sie beispielsweise gern auf eine Position gehen möchte, lasse ich sie gewähren.

3. Schritt: Danach geht es auf die 5. Position. Die 5. ist eine wichtige Position, die ich typischerweise so beschreibe: »Das ist eine Außenposition, die völlig außerhalb des Themas liegt. Vielleicht ein Thema, auf das wir gar nicht kommen?« oder »Was, wenn es ein ganz anderes Thema gäbe – welches wäre das dann?« oder »Diese Position fällt völlig aus dem Rahmen – hier verlassen wir das Thema und alles, was damit zusammenhängt. Wir erlauben uns einmal, das gesamte Thema mit seinen Pros und Contras abzulehnen und auch die Ablehnung abzulehnen – was entsteht dann?« oder »Wir schauen hier einmal in alle Richtungen, auch nach außen, auch nach drinnen. Was ergibt sich von da?«. Manchmal passt auch: »Was würde passieren, wenn sich das Thema voll und ganz erledigt hat?«

Diese verschiedenen Versionen drücken einen Versuch nach Passung zwischen mir als Therapeut und der Klientin aus. Die doppelte Verneinung ist nun einmal recht schwierig zu verstehen, manchmal auch für hochbegabte Klient:innen. Daher bietet es sich an, Worte und eigene Formulierungen für diese Position in petto zu haben. Falls aus irgendeinem Grund diese Position gar nicht verstanden werden sollte, sage ich so etwas wie: »Und jetzt schauen wir uns die Sache einmal von außen an. Was ergibt sich dann?« Damit wird sie wenigstens als Metaposition verstanden – verloren geht der systemische Gedanke, dass ein Thema vielleicht auch die Funktion haben könnte, ein anderes zu »verdecken« oder zu »parken«; schließlich ist die

Beschäftigung mit einem vordergründigen, weniger schmerzhaftem Problem oftmals funktional (Was wärest du ohne dein Problem? Was käme denn dann dran?; s. z. B. Simon u. Rech-Simon, 2020).

4. Schritt: Hiernach kann sich die Klientin wiederum Positionen aussuchen, auf die sie gern noch einmal gehen würde. Ich beende die Sitzung meist mit: »Wie geht es Ihnen jetzt? Was denken Sie, wo sind Sie gerade gelandet? Was ergibt sich daraus für Ihr weiteres Leben? Was werden Sie als Nächstes ausprobieren? Was wäre mal eine kleine Veränderung, ein Experiment wert?«

Ich kann nur noch einmal betonen, dass es erwünscht und nicht etwa »falsch« sein kann, wenn die Klientin mich irgendwann führt und von selbst auf eine bestimmte Position geht. Ich schaffe mit diesen Methoden lediglich einen Rahmen, in dem Selbstorganisation möglich wird – sobald ich sehe, dass die Klientin die Sache in die Hand nimmt oder irgendein Zeichen selbstbestimmten Handelns deutlich wird, lasse ich sie blühen. Ich kann dies allerdings in die Beobachtung mit einfließen lassen: »Ich sehe, Sie sind von selbst auf die Position zurückgegangen – was motiviert Sie dazu, wenn ich einmal neugierig nachfragen darf? Können Sie das sagen? Wollen Sie das gerade sagen?«

Auf den Positionen haben sich in meiner Praxis folgende Fragen bewährt. Als Grundgerüst wähle ich das ABC der Psychologie (Förster, 2018):

A = Affect (Gefühl: Wie geht es Ihnen da?)
B = Behavior (Verhalten: Was würden Sie da tun?)
C = Cognition (Gedanken: An was denken Sie da?)

wobei die Reihenfolge dem Prozess folgen sollte, das heißt, individuell unterschiedlich sein wird. Hier lasse ich mich von spontanen Einfällen und Gefühlen führen wie auch von meiner Klientin, die mir ja immerzu Kommunikationsangebote macht. Es ist natürlich nicht schlimm, wenn wir einmal eine Frage vergessen. Wir sind ja keine Roboter, sondern sind in Kommunikation mit unseren Klient:innen und Kommunikation ist wechselseitig. Wir führen nicht nur durch die Methode, sondern wir werden auch geführt und lassen uns (ver-)

führen. Dadurch entsteht Beziehung und die ist, wie wir wissen, das A und O eines therapeutischen Prozesses (Lambert u. Barley, 2001, s. a. Holm-Hadulla, Kriz u. Lieb, 2004; Loth u. von Schlippe, 2004).

Ein paar Fragen ...

Zudem haben sich in langjähriger Arbeit (in diesem Bereich vor allem mit Karin Nöcker; s. a. Daimler, Sparrer u. Varga von Kibéd, 2008) folgende Fragen bewährt, die ich besonders für das verdeckte Arbeiten nutze:

- »Wie ist die Energie?«
- »Wo ist die Energie?«
- »Wie ist der Stand?«
- »Wie verhalten sich Ihre Hände?
- »Wie ist Ihr Atem?«
- »Welchen Körperteil spüren Sie? Gibt es irgendeine Stelle am Körper, die Sie jetzt besonders fühlen? Ist das angenehm oder unangenehm?«
- »Gibt es ein Bild, das gerade entsteht? Ist das angenehm oder unangenehm«?
- »Gibt es eine Sinnesempfindung (Schmecken, Hören, Riechen etc.)? Ist das angenehm oder unangenehm?«

Wenn der Eindruck entsteht, dass sich Klient:innen gern bewegen, kann man Folgendes probieren:

- »Gibt es eine Bewegung, die jetzt dazu passt? Wollen Sie die einmal ausführen?« und weiter:
- »Welche Gedanken kommen hoch? Nichts ist richtig, nichts ist falsch ...«
- »Was sind Vorteile, was Nachteile dieser Position?«

Nach einem Positionswechsel bieten sich folgende Fragen an:

- »Hat sich irgendwas verändert nachdem Sie gewechselt haben? Was?
- Wenn Ihnen ein neuer Gedanke kommt, lassen Sie ihn zu, auch wenn er komisch erscheint.«

Durch die ständigen Wechsel wird eine Unterschiedsbildung angeregt und dies ist eine Metamethode systemischen Arbeitens. Wir sind auf der Suche nach dem »Unterschied, der einen Unterschied macht« (Bateson, 2000). Durch Unterschiedsbildung entsteht Information und werden Gefühle und Gedanken kontextualisiert: »Dort habe ich meinen Magen gespürt ... da fühle ich meinen Hals, hier ist es angenehm, dort unangenehm ... aber nur, wenn ich meine Freunde dorthin mitnehme ...« Solche Unterschiede sind Informationen für die Klient:innen und aus solchen Differenzierungen ergeben sich häufig Impulse und sogar Lösungsansätze.

Als Therapeut kann ich Unterschiede beobachten, ohne sie zu bewerten (»Da standen Sie mit durchgestrecktem Rücken, dort beugten Sie sich etwas nach vorn«; »Da haben Sie gelacht, hier nicht« etc.). Ich lasse mir Unterschiede beschreiben, berichte sie als Beobachtungen aus meiner Position und fasse die Unterschiede immer wieder zusammen. Ich paraphrasiere viel und fasse auch Gesagtes zusammen.

Tetralemma als Black-Box-Methode in Gruppen

Auch in Supervisionen von Gruppen oder Teams bietet sich das Tetralemma an, wenn Entscheidungen anstehen. Dazu lade ich die Gruppe ein, sich nacheinander zusammen an eine Wand zu stellen, die eine der vier Positionen bedeutet. Die Teilnehmer:innen können die Augen schließen oder sie offen halten. Ich bitte alle zu schweigen und meinen Fragen zu folgen. Dann frage ich ähnliche Fragen wie oben, lasse mir aber noch mehr Zeit. Pro Wand rechne ich mit 10 bis 20 Minuten. Hier dürfen sich die Teilnehmer:innen Vor- und Nachteile der Position vorstellen, Bilder entwickeln, ihren Gefühlen nachspüren, genauso wie ihren Empfindungen im Körper. Immer wieder frage ich nach Unterschieden zwischen den verschiedenen Positionen. Die letzte Position kann entweder in einem anderen Raum erfolgen oder ich kann die Teilnehmer:innen bitten, subjektiv einen Platz im Raum zu suchen, der ihnen eine Außensicht ermöglicht. Danach kann es eine offene Auswertung geben oder die Teilnehmer:innen behalten die Impulse für sich. Wenn Zeit ist, können sie auch eingeladen werden, das Erlebte und die Konsequenzen zu notieren. Falls es um eine Teamentscheidung geht, kann ich die Teilnehmer:innen auch bitten, sich zu einer Diskussion an diejenige

Wand zu stellen, für die sie sich entschieden haben. Danach kann eine Gruppendiskussion moderiert werden.

Prozessorientierte Anwendung der Methode

Abweichungen vom idealtypischen Ablauf sind erwünscht. Lassen wir einmal Viktor Frankl zu Wort kommen: »Psychotherapie ist [nämlich] immer auf mehr angewiesen als auf bloßes technisches Können: immer ist sie auch ein gutes Stück Kunst. Und angesichts der Variabilität der beiden irrationalen Momente, die allemal in diese Kunst der Psychotherapie eingehen, werden wir auch nicht erstaunt sein, wenn wir sehen, wie sehr alle Psychotherapie angewiesen ist auf ein momentanes Erfassen der konkreten Person und der konkreten Situation des Patienten, wie sehr sie sonach angewiesen ist auf – Improvisieren. Nichts läßt sich da schematisieren, nie läßt sich ein Schema starr befolgen; vielmehr bedarf jeder einzelne Fall seiner Methode – sie muss improvisiert werden, sie muss erfunden werden, in jedem Falle und für jeden Fall aufs Neue!« (Frankl, 1947, S. 170, zit. nach Längle, 1988).

Die *Prozessorientierung,* in der ich am IF Weinheim besonders geschult wurde und die ich als Lehrtherapeut und Lehrsupervisor unterrichte, bedeutet, dass ich meine Klient:innen immer im Blick habe – wenn sie die Leitung oder Steuerung für den Prozess übernehmen, freut mich das und ich gehe mit. Ich komme noch darauf zurück. Tatsächlich scheint dies einer der Gründe zu sein, warum systemisches Arbeiten so erfolgreich, nachhaltig und effizient ist.

Eins meiner Bilder für Therapie ist das eines »Herrchens oder Frauchens mit Hund«, wobei die Klient:innen und nicht wir Therapeut:innen die Leine in der Hand haben und ich mich von ihnen bereitwillig führen lasse. Dies entspräche meinem Idealbild, das ich natürlich nicht immer vorfinde. Wenn Klient:innen etwa orientierungslos scheinen, bleibt mir nichts anderes übrig, als die Führung zu übernehmen, um sie dann so schnell wie möglich wieder abzugeben. Dies ist aber genauso riskant, wie wenn ein Hund sein Frauchen durch den Park zieht – eine Ahnung hat der Hund (also auch ich) oft nicht, wo es hingeht.

Ein anderes Bild wäre das einer Regisseurin oder eines Regisseurs, die oder der mich als Schauspieler:in durch die Inszenierung führt. Um diese Bilder herzustellen, überlasse ich den Klient:innen möglichst viele Freiheiten und gebe ihren Wünschen nach, die nicht immer der Reihenfolge der Methoden entsprechen.

Dies nennen wir in der systemischen Beratung Kund:innen- oder Prozessorientierung. Wir richten uns nach ihren Bedürfnissen, schauen, ob der nächste Schritt der Methode noch anschlussfähig ist, und ändern dementsprechend *mit dem Prozess* die Methode. So reden wir nicht aneinander vorbei und zeigen zudem unseren Klient:innen, dass wir auf ihre Selbstregulation vertrauen und von ihrer Selbstwirksamkeit überzeugt sind.

In der Arbeit mit Galip ist sicherlich einiges so gelaufen, wie ich es im Leitfaden beschrieben habe. Allerdings habe ich auch manches anders gemacht und möchte darauf kurz eingehen. Die Unterschiede markieren auch einige Grundpfeiler meiner Haltung. Dazu gehören unter anderen die Entscheidungsfreiheit der Klient:innen, ihre Motivierung und das Reframing.

Entscheidungsfreiheiten

In meiner Arbeit hat es sich bewährt, den Klient:innen möglichst viele Entscheidungsmöglichkeiten einzuräumen. Das fängt bei der Wahl des Stuhls bei Gesprächen an – auch der Abstand zwischen uns kann von den Klient:innen gewählt werden. Man könnte dies als Kleinigkeiten abtun, aber es ist aus einer *hypnosystemischen Perspektive* durchaus erwähnenswert (Erickson u. Rossi, 2006). In jeder Sekunde zeige ich durch mein eigenes Verhalten, meine Sprache, meine Körperhaltung, ob ich Freiräume und Selbststeuerung zulasse oder nicht. Das fängt bei meinem Praxisraum an: Ein absolut durchstrukturierter Raum, in dem alles sortiert ist und wo nichts herumliegt, könnte Gedanken von Struktur nahelegen und gleichzeitig die Erwartung von Struktur. Wir nennen das in der Sozialpsychologie, wie oben schon erwähnt, »Priming« (Higgins, 1996) und ich habe als einer der Experten auf diesem Gebiet zahlreiche wissenschaftliche Artikel publiziert, darunter Zusammenfassungen der unterschiedlichen Priming-Varianten (Förster u. Liberman, 2007).

Beim Priming geht es darum, dass durch ein äußeres Ereignis, wie zum Beispiel »aufgeräumter Schreibtisch«, eine Wissensbasis in meinem Gedächtnis aktiviert wird und auch eine Erwartung.

Dies geschieht schnell und automatisch, also meist unbewusst. So kann ein freundliches Lächeln meinerseits »Freundlichkeit« primen, das bedeutet, Netzwerkstrukturen von Freundlichkeit im Gedächtnis meiner Klient:innen werden aktiviert. Um andere Beispiele zu nennen, so kann ein langes Joining am Anfang »Interesse an mir« primen, so kann ein kreatives Setting mit vielen interessanten Objekten im Raum »kreatives Denken« primen und eine warme, gute Tasse Kaffee als Angebot »Wärme«, »Großzügkeit« und »Aufmerksamkeit« (sogenanntes *prozedurales* Priming; Förster, Liberman u. Friedman, 2007). Ich lasse Klient:innen deshalb auch immer im Kleinen mit entscheiden, damit ihr System versteht, dass ich es mit der Entscheidungsfreiheit und der Selbstverwirklichung ernst meine.

Auch die Farbe von Moderationskarten lasse ich die Klient:innen selbst wählen und gebe sie ihnen nicht vorausgewählt in die Hand – sie suchen stattdessen selbst aus. Eine Farbe wie Blau oder Rot kann für Klient:innen unterschiedliche Bedeutungen haben. In Galips Fall, so erzählte er mir später, hatte die Karte für »A« etwas mit den Vereinsfarben zu tun. Leblose Objekte wie Moderationskarten können also individuell von den Klient:innen mit eigenen Gefühlen und Gedanken angereichert oder aufgeladen werden. Es spricht auch viel dafür, die Klient:innen die Position der fünf Karten selbst wählen zu lassen. Dabei allerdings kann es auch zu unerwarteten Platzierungen kommen, wie zum Beispiel dass Klient:innen Karten auf die Fensterbank legen (s. Kapitel III). Im Fall von Galip wollte ich ihn motivieren, sich auf die Karte zu stellen, um ins Fühlen zu kommen.

Auch unsere Wortwahl »primt« bestimmte Wissensstrukturen (sogenanntes semantisches Priming; Förster et al., 2007). So kann ein Wort wie »Patient« an »krank« und »Krankenhaus« erinnern, während »Klientin« vielleicht eher mit »Dienstleistung« assoziiert wird. Demgemäß hatte ich bei Galip den Eindruck, dass er nichts mit einem Psychologen zu tun haben möchte. Der Ausdruck Mental-Coach war möglicherweise sprachlich anschlussfähiger für einen jungen Mann, der von Coaches (Trainer:innen) umgeben ist. »Coach« primt »Sport«, während »Psychotherapeut« vielleicht bei ihm so etwas wie »verrückt« oder »gestört« primt. Ich möchte noch einmal betonen, dass wir keine Kontrolle darüber haben, wie etwas Gesagtes ankommt. Hätte Galip genug von Coaches gehabt, wäre dieses Wort vermutlich weniger anschlussfähig gewesen. Durch eine bestimmte Wortwahl erhöhe ich lediglich die Wahrscheinlichkeit, dass etwas so ankommt, wie ich es möchte.

Letztendlich geht es mir darum, einen Freiraum zu erschaffen, indem die Klientin sich selbst erfahren kann und ihre Selbstbestimmung erlebt. Dazu gehört auch, dass sie jederzeit den Prozess abbrechen kann, dass sie auf jede Frage eine Antwort bekommt und dass ich alles, was ich mache, transparent mache, wenn sie mich danach fragt. Manchmal werde ich vielleicht keine Antwort darauf haben, weil ich eher spontan etwas getan, gesagt oder entschieden habe, aber die Klientin sollte ständig die Möglichkeit haben nachzufragen.

Im Gegensatz zu anderen Therapieschulen nehmen wir den Wunsch, auf bestimmte Themen *nicht* einzugehen, ernst. Wir wittern dahinter nichts Verdrängtes, was »umso interessanter sein könnte«, sondern wir sehen darin den in Freiheit getroffenen Wunsch, über bestimmte Themen nicht zu reden. Das ist Selbstorganisation. Ich selbst erlebe mich als systemisch Denkenden und Arbeitenden dann am stärksten, wenn eine Klientin mir zu einem bestimmten Verhalten oder einer bestimmten Frage nein sagt. Dann habe ich möglicherweise einen Raum geschaffen, in dem wir auf Augenhöhe arbeiten und in dem Abgrenzung möglich wird. Hätte Galip also mitten im Prozess das Tetralemma abgebrochen, hätte ich das nicht als Fehler bewertet, sondern als einen Augenblick der Selbstorganisation. Die Tatsache, dass er sich die fünfte Position nicht anschauen wollte, werte ich als gelungene Beziehungsarbeit. Und inzwischen weiß ich als Therapeut auch, dass Themen, die gerade nicht bearbeitet werden wollen, oft zu einem späteren Zeitpunkt hochkommen. Über den Zeitpunkt entscheidet aber die Klientin und nicht ich. Die Klientin hat jederzeit ein Selbstbestimmungsrecht, was sie wann und wie besprechen will. Wir Therapeut:innen und Coach:innen wissen nichts besser als unsere Klientin.

Einladende Körpersprachen

Ich stehe, wenn ich Black-Box-Methoden vorschlagen möchte, gern mit Schwung vom Stuhl auf, in der Hoffnung, dass das einladender aussieht, als wenn ich das Angebot im Sitzen vortrage. Mein Aufstehen, so könnte man auch hier sagen, »primt« eine hohe Motivation, im Stehen weiterzuarbeiten. Black-Box-Methoden sind zunächst einmal ungewöhnlich und meiner Erfahrung nach kann man mit einem lustvollen Schwung aus dem Stuhl die Neugier und den Mut wecken, sich darauf einzulassen.

Als ich mit Black-Box-Methoden anfing, habe ich sie manchmal zu zaghaft eingeführt, in einem Ton wie »Ich habe da gerade eine Idee, die ich Ihnen gern vorschlagen möchte. Sie müssen das aber nicht mögen, es ist mehr so ein Experiment. Wir könnten aber mal schauen, ob das irgendwie okay für Sie ist.« Dies kam dann manchmal so ängstlich und unsicher an, dass meine Klient:innen daraufhin gern sagten: »Ach wissen Sie, Herr Dr. Förster, ich möchte dann doch lieber reden.« Wobei es natürlich selbstverständlich ist, dass wir keine Black-Box-Methoden anbieten, wenn die Klientinnen dies nicht wollen. An dieser Stelle wollte ich nur betonen, dass es einen Unterschied machen könnte, ob wir mit einer gewissen Sicherheit und Motivation in diese Prozesse einsteigen oder eher mit einer Unsicherheit, die Klientinnen eher abschreckt.

Metaphern (mit-)gestalten

Galip bot mir viele verschiedene Metaphern an, zum Beispiel die Schlange oder die Wiese mit dem Wald. Im Sinne der *narrativen Therapiemodelle* habe ich sie intensiv genutzt (White, 2011; Trenkle, 2021). Ich werde später noch einmal darauf zurückkommen, aber hier sei schon gesagt, dass ich die Aufnahme und das Spielen mit bildhaften Assoziationen und Metaphern für außerordentlich nützlich halte, vor allem wenn sie mir von den Klient:innen selbst angeboten werden. Ich tue mich gern im angebotenen Assoziationsraum der Klient:innen um, um bildliche Zugänge zu deren Problem und seiner Lösung zu erkunden (Kiel, 2020). An dieser Stelle sei gesagt, dass neue Zugänge möglicherweise Impulse für Lösungen setzen können. Vieles, was die Klient:innen schon durchdacht haben, scheint nicht zum erwünschten Erfolg geführt zu haben. Daher bietet es sich an, neue Wege zu erkunden, mit der Idee, gemeinsam »out of the box« Lösungen zu konstruieren.

Zudem kann ich Metaphern als eine Art Geheimsprache zwischen Therapeutin und Klient ansehen, mit deren Hilfe sie sich über das

Problem unterhalten, ohne dass die Therapeutin das Problem kennt. Letztendlich wusste ich nicht, was Galip mit dem Wald, der Wiese oder der Schlange meinte, trotzdem konnte ich den angebotenen Bildern folgen und so auf einer anderen Ebene kommunizieren (»Wie kommst du da rein? Wie kommst du da raus? Ist es kalt da? Was ziehst du dann an? Sind da Tiere, sind sie gefährlich oder niedlich ...?«). Wir verstehen uns also in vollständigem Unverständnis. Man könnte auch sagen: Wir werfen uns einander Assoziationen zu, aus denen wir jeweils Sinn machen, wenn wir sie passend finden. Aus diesem assoziativen Hin und Her entstehen Lösungsräume (wie das kognitionspsychologisch möglich ist, erkläre ich später).

Reframing: Neue Rahmen für alte Themen

Wenn ich über das – im Übrigen stark gekürzte – Transkript schaue, fällt mir auf, dass ich an einer Stelle stärker versucht habe zu steuern als an anderen. Ich wollte Galip partout ein positives Bild der Schlange anbieten, die er so negativ beschrieb. Das Reframing eines negativen Anteils ist für mich ein wesentlicher Teil systemischen Denkens und Handelns. Es wurde vermutlich von Virginia Satir erfunden und von Paul Watzlawick konzeptuell erarbeitet (Watzlawick, Weakland u. Fisch, 2009). Es taucht prominent in der Mailänder Schule auf, die diese Logik in das Hypothesenformen mitaufgenommen haben (Pisarsky, 2010).

Demnach haben Störungen eine Funktion. Bei allen abgewerteten und negativen Persönlichkeitsanteilen steht die Frage im Vordergrund, *wozu* das Verhalten überhaupt auftaucht. Kurz gesagt beinhaltet systemisches Denken die Idee, dass durch ein negatives Verhalten oder eine sogenannte Störung ein System aufrechterhalten werden kann. Die Kolleginnen Guiliana Prata und Mara Selvini Palazzoli der Mailänder Schule argumentierten zum Beispiel, dass das Bettnässen eines Kindes eine Funktion für das System haben könnte. Systeme, so die Systemtheorie, haben ein wichtiges übergeordnetes Ziel, nämlich, sich selbst zu erhalten. Wenn zum Beispiel die Beziehung zwischen Vater und Mutter (in einer heterosexuellen Beziehung) gestört ist, entwickelt das Kind ein problematisches Verhalten, das die Eltern wieder an den gemeinsamen Tisch bringt. Damit wird das System durch die Störung erhalten. Der Symptomträger des Systems, hier das Kind, »rettet« das System vor dem Zerfall. Damit hat die Störung neben unangenehmen Auswirkungen eine positive Funktion für das System. Auf diese wichtige Variable werde ich noch öfter zurückkommen.

An Galips Beispiel allerdings wird deutlich, dass Reframing auch stattfinden kann, wenn ich gar nicht weiß, was das negative Verhalten eigentlich ist. Bis heute hat mir Galip nicht verraten, was es mit der Schlange auf sich hat. Es ist nicht nur sein Recht, dies für sich zu behalten, sondern auch tatsächlich egal, denn Reframing ist zunächst ein *Prozess* und kein *Inhalt.* Verhalten und Zustände, die negative Konsequenzen haben, können im Sinne einer Systemerhaltung positiv umgedeutet werden. Da sind die Inhalte zunächst einerlei. Galip hatte mir im Laufe des Prozesses allerdings mitgeteilt, dass die Schlange, besser gesagt ihre Umdeutung, ein wichtiger Schritt im Therapieprozess war. Er habe daraufhin auch andere »Schwächen« an sich beobachtet und sich Gedanken darüber gemacht, welche Stärken darin stecken. Hier hat also ein konstruktivistischer Lernprozess stattgefunden, was ebenfalls ein Metaziel einer systemischen Therapie sein kann.

Gründe für die Black-Box-Methode im Fall Galip

Es könnte die Frage aufkommen, warum ich in diesem Fall überhaupt eine Black-Box-Methode gewählt habe. Dafür gibt es mehrere Gründe:

- Ich hatte den Eindruck, dass Galip ein typisches psychologisches Gespräch nicht wollte. Man könnte das Setting sogar als einen Zwangs- oder Pflichtkontext bezeichnen, denn er war von seinem Trainer geschickt worden und hatte zunächst wenig Motivation, mit mir zu arbeiten. In dem Moment kann ich mich entscheiden, ihn zu entlassen, einen Kollegen oder eine Kollegin für ihn zu suchen oder eine andere Methode probieren. Ich entschied mich für Black-Box-Methoden, weil sie einen nichtsprachlichen Zugang eröffnen. Zu guter Letzt beschrieb sich Galip als Sportler und ich hatte die Hypothese, dass ihm Körperliches weniger fremd ist und er sich im Bewegen wohlfühlen könnte.
- Galip befürchtete, dass irgendetwas aus der Sitzung nach außen dringen könnte. Auch wenn ich diese Angst absurd fand, so emp-

finde ich mich doch als Dienstleister, dem zunächst einmal egal ist, aus welcher Quelle die Wünsche meiner Klient:innen gespeist sind. Ängste und Befürchtungen haben häufig einen guten Grund, der sich mir vielleicht nicht immer erschließt. Unverständnis ist mein Problem, nicht das des Klienten. Als Dienstleister:in bemühe ich mich, den Wünschen meiner Klient:innen gerecht zu werden. Black-Box-Methoden bieten sich an, wenn Teile des Problems geheim bleiben sollen.

- Ich hatte ein Gefühl, dass Galip nicht gern von anderen bewertet wird. Vor allem nicht bezüglich seiner Gefühle und seiner »Persönlichkeitseigenschaften«. Black-Box-Methoden verringern das Risiko, dass Therapeut:innen von der Beobachtung in Bewertungen fallen. Wenn keine Inhalte besprochen werden, können sie nicht bewertet werden.
- Black-Box-Methoden bieten sich auch dann an, wenn Klient:innen Deutsch nicht als Muttersprache erlernt haben. Es spricht viel dafür, dass innere Prozesse anders erlebt werden, wenn sie in der Muttersprache gedacht werden dürfen. Tatsächlich ist Galip in Deutschland geboren und hat überhaupt kein Problem mit der deutschen Sprache. Er spricht aber auch seine Muttersprache und letztendlich weiß ich nicht, in welchen Sprachen er denkt, fühlt und erlebt. So sei an dieser Stelle erwähnt, dass bei Menschen mit anderen Muttersprachen Black-Box-Methoden zu empfehlen sind, weil die psychischen Prozesse keine Übersetzungsprozesse durchlaufen müssen. Diese erfordern häufig bewusste psychologische Prozesse. Falls Therapie auch von unbewussten und emotionalen Prozessen profitiert, könnten diese durch die Übersetzung behindert werden.

Theorie: Systemische Grundpfeiler

Systemisches Arbeiten fußt auf einer Reihe unterschiedlicher Theorien. Man könnte von Eklektizismus sprechen, aber wenn damit Beliebigkeit gemeint ist, so würde ich widersprechen (von Schlippe u. Schweitzer, 2016). Es gibt bestimmte systemische Grundpfeiler wie die bereits angesprochene Selbstorganisation, den Konstruktivismus, die Kybernetik 2. Ordnung, die Zirkularität, die Ressourcenorientierung, die Haltung des Nichtwissens, um nur einige zu nennen, auf denen systemisches Arbeiten beruht. Black-Box-Methoden basieren auf verschiedenen systemtheoretischen Grundpfeilern. In diesem Buch werde ich nach den Fall- und Methodenschilderungen jeweils zwei bis drei systemische Grundkonzepte erläutern, die ich besonders mit dem jeweiligen Fall verbinde.

Bezogen auf Galip möchte ich auf den Konstruktivismus und die Systemtheorie kurz eingehen und darlegen, was im systemischen Ansatz unter Selbstorganisation, auch Autopoiese genannt, verstanden wird. Ziel ist es, meine teils theoriebasierten Entscheidungsprozesse transparent zu machen. Tatsächlich lebt mein Arbeiten sowohl von spontanen Ideen als auch von Entscheidungen und Hypothesen, die ich aus psychologischen Theorien ableite. Das sind für mich übrigens keine Gegensätze – wie schon Kurt Lewin sagte: »Nichts ist praktischer als eine gute Theorie« (Lewin, 1943).

Selbstorganisation – die Autopoiese

Man könnte sagen, dass ich Galip mehr oder weniger sich selbst überlassen habe. Ehrlich gesagt, hätte ich ihm auch zu nichts raten können. Ich hätte eine gewisse Tendenz gehabt, ihm das Kicken auszureden. Aber was weiß ich denn schon, was ihn glücklicher macht. Und was ihn *wann* glücklicher macht – es hätte ja sein können, dass die Zeit für eine solche Entscheidung, egal, in welche Richtung sie ausgeschlagen wäre, zu diesem Zeitpunkt noch nicht gekommen war. Bei Black-Box-Methoden überlasse ich alle Entscheidungsprozesse den Klient:innen und vertraue darauf, dass sie selbst besser wissen, was für sie gut ist. Hätte Galip sich nach dieser Sitzung für den Fußball entschieden, hätte ich auch das kommentarlos hingenommen. Ich habe also *autopoietische Prozesse* wirken lassen – auf welcher theoretischen Grundlage?

Wir treten keine Hunde …

Schon bei Virginia Satir (2022) lässt sich das Konzept der Selbstorganisation erkennen, wenn sie behauptet: »Niemand kann einen anderen davon überzeugen, sich zu ändern. Jeder von uns hat eine Tür zur Veränderung, die nur von innen geöffnet werden kann.« Gregory

Bateson (1967/1972/dt. 1981, S. 520) kommt mit einem eindrücklichen (wenn auch gewaltsamen) Beispiel daher: »Wenn ich einen Stein trete, kann ich berechnen, wo er landet. Wenn ich einen Hund trete, bleibt die Reaktion ungewiss.« Bedeutet: Bei komplexeren Wesen ist die Reaktion nicht eindeutig – hier hängt es davon ab, wie der Hund die Situation bewertet, das heißt, wie er sich selbst einschätzt, die Kraft des Tretenden, die Situation, seine derzeitige Verfassung etc.

Das erinnert an den Gedanken Luhmanns, dass Menschen nicht instruierbare geschlossene Systeme sind (Luhmann, 1984). Sprich, hätte ich Galip zu etwas überreden wollen, wäre es mir womöglich gar nicht geglückt. Also kann ich mir die Energie auch sparen und ihm stattdessen Impulse geben, mit ihm Gedanken sortieren, ihm Außenperspektiven ermöglichen, verschiedene, auch körperliche Zugänge ermöglichen und vieles mehr – jenseits einer Beeinflussungsabsicht. Das, was wir erarbeiten, kann schließlich die Grundlage für eine eigene freie Entscheidung sein.

Selbst ist das Leben

Geschlossene Systeme sind nicht nur ein Problem, sondern sie sind auch faszinierend in ihrer Leistung, sich selbst zu erhalten. Schauen wir einmal auf die Tierwelt: Ist es nicht unglaublich, was Lebewesen leisten, um zu überleben? Vögel fliegen im Winter nach Afrika, Fische finden sich zu Schwärmen zusammen, die dann wie ein großer aggressiver Fisch auf Räuber wirken, Alpensalamander sondern Gift ab, sobald man sie berührt. Bestimmte Pilze leben mit Bäumen in Symbiose, sodass jeder den anderen nährt ... Und all das scheint ohne bewussten Plan, ohne Strategie, ohne Absprache, ohne Bewusstsein stattzufinden – wir sprechen hier vor allem von genetisch angelegten, durch Evolution entstandenen Mustern.

Niklas Luhmann (1984) hat den Begriff *Autopoiesis* aus der Biologie übernommen (Maturana u. Varela, 1972). »Autopoiese« bedeutet so etwas wie »Selbstschöpfungsprozesse« oder »Selbstorganisation« oder in meinen Worten »Selbstregulation« (Förster u. Denzler, 2006). Damit ist konkret gemeint, dass Systeme sich selbst von innen und ohne bewusste Denkprozesse am Leben erhalten (können).

Es gab eine große Diskussion in der Biologie, ob das Konzept überhaupt nützlich ist, und es gab eine noch hitzigere Debatte über den

Wert biologischer Ansätze für die Erforschung psychischer Systeme. Ich beschränke mich hier auf das, was im Hinblick auf Beratung und Black-Box-Methoden relevant ist.

Luhmann (1984) verglich das Phänomen der Selbstreproduktion lebender Organismen mit der menschlichen Kommunikation. Ähnlich wie Tiere oder Pflanzen nur Stoffe aus der Umwelt aufnehmen, die für ihr Überleben und ihre Selbstreproduktion relevant sind (Pflanzen konsumieren Kohlendioxid und Tiere Sauerstoff), so nehmen auch Kommunikationssysteme in ihrer Umwelt nur das wahr, was die Kommunikation am Leben erhält, was zu ihrem »Thema passt«. Wie bei Tieren und Pflanzen geschieht menschliches Verhalten im Dienste der Selbstorganisation zu mehr als 90 Prozent im Unbewussten. Menschen verlieben sich, aktivieren Ressourcen in Krisenzeiten, erfinden kreativ Mittel zur Bewältigung ihrer Probleme, um nur einiges zu nennen. Dabei wirken bei uns nicht nur genetische Programme (dazu sind wir zu flexibel), sondern unsere Sozialisation führt zu automatisierten Prozessen. Wir lernen, was und wen wir meiden sollen und wem wir uns annähern, und das rufen wir später automatisch ab. Haben wir schlechte Erfahrungen mit Schäferhunden gemacht, kann es sein, dass diese Tiere Vermeidungsverhalten hervorrufen – und dies in Millisekunden. Solche Erlebnisse können auch in der Kommunikation für unsere Systeme relevant werden, wenn die Information anschlussfähig ist: Werden Schäferhunde zum Thema in unserer Familie oder Clique, aus welchem Grund auch immer, dann drehen sich auch zukünftige Gespräche darum. Die Kommunikation erhält sich dadurch, dass immer wieder Geschichten von Schäferhunden auftauchen. Manches wird in einem System anschlussfähig sein, in einem anderen nicht, was wiederum zu Systemunterscheidungen führt – in einer anderen Familie wird es vielleicht beobachtbar oft um Essverhalten oder Pferde oder das Familienunternehmen gehen.

In der Therapie kommt Kommunikation meist dann in Bewegung, wenn wir über Probleme und Lösungen sprechen. Dabei bleiben aber andere Themen auf der Strecke. Bei Galip ging es zunächst um Fußball und seine Karriere. Die Oma war ihm im Zusammenhang mit Fußball jedoch noch nicht in den Sinn gekommen. Einmal außerhalb gewohnter Denk- und Sprachmuster zu denken, kann zu neuen Gedanken führen, und manchmal werden so Lösungen erzeugt (Friedman u. Förster, 2010).

Filtern in guter Absicht

Lebende Systeme haben Wahrnehmungsfilter. Sie filtern aus den Milliarden von Informationen, die sie stündlich überfluten, dasjenige, das *Anschlusskommunikation* ermöglicht. Luhmann (1984) spricht gar von »Sinn«, wenn Menschen derart Komplexität reduzieren: Ich nehme das aus dem ganzen Kommunikationsgemenge heraus, was mich angeht. Nur das ergibt für mich Sinn, nur das verstehe ich.

Um ein Beispiel zu geben: Ich besitze seit 30 Jahren kein Auto und finde Autos umweltmäßig eine Katastrophe. Wenn mir ein TikTok-Video angeboten wird, das mit der Reinigung von Felgen zu tun hat, klicke ich automatisch weiter: nicht relevant, nicht anschlussfähig an mein System. Auf einem Tummelbild, in dem viele Objekte und Tiere wie Esel, Pizza und Autos sind, würde ich das Auto wahrscheinlich als Letztes erblicken – zuerst schaue ich vermutlich auf Esel, weil ich diese Tiere sehr mag. Arie Kruglanski (1996) nannte diese Selektionsprozesse »motivated cognition«, wobei sie bewusst oder unbewusst stattfinden können. Mein automatisches Verhalten ist bereits Selbstregulation – ich filtere aus, was ich brauche. Solche Aufmerksamkeitsfokusse können wir im Prinzip auch verlernen, wobei Verlernen bei lange und oft genutzten Gedächtnisspuren sehr langwierig sein kann (Förster, 2020).

In der Therapie haben viele von uns ein besonders offenes Ohr, wenn es um Störungen geht. Als Lehrtherapeut habe ich beobachtet, wie lange es manchmal dauert, bis Teilnehmende in Übungsberatungen ein Ohr für Ressourcen und Stärken der Klient:innen entwickelt haben.

Diese Filterprozesse, die Luhmann vor allem auf Kommunikation bezog, sind aber weitreichender. Sie sind zunächst einmal nützlich. Die moderne Sozialpsychologie zeigt, dass sie vielen Ebenen unseres Verhaltens der Selbsterhaltung dienen. Wenn ich etwa Durst habe, wird mein Wahrnehmungssystem extrem sensibel gegenüber allem, was meinen Durst stillen kann. Experimente zeigen, dass durstige Menschen Getränke schneller erkennen können (Karremans, Stroebe u. Claus, 2006). Unsere *selektive Aufmerksamkeit,* wie

Sozialpsycholog:innen (Johnston u. Dark, 1986) das nennen, ist eine sehr nützliche Eigenschaft, hilft sie uns doch – ohne viel Aufwand! – unsere Ziele zu verfolgen und unsere Bedürfnisse zu befriedigen.

Unbewusst Ziele erreichen

In meiner Arbeit versuche ich die Luhmann'sche Theorie mit der modernen Psychologie zu vermählen, in der ähnliche Phänomene »Selbstregulation« genannt werden (Förster, 2018). Im Rahmen von internationalen Projekten und Forschungsarbeiten habe ich zusammen mit einigen Kolleg:innen selbstregulatorische Prozesse auch im Unbewussten verortet. In unserem Artikel im »Handbuch der Psychologie« definieren wir »Selbstregulation [als] eher automatisierte, effiziente und nicht intentionale Mechanismen, um einen positiven Zustand herzustellen« (Förster u. Denzler, 2006, S. 33). »Selbstregulation lässt sich in drei psychologische Komponenten unterteilen:
1. Aufstellen eines Ziels oder erwünschten Endzustands.
2. Ausführungen von Handlungen, um das Ziel zu erreichen.
3. Überwachen des Fortschritts bei der Zielverfolgung.

Viele dieser Prozesse, die zunächst ein Akt der Selbstkontrolle gewesen sein können, werden im Laufe der Sozialisation prozeduralisiert: Ziele müssen nicht bewusst aufgestellt werden, sondern sie können automatisch in der Situation aktiviert werden und Verhalten leiten (Bargh u. Gollwitzer, 1994)« (Förster u. Denzler, 2006, S. 33) Selbstregulation beinhaltet das Erreichen hedonischer Ziele: Uns soll es gut gehen. Und dies nicht nur bezüglich von Grundbedürfnissen wie Nahrungsaufnahme, Schlafen, Sex und Ausscheidung, sondern auch hinsichtlich höherer Ziele wie Selbstverwirklichung und der Erhaltung oder Erhöhung des Selbstwerts.

Aus dieser Forschung kann man ähnliche Schlussfolgerungen wie Luhmann ziehen: Normalerweise regulieren sich Menschen selbst. Sie erreichen ihre Ziele, überwinden Hindernisse, und dies oftmals ohne äußeres Zutun. Dabei werden durch individuelle Ziele und Bedürfnisse Wahrnehmungsfilter geschaffen, die uns automatisch, also unbewusst, sensibler für zielführende Informationen machen.

Allerdings gibt es gut definierte Rahmenbedingungen, die Selbstregulation erleichtern. Diese können wir selbst herstellen, wie ich später noch ausführen werden. Es gibt durchaus Kontexte, die kreatives Denken und Problemlösungsverhalten bei Klient:innen fördern, und solche, die es behindern.

Unbewusste Prozesse in der Therapie

Zunächst möchte ich jedoch folgende Frage stellen: Was bedeuten diese unbewussten und oftmals nützlichen Prozesse für uns Coaches, Coachinnen, Berater:innen und Therapeut:innen? Auch wir regulieren uns häufig unbewusst. Die Filterprozesse und die selektive Aktivierung von Informationen im Gedächtnis erlauben uns schnelles flüssiges Handeln, Entscheiden und Urteilen (Förster u. Nußbaum, 2022). Viele nennen das »Intuition«. Uns fallen spontan passende Übungen, Fragen, Methoden ein und üblicherweise wächst die Selbstwirksamkeit mit der Erfahrung. Leider hat dieser Begriff auch die Bedeutung von »etwas richtig zu tun, weil es aus dem Bauch« kommt. Diese positive Bewertung bereitet mir eher Bauchschmerzen. Vor allem, wenn wir im Hinblick auf die Personenwahrnehmung von »richtigen« Urteilen durch Intuition sprechen.

Wenn ich beispielsweise jemanden auf den ersten Blick nicht mag, hat das zunächst einmal mit meinen automatisierten Urteilsmustern zu tun. Erinnert mich ein brünetter, älterer Klient zum Beispiel an einen unfreundlichen Lehrer, der ebenfalls brünett war und ihm ähnelt, so kann es sein, dass ich ihn spontan abwerte – oftmals ohne dies zu merken! Und damit wäre ich nicht mehr arbeitsfähig. Spontane Eindrücke wie »das fühlt sich gut an« oder »da hatte ich von Anfang an den Eindruck, dass mit der was nicht stimmt« fühlen sich oftmals wie Intuition an – ich wäre hier aber vorsichtig, das »erste Gefühl« immer als hilfreich zu bewerten; manchmal ist es schlichtweg eine unbewusste positive oder negative Diskriminierung (Förster, 2020b).

Zudem habe ich Präferenzen, die automatisch wirken können. Überlegt ein Klient, der gerade pleite gegangen ist, zusammen mit mir, ob er sein Auto oder sein Pferd verkaufen soll, besteht die Gefahr, dass ich, der Autohasser, ihn unbewusst zu beeinflussen versuche, lieber das Pferd zu behalten. Am besten wäre es wohl, ich wüsste gar nicht, zwischen welchen zwei Alternativen er sich entscheiden könnte. Und schon sind wir beim oben beschriebenen Tetralemma, das ich verdeckt nutzen kann. Wenn ich nicht weiß, dass auf Position A Auto steht und auf Position B Pferd, kann ich auch keine Vorurteile oder Voreinstellungen wirken lassen. Meine Tendenz zu beeinflussen, zu kontrollieren oder zu steuern, wird ausgehebelt, weil all das nicht geht, wenn ich als Therapeut nicht weiß, worum es inhaltlich geht.

Selbst wirken steigert die Selbstwirksamkeit

Zudem wird dem Klienten oder der Klientin bei Black-Box-Methoden klar, dass ich ihm keine Lösung nennen kann. Der unerfüllbare Wunsch nach einer zaubernden Hand von außen wird gar nicht aufkommen, denn sehr schnell wird ihnen bewusst: Ich muss mein Problem selbst in die Hand nehmen, ich bin für mich verantwortlich. Als Resultat erfahren viele Klient:innen in dieser Situation ein Selbstwirksamkeitsgefühl. Sie erleben, dass ihnen Ideen und Lösungen einfallen, die ihnen vorher nicht in den Sinn gekommen waren. Da taucht plötzlich eine Oma auf, die milde auf einen schaut – da wird der Druck bewusst, den Leistungssport auch bedeuten kann –, neben den sprachlich engeren Assoziationsnetzen, in denen eher Disziplin oder Scham bei Misserfolg und Versagen vorkommen. Klient:innen können letztendlich stolz darauf sein, dass ihnen all das selbst eingefallen ist und sie sich selbst geholfen haben. Es gibt kein größeres Kompliment für uns Therapeut:innen, wenn nach einer Black-Box-Methode ein Klient sagt, ich hätte ja kaum geholfen und er sei selbst auf eine Lösung des Problems gekommen. Genau das ist der Zweck von Black-Box-Methoden: Wir bieten Rahmenbedingungen zur Selbstorganisation. Und das kann sich so anfühlen, ja, das sollte sich so anfühlen, als würden nicht wir Therapeut:innen arbeiten, sondern die Klient:innen.

Im Fall von Galip habe ich am Ende versucht, sehr deutlich zu kommunizieren, wie handlungsfähig und selbstwirksam er ist. Ich weiß noch genau, wie stolz er damals aussah. Anders ausgedrückt: Durch Black-Box-Methoden erhält ein System ein positives Feedback auf seine autopoietischen Prozesse, was nachhaltig seine Selbstorganisation stärken kann.

Rahmenbedingungen für Autopoiese und kreatives Denken

Auch die Frage, warum Klient:innen in diesen Situationen tatsächlich auf kreative Lösungen kommen, kann mithilfe sozialpsychologischer Theorien beantwortet werden. Ich werde später noch im

Detail auf die menschliche Kreativität eingehen, aber hier seien schon einmal ein paar Forschungsbefunde genannt.

Aus der Forschung ist zum Beispiel bekannt, dass für kreatives Denken *neue Zugänge zum alten Problem* eröffnet werden sollten (Friedman u. Förster, 2010). Für viele Klient:innen sind Black-Box-Methoden neu und das Sich-Einfühlen in körperliche Zustände, innere Bilder und Emotionen etwas eher Ungewöhnliches. Ich vermute, dass dies allein die Chance für Lösungsimpulse erhöht. Forschung zeigt, dass Menschen auf kreative Ideen kommen, wenn der Geist vorgeschriebene und ausgetretene Wege verlassen darf (Baird et al., 2012). Allerdings ist die Akzeptanz dafür, etwas Neues zu probieren, höher, wenn Menschen sich sicher fühlen. Es ist unsere Aufgabe als Therapeut:innen, für sichere Räume zu sorgen.

Zudem wird durch die bei Aufstellungen oftmals beobachtete Emotionalität die rechte Gehirnhälfte aktiviert, die auch für kreative Prozesse genutzt wird (Friedman u. Förster, 2005). Durch die Bewegungen im Raum wird zudem das motorische Gedächtnis stärker aktiviert, die sogenannten *somatischen Marker,* die im Sitzen eher beschränkt genutzt werden (Damásio, 1994). Es handelt sich dabei um ein erst kürzlich intensiver beforschtes motorisches Gedächtnissystem, von dem ebenfalls vermutet wird, dass es kreative Lösungen hervorrufen kann. In jedem Fall entsteht durch die Aktivierung eines zusätzlichen Gedächtnissystems ein größerer Assoziationsraum, der Möglichkeiten eröffnet, Probleme umfassender zu lösen (Förster u. Friedman, 2003). In meiner Forschung zum Embodiment konnte ich zum Beispiel zeigen, dass eine positive Körperhaltung dazu führt, dass wir uns stolz und gut fühlen und eher positive Botschaften hören, abrufen und abspeichern (Förster u. Strack, 1996). Weiterhin ist es so, dass Bewegungen einen Zugang zum Unbewussten eröffnen, wie die Neuropsychologie entdeckte. Nach dem theoretischen Modell von Bucci (2002) etwa sind viele Körperempfindungen und Erinnerungen dem Bewussten gar nicht zugänglich, obwohl sie unser Verhalten beeinflussen und uns beim Lösen von Problemen helfen könnten. Die in den Black-Box-Methoden angeregte Bewegung im Raum aktiviert somatische Marker, Körpererinnerungen, Emotionen und unbewusste Anteile.

Eine Anwendung ist der neue Trend, mit Klient:innen draußen spazieren zu gehen. Viele Kolleg:innen berichten begeistert von sehr hilfreichen Prozessen beim Coaching und in der Therapie, die von Molter (2021) als »Promenadologie« (in Anlehnung an architektonische Theorien) beschrieben und landläufig als »Walk and Talk« bezeichnet werden. Vieles deutet darauf hin, dass unser Körper uns beim Denken und Fühlen helfen kann (s. a. Varga von Kibéd, 2009).

Last, but not least wird durch Black-Box-Methoden die intrinsische Motivation aktiviert, die autopoietische Prozesse unterstützt. Die Motivationspsychologie hat immer wieder gezeigt, dass es wirksamer ist, sich selbst von innen motiviert zu fühlen als extrinsisch von außen. Wenn eine sehr energielose Person selbst den Entschluss fasst, mit Sport zu beginnen, so ist die Wahrscheinlichkeit, dass sie das tatsächlich tun und durchhalten wird, größer, als wenn es von außen verordnet wird (Ryan u. Deci, 2000). Bei Black-Box-Methoden gibt es immer wieder diese Momente, in denen Klient:innen eigene Lösungsstrategien entwickeln, die sie dann auch eher umsetzen, weil sie von ihnen selbst kommen.

Insgesamt unterstützen Black-Box-Methoden autopoietische Prozesse. Sie bieten Rahmenbedingungen für Selbstentfaltung und führen zum Kern der systemischen Therapie: die Klient:innen als Expert:innen ihrer Probleme wahrzunehmen und als Therapeut:in die demütige Funktion einer Dienstleistung zu übernehmen. Dabei gehen wir natürlich nicht völlig plan- oder tatenlos vor, sondern folgen bestimmten Metaprinzipien wie etwa der Idee, dass wir die Geschichten und Erzählungen unserer Klient:innen aufbrechen oder in Frage stellen oder verflüssigen können. Die Gründe für diese Haltung haben sich aus konstruktivistischen Ansätzen heraus entwickelt.

Konstruktivismus: Jede:r sieht es anders, und alle haben recht

In Galips Fall habe ich einige Prozesse aus einer *konstruktivistischen Haltung* heraus angeregt. Die Idee des Reframings etwa oder der Umstrukturierung des Problems in eine andere Form wie zum Beispiel Metaphern oder der körperlichen Aufstellung basieren auf konstruktivistischen Denkmodellen. Auch Momente der Zirkularität oder der Multiperspektivität, also Fragen danach, wie andere auf ihn und sein Thema schauen würden, könnte man als Dekonstruktion beschreiben. Ebenso erlaubt das Aufbrechen des Entweder-oder-Denkens durch die Optionen »Beides« oder »Keines« ein Denken außerhalb gewohnter Gedankengänge.

Es gibt viele theoretische Varianten des Konstruktivismus. Grundlagen systemischen Denkens und Handelns bilden vor allem die Modelle des »Radikalen Konstruktivismus« (von Glasersfeld, 1994), der »operative Konstruktivismus« (Luhmann, 1996) und der »soziale Konstruktionismus« (Gergen u. Gergen, 2009). Ich fokussiere hier vor allem auf Aspekte, die uns als Praktiker:innen nützlich sein können und die, auch über die Black-Box-Methoden hinaus, mein therapeutisches Tun begleiten.

Der radikale Konstruktivismus: Es könnte auch alles ganz anders sein

Der radikale Konstruktivismus ist eine epistemologische Theorie, die davon ausgeht, dass unser Wahrnehmungssystem nicht in der Lage ist, Wirklichkeit objektiv abzubilden oder zu repräsentieren, sondern ein für den jeweiligen Menschen *hilfreiches* Modell der Realität konstruieren kann, das für andere weniger hilfreich sein kann (von Schlippe u. Schweitzer, 2019). Unser individuelles Modell der Wirklichkeit entwickelt sich durch unsere Interaktionen mit unserer Umgebung und folgt evolutionären Selektionsprinzipien: Was mir nützt oder mich zumindest nicht umbringt, nehme ich auch als wirklich, wahr und richtig an.

Wenn es mir beispielsweise nützt, Erdbeeren und Erdnüsse für eine gute Nahrungsquelle zu halten, dann esse ich sie vielleicht und bezeichne sie als »Lebensmittel«. Maden esse ich nicht, weil ich sie für ungenießbar halte, und nenne sie »Schädlinge«. Das sind plausible Annahmen, die mir nicht schaden werden, es sei denn, ich habe allergische Reaktionen auf Erdnüsse oder Erdbeeren oder ich habe mich in einem Dschungel verirrt und verhungere, obwohl ich viele essbare Maden entdecke.

Die Beispiele zeigen aber schon, dass unterschiedliche Menschen unterschiedliche Meinungen zu den Dingen in der Welt haben. Manche finden Erdbeeren vielleicht schmackhaft und gesund, andere betonen vielleicht, dass sie viel Zucker enthalten. Manche weisen darauf hin, dass Erdnüsse Gifte enthalten, während andere sie mit chinesischem Essen verbinden. Und Maden sind beim Survivaltraining im Wald sicherlich hilfreich oder ich entdecke am Berner Hauptbahnhof im Regal mit der Aufschrift »proteinreiches Trendfood« einen Madenburger. Die unterschiedlichen Meinungen stören unsere Systeme oftmals nicht so, dass wir gezwungen würden, unsere eigenen aufzugeben (wobei das von Gesellschaft zu Gesellschaft verschieden sein kann). Daher bleiben sie bestehen – selbst die Meinung, dass Erdbeeren Obst sind, was von Botaniker:innen als falsch bezeichnet werden würde, weil sie aus ihrer botanischen Perspektive eine Nuss sind, stört nicht so, dass wir beginnen, sie deshalb anders zu benennen.

Die wahre Wissenschaft – nichts als meine Meinung?

Die Versuchung zu sagen »Die Wissenschaft hat aber die Deutungshoheit und deshalb ist die Erdbeere eine Nuss!« oder »Maden haben einen hohen Proteingehalt und sollten gegessen werden!« mag eine gewisse Berechtigung haben. Wenn wir genau schauen, dann ist es aber eher eine gesellschaftliche Übereinkunft, dass wir die Wissenschaft für ausschlaggebend in diesen Fragen halten.

Allerdings präsentiert die Wissenschaft uns auch nur Theorien, die sich ständig dynamisch verändern und im Übrigen zwischen uns Praktiker:innen wiederum Anlass zu Meinungsauseinandersetzungen geben. Nehmen wir als ein Beispiel aus der Psychologie die Bindungstheorien, die bei Kolleg:innen in Deutschland populär geworden sind. Allerdings werden sie längst nicht von allen vertreten und schon gar nicht mehr in der Wissenschaft, in der die kritischen Stimmen und Gegenbelege inzwischen lauter sind als unterstützende Befunde (s. u. a. Van IJzendoorn u. Bakermans-Kranenburg, 2021).

Spricht das gegen die Bindungstheorien? Ich habe an der Columbia University in New York gearbeitet und da war es selbstverständlich, dass unsere wissenschaftlichen Theorien Landkarten von der Welt sind und nicht die Landschaft – und dass es in 50 Jahren bessere Landkarten geben wird oder zumindest andere. Und dass es gut ist, wenn unsere Theorie durch eine bessere widerlegt würde, die die Menschheit weiterbringt. Nur an deutschen Universitäten habe ich den Eindruck nicht loswerden können, dass Wissenschafler:innen ihre Theorien für die einzig wahren hielten. Und sich an sie klammerten. Das halte ich für unwissenschaftlich.

Nützlichkeit statt Wahrheit

Letztendlich geht es in der therapeutischen Praxis nicht um richtig oder falsch, sondern darum, was sich in meiner Praxis mit meinen Klient:innen als nützlich und hilfreich darstellt. Systemisch Arbeitende nutzen daher das Konzept der *Viabilität* (deutsch: Nützlichkeit; von Glasersfeld, 1985) – es ersetzt die Frage, was richtig oder falsch ist. So kann es in dem einen oder anderen Fall nützlich sein, ein Verhalten eines Klienten aus der Perspektive der Bindungstheorien zu sehen, in einem anderen Fall wäre das aber weniger anschlussfähig.

Im Einzelfall würde ich prüfen, welche Konzepte individuell nützlich sind und welche weniger hilfreich. Galip, so könnte man sagen, konstruierte sich vor allem als Sportler, als Fußballer. Und er hatte noch andere Konstruktionen, die innerhalb nur einer Sitzung dekonstruiert oder wenigstens in Frage gestellt wurden, wie »ich muss mich zusammenreißen«, »es ist peinlich, wenn ich aufgebe«, »meine Eltern wären enttäuscht«, »die Schlange ist mein Feind«, »ich habe mein Leben nicht in der Hand«. In seiner jetzigen Situation erwiesen sich diese Konstruktionen als nicht hilfreich – das alleinige Infragestellen half ihm, hilfreichere zu finden.

Das Konzept der Viabilität ersetzt auch die Kategorisierung in »Behandlungserfolg« und »Behandlungsfehler« und die Frage, ob es eine richtige oder falsche Diagnose gibt (Levold u. Lieb, 2017). Die Frage ist eher: Was ist nützlich? Für wen? Wann? Und wozu ist es nützlich?

Wenn es statt »der Wahrheit« lediglich viele Wahrheiten gibt, dann passt das Wort nicht mehr und es erscheint mir sinnvoller, eher von Meinungen oder Sichtweisen zu sprechen, die unser Verhalten und Denken leiten. Der Vorteil einer solchen Sichtweise ist, dass ich Meinungen im Diskurs und auch in der Therapie eher dekonstruieren kann, als wenn ich beispielsweise mit »Diagnosen« oder »Persönlichkeitseigenschaften« arbeite, die sprachlich etwas Festes und »Wahrhaftiges« vermitteln, als ob es sie tatsächlich gäbe. Letzteres könnte wiederum zu unangemessenen Zuschreibungen und Interventionen führen. Daher bietet es sich an, feste Konzepte auf ihre Nützlichkeit zu überprüfen und sie eher als mögliche Zugänge zu nutzen: Das bedeutet, ich frage mich in jeder Sitzung, inwieweit eine Zuschreibung wie etwa »narzisstisch« hilfreich im Prozess einer Therapie für einen bestimmten Klienten ist, und immer mit der nötigen Skepsis, dass es gut möglich ist, dass Narzissmus an sich ein irrelevantes Konzept in der Therapie sein *könnte*. Der Nachteil einer systemisch-konstruktivistischen Haltung, um auch darauf zu sprechen zu kommen, ist sicherlich der Verlust von Kontrolle.

Von Glasersfeld drückte es so aus: »Der radikale Konstruktivismus kann [...] als eine Erkenntnistheorie beschrieben werden, die sich bemüht, den Begriff des Wissens von seiner traditionellen ikonischen Verknüpfung mit der Wahrheit zu befreien« (von Glasersfeld, 1991, S. 203). Wissen ist also immer Pseudowissen – ich habe das *Gefühl* zu wissen, dass etwas der Fall ist, aber es ist mit einiger Wahrscheinlichkeit alles ganz anders. Ich habe den Eindruck, dass es Narzissmus gibt und dass Herr X narzisstisch ist, aber ich bin mir im Klaren darüber, dass das nur meine Beobachtung ist, dass das auch anders heißen könnte und dass das nicht nützlich sein kann.

Und Wissen ist immer kontextgebunden, es entsteht in einem zeitlichen und räumlichen Kontext. Vor zehn Jahren galt die Devise »ein Glas Wein am Tag ist gesund« – das war »wissenschaftlich erwiesen«. Also richtig? Dann wurde klar, dass der Wissenschaftler, der das entdeckt hatte, über 100 Studien zu dem Thema gefälscht hatte.[10] Jetzt gilt wieder: Moderater Rotweingenuss ist nicht gesund (Golan, Gepner u. Shai, 2019). Richtig? Wer sagt das, warum, aus welcher Rolle heraus, in welchem Kontext, mit welcher Stimmung und mit welcher Absicht? Es würde mir als Therapeut zum Beispiel leicht fallen, unter Kolleg:innen an einem feuchtfröhlichen Abend Rotwein als Zeichen der Lebensfreude zu sehen. In meiner Praxis würde ich Alkohol allerdings niemals positiv bewerten oder freudvoll darüber berichten; das entspräche meiner Ansicht nach nicht meiner Rolle. Der Kontext macht hier einen Unterschied und da es in jedem Kontext unterschiedlich sein kann, klingt die Idee einer bewertenden Beschreibung meiner Wahrnehmung, sprich Wirklichkeitsbeschreibung, die frei von irgendwelchen Situationen wäre, absurd.

---

10 https://www.aerztezeitung.de/Medizin/Rotwein-Forscher-hat-Studien-gepanscht-280368.html.

Unsicherheit ist unsere Stärke

Interessant aber ist, dass wir Menschen unsere Meinung häufig *mit größter Sicherheit* für die Wahrheit *halten* (von Foerster u. Pörksen, 1998). Ich bin mir beispielsweise gerade sicher, dass der blaue Pullover meines Mannes sich eindeutig mit dem Blau seiner Hose beißt. Das Gefühl ist so stark, dass ich ihm nahelege, das Oberteil zu wechseln. Er aber behauptet, dass die Unterschiede, die ich sehe, nicht bestünden, und ich denke insgeheim: »Lass ihn, er hat offenbar ein merkwürdiges Farbempfinden oder keine Ahnung von Mode.« Schon steht Krise im Raum? Tatsächlich hilft mir der Konstruktivismus, ihn so gehen zu lassen, wie er will. So zeigt die Forschung, dass jeder Mensch Farben anders wahrnimmt, das heißt, es spricht einiges dafür, dass mein Mann ein ganz anderes Blau sieht als ich (Meerwein, Rodeck u. Mahnke, 2007). Insgesamt haben sich unsere Wahrnehmungsapparate wohl so koordiniert, dass wir uns trotzdem über Blau hinreichend gut unterhalten können und es selten passiert, dass wir ein Rot für ein Grün halten. Trotzdem nehmen wir individuell Farben und tatsächlich alle Dinge dieser Außenwelt ganz unterschiedlich wahr. Wenn ich mir das vor Augen führe, hilft diese Idee der Unsicherheit in der Wahrnehmung sogar, einen Ehestreit abzuwenden.

Auf Black-Box-Methoden übertragen würde das bedeuten: Wir haben gar kein Problem, wenn ich die Farben erst gar nicht sehe. Und ich könnte noch einen Schritt zurückgehen: Mein Mann hat mir ja gar keinen Auftrag gegeben, seinen Look zu kommentieren. Damit war es sowieso mein Problem, das ich, als in guter Absicht Helfender, ihm erst eingeredet habe. Solche ungünstigen Phänomene, so werden wir später sehen, passieren auch in der Therapie und werden durch Black-Box-Methoden eingedämmt.

Schubladendenken

Paul Watzlawick drückte es so aus: »Was ist Radikaler Konstruktivismus? Einfach ausgedrückt handelt es sich da um eine unkonventionelle Weise, die Probleme des Wissens und Erkennens zu betrachten. Der Radikale Konstruktivismus beruht auf der Annahme, dass alles Wissen, wie immer man es auch definieren mag, nur in den Köpfen von Menschen existiert und dass das denkende Subjekt sein Wissen nur auf der Grundlage eigener Erfahrung konstruieren kann. Was wir aus unserer Erfahrung machen, das allein bildet die Welt, in der wir bewusst leben« (Watzlawick, 2001, S. 222).

Einige Unterschiede in der Wahrnehmung sind biologisch zu erklären, andere beruhen auf unseren individuellen Lerngeschichten. Unser Gedächtnis ist aus assoziativen Netzwerken aufgebaut, die wir durch Erfahrungen gebildet haben. Ich habe sie »Schubladen« genannt (Förster, 2007; 2020b; s. a. Kapitel I: »Schublade auf, Schublade zu«, S. 25 ff.), die uns helfen, das von uns Gesehene oder Gehörte oder Gefühlte möglichst schnell einzuordnen.

Wenn wir zum Beispiel eine in einem schwarzen Kostüm gekleidete ältere Person in der Nähe eines Friedhofs sehen, hilft uns das Schubladendenken spontan zu schlussfolgern, dass es sich wohl um eine Trauernde handelt, womöglich eine Witwe. Solche Wahrnehmungen leistet unser Gedächtnissystem in Millisekunden. Und diese Schlussfolgerung kann durchaus plausibel sein, im Sinne einer treffenden Beschreibung der Person. Es kann sich aber auch um einen Fehler handeln. Vielleicht trägt die ältere Frau, die wir gesehen haben einfach gern Schwarz. Vielleicht hält sie sich ganz zufällig am Friedhof auf. Vielleicht handelt es sich auch gar nicht um eine Frau, sondern um einen Mann oder eine nichtbinäre Person – aus der Ferne könnten wir das vielleicht nicht erkennen, aber in unserer Gedächtnisschublade »Frau« steckt »Kostüm« und deshalb assoziieren wir automatisch bei Kleidern und Röcken eine Frau.

Wichtig ist mir darauf hinzuweisen, dass das, was wir beurteilen und wahrnehmen – Menschen, Objekte, Zustände, Verhältnisse, Begriffe, Regeln, Theorien, Meinungen –, nicht etwa völlig zufällig entsteht, sondern so beschaffen ist, dass es in irgendeinem Sinne brauchbar zu bleiben verspricht. »Brauchbar« oder »viabel« sind Handlungen und Konstrukte, die die Selbstregulation unterstützen (von Glasersfeld, 1985). Wir kämen mit einer Konstruktion wie »an Feuer verbrennt man sich nicht« nicht besonders weit, wenn dies zur Folge hätte, dass wir unsere Hand in ein Feuer halten. Siebert (1999, S. 47) betont, dass das, was sich als viabel herausstellt, in Interaktion mit anderen aufgrund vernünftiger und verantwortlicher Maßstäbe ausgehandelt werden muss. Wir lernen von anderen, dass Erdbeeren normalerweise nahrhaft sind, oder wir lernen, dass sie allergische

Reaktionen hervorrufen. Wir lernen, dass Trauernde in unserer Gesellschaft häufig Schwarz tragen. Vermutlich hätte niemand die Frau als Clown vom Zirkus angesehen – unsere Wahrnehmung ist also alles andere als willkürlich, sondern folgt gesellschaftlich erlernten und im Gedächtnis repräsentierten Assoziationsräumen, Schubladen.

Im Fall Galips wäre es deshalb vermutlich auch nicht »falsch« gewesen, ihm direkt auf den Kopf zu zusagen: »Junge, du hast alles versucht, überleg doch mal ernsthaft, ob du dir das weiter antun möchtest, hör auf zu kicken!« Die Beobachtung, die dahinter steht, vor allem wenn man mit vielen dieser verheizten Jungsportler:innen zu tun hat, ist nicht völlig unplausibel. Allerdings sei dann die Frage nach einem würdevollen Umgang gestellt. Und die Frage, ob ein solcher Tipp, von oben herab, ihn motivieren würde, den Austritt zu wagen. Und die Frage, ob ich ihn damit nachhaltig in seiner Selbstwirksamkeit stärken würde, wenn ich ihm bei der Entscheidung »helfe«.

Warum es Probleme nicht im Singular gibt

Systemisch gesehen stellt sich damit durchaus ein Problem für die Therapie: Die Idee, es gäbe eine wirksame Intervention bei einem klar umrissenen Problem, benötigt eine klare, eindeutige Problemdefinition. Und wenn ich den Konstruktivismus ernstnehme, würde ich sagen, dass es immer verschiedene Beschreibungen und Definitionen »des Problems« gibt. In Galips Fall sah der Trainer eine »Depression«, während Galip selbst sein Problem vielleicht als Entscheidungsproblem beschrieben hätte und seine Oma vielleicht meinte: »Dem Jungen fehlt eine Freundin«. Ich kann also schlecht sagen, was »der Klient wirklich hat«. Und ich kann keine Intervention von der Stange nutzen, in dem Sinne von »wenn er eine Depression hat, dann mach ich mal das«. Um ein medizinisches Bild zu wählen: Wenn ich bei Kopfschmerzen normalerweise eine Aspirin verschreibe, sollte ich schon sicher sein, dass es sich um Kopfschmerzen handelt und nicht um etwas anderes, bei dem Aspirin nicht wirkt.

Bei Black-Box-Methoden entscheidet der Klient, was er als Problem sieht, wie er es sieht und wie er es anpacken will.

Therapieren im Angesicht von beiderseitigem Unverständnis

Die Beobachtung, dass wir andere immer nur aus unserer Situation heraus verstehen, also jede:r etwas anderes aus einem komplexen Sachverhalt macht, führt auch zu einem speziellen Blick auf die Kommunikation und dem Verständnis zwischen Therapeutin und Klient. Wenn ich mich mit einem Klienten zum Beispiel über sein »inneres Kind« unterhalte, ist es höchst wahrscheinlich, dass er darunter etwas anderes versteht als ich und es anders bewertet als ich. Vielleicht denkt er dabei an seinen strengen Vater, an seinen ersten Tag im Schwimmbad und an Essen, das er nicht mochte, während ich dabei an die schönen Geschichten meiner Mutter, an Currywurst und die Kirmes denke. Zudem könnte es sein, dass er sein Ritzen nicht als Problem oder Störung versteht, ich dies aber als selbstzerstörerisch bewerte. Oder es könnte für einen Ehemann in der Paartherapie eine Affäre schwerer wiegen als für die Ehefrau, während ein Therapeut vielleicht Sex außerhalb der Beziehung als »normal« betrachtet oder als »Sünde« oder als etwas, das »statistisch gesehen häufig passiert«.

Natürlich kann ich durch Kommunikation, durch Differenzierung und Unterschiedsbildung versuchen, der gedanklichen Welt der Klient:innen etwas näher zu kommen. Ich kann immer nachfragen »Wie meinst du denn das?«. Letztendlich sind dem aber Grenzen gesetzt, denn, da muss ich mir nichts vormachen, ich habe ja immer nur eine extrem reduzierte Informationsmenge eines Klient:innensystems zur Verfügung. Letztendlich verstehe ich niemanden, weil meine eigenen Konstruktionen denen des Klient:innensystems im Wege stehen. Wir sehen das Leben durch unterschiedliche Brillen.

Der Therapeut macht Probleme

Und letztendlich führe ich meine Klient:innen ja mit meinen Fragen in eine Wirklichkeitskonstruktion, die eher mit mir zu tun hat. Frage ich zum Beispiel eine Klientin, die mir Steuerhinterziehung gebeichtet hat, ob sie sich schämt, dann kann es sein, dass ich durch diese Frage bei ihr Gedanken und Gefühle hervorrufe, die für sie ohne die Frage gar nicht relevant geworden wären. Da ich die Frage gestellt habe, könnte sie aber annehmen, dass sie sich schämen *müsste* – und schämt sich prompt. Ich habe also eine »Wirklichkeit« produziert, die wenig mit der Problemkonstruktion der Klientin zu tun hat. Hätte ich sie (kleiner Unterschied?) gefragt: »Wie fühlt sich das denn an?«, wäre Scham vielleicht gar nicht zum Gegenstand der Kommunikation geworden. Oder mit anderen Worten: Ich habe durch meine Wortwahl, meine Sprache ein Konzept geprimt, das unsere weitere Kommunikation beeinflusst (zum Thema »Systemisches Arbeiten und Sprache« s. Lieb, 2020).

Im systemischen Ansatz wurden viele nützliche Ideen entwickelt, wie wir solche subtilen Beeinflussungen oder Primings verhindern können, etwa indem wir offene Fragen stellen, konjunktivisch sprechen oder Hypothesen statt Erklärungen präsentieren. Ich habe Kolleg:innen erlebt, die Sprache für enorm wichtig halten und sie immer wieder schleifen wie einen Diamanten. Ich halte das aus konstruktivistischer Perspektive für absolut hilfreich, bezweifle aber, dass wir damit das Problem wirklich beheben. Es wird immer wieder vorkommen, dass wir uns im Grunde nicht verstehen und aus den Informationen der Klient:innen unsere Geschichte machen, die wir an die Klient:innen zurückgeben. Es wird immer wieder vorkommen, dass wir mit unseren Fragen Wirklichkeiten entstehen lassen, die wenig hilfreich für den therapeutischen Prozess sind. Zudem kann es aufgrund der strukturellen Voreingenommenheit unseres Wahrnehmungsapparats passieren, dass wir wichtige Aspekte bei Klient:innen übersehen.

Der Luhmann'schen Systemtheorie folgend (1984) hängt unser Bild von der Welt immer von der Anfangsunterscheidung ab, mit der wir zu ihr in Beziehung gehen. Jede:r von uns beobachtet, was er oder sie beobachten kann. Durch die Ausgangsunterscheidung wird unser Blick fokussiert auf bestimmte Eigenschaften des Wahrgenommenen. Direkt wird dieser subjektive Eindruck bewertet. Und es entstehen blinde Flecken – Aspekte, die durch die Fokussierung nicht wahrgenommen werden.

Und doch, nehmen wir meine Praxis: Ich habe mit Manager:innen, Lehrer:innen, Arbeitssuchenden, Vätern, Swingern, Manga-Fans, Medienleuten, Lastwagenfahrer:innen und unzähligen anderen Menschen zu tun – verstehe ich auch nur eine:n davon? Nein. Spannend bleibt: Ich kann sie trotzdem therapeutisch dabei begleiten, einen

Schritt nach vorne zu gehen. Unsere gemeinsame Arbeit wird als erfolgreich erlebt. Auch deshalb sind Black-Box-Methoden hilfreich. Sie können, fast vollständig, ungewünschte und unbewusste Beeinflussungsversuche und die Gefahr von blinden Flecken mindern, weil ich ja eh nicht weiß, in welche Richtung ich schauen müsste, um alles andere zu übersehen.

Erkenne dich selbst?

Ein anderer Ansatz, die Macht der eigenen subjektiven Filter einzudämmen, ist die systemische Tradition, sich immer wieder selbst zu reflektieren. Supervision und lebenslange Selbstreflexion gehören zum Alltag von systemischen Therapeut:innen. Ziel ist es, die eigenen Muster, Trigger und gedanklichen Schubladen zu erkennen, um sie bewusst aus dem therapeutischen Prozess herauszuhalten oder sie konstruktiv zu nutzen. Wir alle wissen, dass das gelingen kann, und doch bezweifle ich, dass es möglich wäre, ständig aus der Adlerperspektive auf uns drauf zu schauen. Wenn mir selbst etwa die Affäre eines Partners sehr weh getan hat, benötigt es einen sehr starken kognitiven Aufwand, um meine Gefühle und Fragen im Zaum zu halten, wenn mir eine Frau weinend berichtet, wie sie ihre Frau im Bett mit der Nachbarin erwischt hat. Ich kann mich schlichtweg nicht immer neben mich stellen. Im Rahmen von Black-Box-Methoden muss ich das auch gar nicht, denn ich kenne den Inhalt des Problems ja sowieso nicht, neben oder über das ich mich stellen müsste.

Black-Box-Methoden operieren auf einer anderen, nichtsprachlichen Ebene und können damit als radikale Konsequenz konstruktivistischer Überlegungen gewertet werden. Wo Inhalte keine Rolle spielen, kann es keine inhaltlichen Missverständnisse geben und ich bin auch nicht verführt, durch meine Fragen den Prozess in eine wenig hilfreiche Richtung zu lenken.

Stattdessen entwickelt die Klientin eigene Konstruktionen, die wenig von mir beeinflusst oder gar kontrolliert werden können. Durch Körperlichkeit und andere Medien, wie zum Beispiel Bilder, Tastübungen, Musik etc., werden zudem neue Zugänge geschaffen, die neue Informationen zur Verfügung stellen. Diese Informationen sind der Klientin eigen und bleiben auch bei ihr.

Unterschiede machen den Unterschied

Einen Beitrag, den wir als Therapeut:innen leisten können, ist das Markieren von Unterschieden. Unterschiede sind in konstruktivistischer Tradition wichtige Informationsquellen. Gregory Batesons (2000) Devise, den »Unterschied, der einen Unterschied macht« zu erkunden, bekommt bei Black-Box-Methoden höchste Aufmerksamkeit. Immer dann, wenn ich eine Veränderung im Ausdruck, in der Sprache, in der Lautstärke, in der Körperspannung, in der Gestik und Mimik etc., beobachte, kann ich das in den Prozess einspeisen und erlaube damit den Klient:innen, diese Information in ihrem Sinne zu nutzen. Dabei entscheiden sie zu jedem Zeitpunkt selbst, ob sie diese Information gebrauchen können oder nicht. Es ist eine Erfahrung aus dieser Arbeit, dass nicht jede Beobachtung für die Klient:innen interessant ist. Es ist auch eine Erfahrung der Arbeit, dass es immer irgendeine Unterschiedsbildung gibt, die die Klient:innen nutzen. Im obigen Beispiel fand Galip viele meiner Unterschiedsbildungen, wie größer werdende Augen oder wippende Bewegungen, interessant. Einspeisen der Beobachtungen kann als Komplexitätserhöhung beschrieben werden, die auf Seiten der Klient:innen zu einer Reduktion führt: Sie suchen sich den Unterschied heraus, der für sie bedeutsam ist.

Operativer Konstruktivismus: Bilde Unterschiede, um dir selbst zu helfen

Systemisch relevant erscheint – sicher nicht nur mir – Niklas Luhmanns Lebenswerk, in dem er eine Theorie der Gesellschaft zeichnet (Luhmann, 1984). Luhmann bezeichnet sich als Konstruktivist und Systemtheoretiker. Auf der einen Seite sind für ihn soziale Systeme »real« – sie existieren in der Wirklichkeit; auf der anderen Seite bezweifelt er, dass ein Erkennen der äußeren Realität möglich ist. Da für ihn Systeme nicht aus »Dingen«, sondern aus »Operationen« bestehen, nennt er seinen Ansatz auch »operativen Konstruktivismus«.

Regeln, Systeme, Regelsysteme

Ein System ist nach Luhmann die Einheit der Differenz von System und Umwelt. Systeme haben eine Grenze, die einen Unterschied ausmacht. So könnte jemand etwa die Familie Förster als System betrachten, weil sie sich nach seiner Beobachtung anders verhält (spezifische Werte, Rollen, Normen, Regeln, Muster etc. hat) als ihre Umwelt, also andere Systeme. Im System Familie Förster entsteht unter anderem eine Folge von Kommunikationen, die sich von anderen Umwelten deutlich unterscheiden. Systeme erhalten sich als abgegrenzte Einheiten, indem sich die Systemmitglieder durch anschlussfähige Gesprächsthemen gegenseitig aktivieren.

Vater: »Wir Försters sind ehrliche Leute!«

Mutter: »Ja, ehrlich währt am längsten.«

Oma: »Und wohin hat euch diese Ehrlichkeit geführt? Der Ehrliche ist der Dumme!«

Kommunikation geschieht, um Kommunikation am Leben zu erhalten

Die Elemente oder auch Ereignisse dieses Systems sind seine Kommunikationen. Systeme führen ein Eigenleben, das aus Kommunikation besteht. *Emergenz* nennt Luhmann die Beobachtung, dass Kommunikation schlichtweg passiert: Auf Kommunikation folgt Kommunikation, weil Kommunikation sich selbst am Leben halten will (Luhmann, 1984). Die Försters unterhalten sich demnach zum Beispiel ein ganzes Leben lang über Themen wie »Ehrlichkeit« und ein Wort gibt das andere (Emergenz). Eine Außenstehende würde sich fragen, was denn daran so interessant ist, aber das interessiert das System »Förster« nicht, es sei denn, es kann darüber in Kommunikation kommen. Damit ist aber auch die Wahrnehmung eines Menschen immer eingeschränkt. Er hat seine Themen, die in seinem System, seiner Familie, Gesellschaft, auch in seinem biologisch gebauten individuellen Wahrnehmungsapparat entstanden sind. Themen wie Finanzen oder Autos oder Eigenheime sind bei Försters keine Kommunikation wert. Darüber unterhalten sie sich nicht. Natürlich heißt das nicht, dass es die Dinge, die die Försters nicht betreffen, nicht gibt. Sie sind aber für sie irrelevant. Für die Therapie könnte das bedeuten, sich nicht einzubilden, dass mein Erfahrungshorizont irgendwie nützlich für die Försters sein könnte, kämen sie zu mir in die Therapie. Meine Kommunikation, meine Welt kann total an der der Försters vorbeigehen. Auf der anderen Seite könnte es nützlich sein, meine eigenen Beobachtungen mitzuteilen, um ihnen etwa zu zeigen, dass es aus einer anderen Perspektive mögliche Lösungen gäbe, die sie selbst nicht sehen, oder zumindest einen anderen Zugang zu ihrer Situation, den sie nutzen könnten. Jedes System produziert, wie oben bereits gesagt, auch blinde Flecken, indem es Aspekte von komplexen Situationen übersieht. Auf die kann ich als Therapeut hinweisen.

Ich weiß, dass ich dich nicht verstehe – verstehst du das?

»Wann immer man denkt oder sagt: es ›gibt‹ eine Sache, es ›gibt‹ eine Welt, und damit mehr meint als nur, es gibt etwas, das ist, wie es ist, dann ist ein Beobachter involviert. Für einen Beobachter des Beobachters, für uns also, ist die Frage dann nicht: was gibt es? – sondern: wie konstruiert ein Beobachter, was er konstruiert, um weitere Beobachtungen anschließen zu können?« (Luhmann, 1991, S. 62 f.).

Meine Erfahrung zeigt, dass trotzdem viele ein sehr sicheres Gefühl haben, dass die Welt so ist, wie sie ist. Gleichzeitig haben wir auch – und das ist durchaus paradox – ein Wissen darüber, dass sich im Kopf eines anderen Menschen andere Gedankenprozesse abspielen als bei uns. Und dass wir uns häufig missverstehen. Wir sind geschlossene Systeme, die keinen Zugang zu anderen Systemen haben. Luhmann nannte das *doppelte Kontingenz:* Ich weiß, dass wir uns nicht verstehen. Ich kann dir nicht zwischen die Ohren schauen. Und ich kann dich nicht kontrollieren. In den Black-Box-Methoden werden diese Prämissen umgesetzt: Ich verstehe dich nicht, aber rege dich dazu an, Unterschiede zu bilden, die du nutzen kannst. Sie stellen Informationen dar, die dir helfen sollen, in deinem eigenen Gedankensystem nach Verbesserungen und Lösungen zu suchen.

Beobachten statt bewerten

Eine Konsequenz aus diesen Überlegungen ist es, Beobachtungen mitzuteilen, statt zu bewerten. Bewertungen entspringen jedem Regelsystem, die Familie Förster bewertet Ehrlichkeit sehr hoch. Andere bewerten Treue hoch, wieder andere finanziellen Erfolg, Leistung, ein gemeinsames Miteinander etc. Häufig lassen sich solche Wertigkeiten nicht ausradieren – sie sind schließlich das Ergebnis einer langen Sozialisation oder Tradition. Wenn ich ein Familienunternehmen, das händeringend Fachkräfte sucht, aber nicht findet, dazu überreden will, soziale Medien zu nutzen, und sie mir als Antwort darauf ein altes Nokia-Handy mit Tasten zeigen, um zu sagen, dass sie auf solche Möglichkeiten pfeifen, dann kann ich noch so viel predigen, für wie sinnvoll ich das halte. Ich habe dann auch eine Systemgrenze überschritten, eine Wertegrenze, die das System definiert. Das ist übergriffig.

Um ein weiteres Beispiel zu geben: Eine Klientin berichtete mir über schlechte Erfahrungen in ihrer ersten Therapie. Da habe ihr die Therapeutin gesagt, sie solle nächstes Mal nicht in Schwarz gekleidet kommen, sondern einen hellen Pullover anziehen. Schwarz mache jeden Menschen depressiv. Sie fand das so übergriffig, dass sie die Therapie abgebrochen hat und nun zu mir kommt: »Herr Förster, ich ziehe seit 50 Jahren gern schwarze Sachen an, weil ich das schick finde, und das meine Identität ist. Da lasse ich mir doch nicht von so einer 40-Jährigen sagen, wie ich mich anzuziehen habe!« Dieses Beispiel zeigt, wie sehr manche Kolleg:innen davon überzeugt sind, dass Dinge so sind, wie sie denken (schwarz macht depressiv), und Systemgrenzen überschreiten. In diesem Fall war dies offensichtlich nicht »viabel« – die Klient:innen machen letztendlich sowieso das, was sie wollen.

Das eigene, geschlossene System kann sich jedoch nicht beobachten und daher kann es nützlich sein, eigene Beobachtungen möglichst wertfrei mitzuteilen. Veränderungen von Körperhaltungen, Mimik, dem Tonfall fallen Klient:innen häufig nicht auf und ich speise sie ein, damit sich Kient:innen ganzheitlich erfahren können. Vielleicht steckt ja in diesen Unterschieden eine Information.

Der soziale Konstruktionismus: Sprache schafft Wirklichkeit

Der soziale Konstruktionismus ist eine soziologische Theorie, die das Hauptaugenmerk auf die Beobachtung sozialer Konstruktionsprozesse legt. Soziale Lernprozesse, die sich ergeben, wenn Interaktionen zwischen Personen und Gruppen innerhalb einer Gesellschaft oder Kultur stattfinden, führen zu bestimmten, geteilten Konstruktionen (Gergen u. Gergen, 2009). So werden etwa »Störungen« oder »Diagnosen« als sozial konstruierte Kategorien beschrieben (Gergen u. Epstein, 2005; Lieb, 2009; 2020). Typische Beispiele sind Bewertungen von Homosexualität, die in bestimmten historischen und kulturellen Kontexten mal als Krankheit und kriminelles Delikt (in Deutschland während der Nazizeit und danach bis 1994) und mal als gewinnbringende Variation der Natur bewertet werden (bspw. bei den Sioux, wo Homosexuelle als Schamanen verehrt wurden; Förster, 2020b; Lindner, 2021).

Sprache als Konstrukteurin

Vertreter:innen des sozialen Konstruktionismus beschäftigen sich viel mit der Sprache und deren Bedeutung für die Wirklichkeit des Einzelnen. Dabei werden Konstrukte innerhalb einer Gesellschaft geteilt und es entstehen Stereotypen (Förster, 2020b) à la »Männer sind nicht so emotional«, »BMWs sind was für Menschen mit Selbstwertproblemen«, »systemische Therapie ist jetzt en vogue«, »in einer Beziehung muss das Sexleben intakt sein« oder »eine Trauerzeit dauert mindestens ein Jahr«. Eine Gesellschaft bestimmt auch, welche Themen überhaupt diskutiert werden (sollen), und definiert Tabus. Eine Teilnehmerin eines Seminars am IF Weinheim teilte bei dem Gedanken während einer Befindlichkeitsrunde am Morgen eine Erkenntnis: »Wir sind hier 90 Prozent Frauen und ich habe noch niemals eine gehört, die morgens in einer solchen Runde von ihren Tagen erzählt hat.« Gesellschaftliche Prozesse münden in sozialen Kommunikationsregeln, in Normen und in Tabus und können, wie das Beispiel zeigt, sogar zu blinden Flecken werden. Wenn nicht über die Periode geredet wird, dann wird sie ins Tabuisierte gezogen und es entsteht leicht eine Scham, über so etwas Natürliches oder vielleicht Relevantes zu sprechen. Es entsteht dann oftmals daraus auch kein Bedürfnis mehr, sich darüber auszutauschen. Für manche Beobachter, die es persönlich nicht betrifft (hier Männer), existiert sie dann auch gar nicht mehr.

Derzeit relevant und brisant wären hier auch die gesellschaftlichen Festlegungen, was das Geschlecht angeht. Bedeutet die Tatsache, dass bei uns Menschen sprachlich in »männlich« und »weiblich« eingeteilt werden, tatsächlich, dass es nichts anderes als Frauen und Männer gibt? Der Konstruktionismus würde mich einladen, mit dem Kopf zu schütteln und zu sagen: »Was hat denn jetzt bitte Sprache mit der Wirklichkeit zu tun? Das wäre ja so, als wenn jemand behauptet, die Landkarte sei das Land.«

Sprache als Bewerterin

Viele Konstruktionist:innen sehen eine Lösung für verzerrte Wahrnehmungen in sprachlichen Differenzierungen, vor allem auf den Kontext bezogen. Sie erforschen, wie sich soziale und moralische Verantwortung als soziale Konstrukte bei Menschen in bestimmten Systemen oder Subsystemen entwickeln, wie zum Beispiel Begriffe wie Liebe, Moral, Recht und so weiter erklärt werden, wie Narrationen, Mythen und Legenden entstehen. Auch hier wird die Sprache als hoch relevant erachtet. So interessiert beispielsweise, warum Fremdgehen in der deutschen Sprache bei Männern und Frauen sprachlich unterschiedlich bewertet wird. »Casanova« führt zu anderen Assoziationen als »Schlampe«. Solche unterschiedlichen Bezeichnungen führen zu unterschiedlichen gesellschaftlichen Bewertungen, die sich wiederum auf die Lebenswelt der solchermaßen bewerteten Personen auswirken (Gümüsay, 2020). Dabei wird die Sprache oftmals nicht hinterfragt, sondern schlichtweg benutzt und führt dann automatisch zu unterschiedlichen »Wirklichkeiten« in Form von Bewertungen betroffener Personen. Ihr kommt dann so etwas wie ein Wahrheitscharakter zu, in dem Sinne, dass es ja nun mal so sei, weil es so benannt wurde. Parallel werden im Gedächtnis unbewusst stereotype Theorien aktiviert, wie »der Sextrieb von Männern ist nicht einzudämmen«, während Frauen eher die Rolle der tugendhaften Wärterinnen der Moral zugeschrieben wird (sogenannter benevolenter Sexismus, s. Glick u. Fiske, 1997). Tatsächlich könnten wir das auch anders benennen und bewerten.

Um ein weniger aufgeladenes Beispiel zu nennen: Eine Kollegin schilderte mir in einer Fallsupervision die »Forderung« einer Klientin, sie solle »weniger positiv daherreden, sondern sie mehr herausfordern«. Sie fühlte sich dadurch in ihrer professionellen Kompetenz und auch als Person abgewertet. Als ich ihr anbot, für den Ausdruck »Forderung der Klientin« einmal ein anderes Wort zu benutzen, kam sie auf »Wunsch« – und plötzlich fühlte sich das ganz anders an. Sie fühlte sich allein durch die Änderung der Sprache weniger schlecht bewertet und dachte über nächste Schritte nach – Wünsche kann man vielleicht ganz anders verhandeln als Forderungen, so ihr Eindruck.

Sprache als Teambuilderin

Kenneth Gergen (2002) benennt dies folgendermaßen: »Werden Ansprüche auf ›Wahrheit‹, ›Objektivität‹ oder ›Exaktheit‹ in der Darstellung erhoben, sollten wir uns stets vergegenwärtigen, dass wir es lediglich mit einer von vielen möglichen Beschreibungen zu tun haben. Es sind […] Darstellungsformen, die von bestimmten Gruppen von Personen bevorzugt werden. Wir müssen uns jedoch fragen, wer diese Personen sind, was sie verschweigen und wessen Sichtweise unberücksichtigt bleibt« (Gergen, 2002, S. 41).

Die Sozialpsychologie zeigt entsprechend, dass geteilte Urteile, Wahrnehmungen und Schlussfolgerungsprozesse die Gruppenkohäsion begünstigen – und dabei geht es ebenfalls nicht darum, ob eine Sichtweise »falsch« oder »richtig« ist (Mummendey u. Otten, 2002). Wir teilen bestimmte Meinungen, um uns mit anderen zu vernetzen, und nutzen dazu eine gruppeninterne Sprache. »Wir Ökos um die 60« finden die AfD blöd, essen weniger oder kein Fleisch, weil das nachhaltig ist, und schauen historisch wertvolle Serien. Wenn wir uns untereinander unterhalten, haben wir viel Spaß daran, die blöden Sprüche von irgendwelchen Nazis zu karikieren und die Dummheit von Rassisten und Frauenverächtern. Wir gendern und meiden bestimmte Wörter, weil sie rassistisch oder sexistisch sind. Gemeinsam schimpfen wir über Autofahrer:innen und amüsieren uns über die Frau an der Theke, die 2 Kilo Fleischwurst gekauft hat. Das verbindet und macht Spaß.

Und so bewerten uns wiederum Gruppen, die unsere Meinung nicht teilen. Momentan geht es einmal wieder ums Gendern – damit hatte ich mich bereits in meinem Studium auseinandergesetzt und gezeigt, dass die generisch maskuline Form männliche Assoziationen primt (Förster, 1993). Seitdem gendere ich. Als ich vor einiger Zeit im SWR-»Nachtcafé« als Experte saß und dementsprechend sprach, ließ ein kleiner Shitstorm nicht lange auf sich warten – inklusive Verteidigung von Menschen »meiner Gruppe«:

> *»@felis3315: Als der Mensch im gestreiften Pulli (was immer er für eine Qualifikation hat) mit – innen gender anfing habe ich abgeschaltet! Bevor er – oder jemand so weiter macht, hat sich die Sendung für mich erledigt!*

@lostvampire69
Na dann tschüss.
@ilonagrimm6091
Eben. Dann schalt ab. Er muss das ja.«[11]

Diese Reaktionen werden häufiger, was vermutlich mit dem Erstarken der neuen faschistischen Partei Deutschlands zu tun hat. Sie hat Gendern zum Unterschiedsmerkmal der Spaltung in dieser Gesellschaft auserkoren. Und versucht gar, das Gendern zu verbieten. Interessant ist an dem Youtube-Austausch auch, dass ich verteidigt werde mit »der muss das ja«. Andere User behaupten, dass ich das machen muss, weil das die öffentlich-rechtlichen Sender so verordnen würden. Das wiederum stimmt nicht.

Es gilt also wieder: Um Unterschiede zwischen Gruppen zu bilden, müssen diese nicht wahr sein. Sie dienen uns vor allem als sozialer Kleber. So sollte es uns nicht wundern, dass viele Menschen in Russland derzeit den Krieg mit der Ukraine nicht als Krieg wahrnehmen. Oder dass manche Menschen glauben, Corona sei von mächtigen Politiker:innen wie Hillary Clinton eingeführt worden, die Teil einer kindermordenden Mafia seien. Wenn viele Menschen eine Meinung oder Sichtweise teilen, entsteht dadurch eine Gruppe. Extreme oder Minderheitenmeinungen, die der Mehrheit absurd vorkommen, können sogar einen noch stärkeren Zusammenhalt geben – bei Gruppen, die recht außergewöhnliche Ansichten haben, steigt die Gruppenkohäsion durch ein Überlegenheitsgefühl (»die anderen merken gar nicht, wie falsch sie liegen!«). So entstehen Bindung, Beziehung, Kommunikation.

Nüchtern betrachtet ist das Selbstregulation, denn dadurch wird ein wichtiges menschliches Bedürfnis nach Zusammensein befriedigt (Förster, 2018). Dabei ist es unerheblich, ob etwas wahr oder richtig ist oder nicht. Es muss viabel, nützlich, funktional sein.

Zusammenfassend können wir konstatieren: »Für Konstruktivistinnen und Konstruktivisten ist der Prozess der Konstruktion der Welt ein psychologischer; es spielt sich ›im Kopf‹ ab. Für Sozialkonstruktionisten ist, was wir für real halten, eine Folge sozialer Beziehun-

11 https://www.youtube.com/watch?v=0pwDjXRdfv0.

gen« (Gergen, 2002, S. 293 f.). Dabei lehnen sowohl Vertreter:innen des sozialen Konstruktionismus als auch radikale Konstruktivist:innen die Idee der objektiven Erkenntnis ab. Die Wirklichkeit sei eine Konstruktion, die durch Beobachter:innen entsteht.

Sprache in der schwarzen Kiste

Durch Black-Box-Methoden werden die oben angesprochenen ungewünschten Effekte sprachlicher und sozialer Konstruktionen reduziert. Trotzdem können auch hier, bei sorglosem Sprachgebrauch, Zuschreibungen und irritierende sprachliche Momente entstehen. Meiner Erfahrung nach bietet es sich zum Beispiel an, Narrationen von Klient:innen wörtlich wieder aufzunehmen (wir nennen das paraphrasieren), statt das Gehörte mit eigenen Worten wiederzugeben (wir nennen das spiegeln). Wenn jemand wie Galip sagt: »Da liegt mein Leben«, bietet es sich an zu wiederholen »Galip, ich habe verstanden: Da liegt dein Leben«. Klient:innen fühlen sich so häufig ernst genommen: Deine Worte zählen und sind von Gewicht, deshalb wiederhole ich sie.

Sprachlich etwas zu paraphrasieren ist gar nicht so einfach, denn es erfordert volle Konzentration und ein gutes Gedächtnis. Habe ich tatsächlich vergessen, was konkret gesagt wurde, würde ich das mit »ich habe den genauen Wortlaut vergessen« einleiten oder mit »sollte ich zusammenfassen, was ich eben gehört habe, so würde ich mit meinen Worten sagen, dass ... Dies sind aber nur meine Worte – wie geht es dir, wenn du das hörst?«.

Auch beim Beobachten bietet es sich an, dies als solches zu kommunizieren. Damit Beobachtungen ersichtlich werden, braucht es sprachlich einen Ich-Bezug: »Mir kommt deine Stimme leiser vor« wäre eine Formulierung, die dem Gegenüber andeutet, dass jemand anders eventuell etwas anderes beobachtet hätte. Das ist dadurch relativierender als zu sagen: »Deine Stimme ist jetzt leiser!«

Ich merke zudem, dass ich die Beobachtungsebene verlasse, wenn ich starke Qualifizierer wie »immer«, »andauernd«, »niemals«, das generalisierende Personalpronomen »man« oder Hilfsverben wie »müssen«, »sollen« verwende. Sie deuten sprachlich eher Objektivität von Zuständen und Prozessen an statt Subjektivität und kontextuelle Unterschiede in der Wahrnehmung. Ich meine damit Sätze wie »Du bist immer so verwirrt« oder »wenn man die Stirn runzelt, dann ist man doch nicht froh« oder »wenn man ein flaues Gefühl im Magen hat, dann muss man doch etwas essen«. Wörter und Konzepte, die sprachlich etwas Feststehendes, Unveränderbares, Wahrhaftiges, Allgemeingültiges andeuten, berühren häufig die Grenzen konstruktivistischen Arbeitens.

Ebenfalls vorsichtig bin ich mit Eigenschaftswörtern, da sie häufig Unveränderbarkeit ausdrücken und nahezu immer mit einer Bewertung, also positiv oder negativ assoziiert sind. »Du bist jetzt schüchtern«, »Du bist ängstlich«, »Du bist herausfordernd«, »Deine Mutter ist übergriffig« werden in unserer Kultur oft als bewertend erlebt. Eine Beobachtung würde ich eher auf einer Verhaltensebene verorten: »Ich beobachte, dass du einen Schritt zurück gegangen bist – auf mich wirkte das wie eine kurzzeitige Angst – was würdest du sagen?« oder »als du über deinen Vater gesprochen hast, hast du sehr laut auf mich gewirkt – welche Emotion verbindest du damit?«. Wiederum wähle ich eine Sprache, die eher einen subjektiven Eindruck vermittelt.

Eigenschaftswörter beschreiben häufig feste Persönlichkeitsmerkmale – konstruktivistische Ansätze sehen dagegen die Persönlichkeit eines Menschen als veränderbar und dynamisch. Therapeutisch gesehen ist es häufig unsere Aufgabe, negative Glaubenssätze wie »ich bin dick, dumm und hässlich« zu dekonstruieren: »Wer hat das gesagt, mit welcher möglichen Absicht?« Auch beim verdeckten Arbeiten bieten sie sich nicht an, wobei ich jedoch ab und zu verstärkende positive Adjektive verwende. Es kann schon einmal passieren, dass ich so etwas sage wie »vor mir steht eine kluge, eloquente, wunderbare Frau«. Um den Selbstwert der Klient:in zu stärken, verlasse ich auch ausnahmsweise einmal die Kybernetik 2. Ordnung.

Kontrolliert Kontrolle abgeben

Trotz dieser Aufmerksamkeitspunkte landen wir in letzter Konsequenz, wenn wir den Konstruktivismus nicht nur als Lippenbekenntnis verstehen, bei Black-Box-Methoden. Wenn ich dich ohnehin nicht verstehe, kann ich den Versuch, dich zu verstehen auch sein lassen. Wenn ich dich eh nicht kontrollieren kann, kann ich meine Energie anderweitig nutzen, als zu versuchen, dich zu manipulieren, zu überreden oder zu intervenieren.

Daraus mag ein großes Gefühl der Unsicherheit entstehen, das wir in jahrelangen Aus- und Fortbildungen immer wieder zum Thema machen. Es ist ja kaum zu ertragen, wenn wir eine Person vor uns haben, die leidet, und wir gleichzeitig wissen, dass wir keinen Therapieerfolg mit einer bestimmten Intervention bewirken können. Es benötigt eine *Metastabilität,* eine Sicherheit auf einer Metaebene, die mir erlaubt, mit der Unsicherheit zu leben.

Es hilft mir persönlich, sie als gegeben hinzunehmen und anzuerkennen: Wir haben nichts anderes als Unsicherheit, das müssen wir nicht beklagen. Wir können im Gegenteil mit ihr arbeiten, indem wir etwa sprachlich souverän unsere Unsicherheit äußern: »Es bin ja nur ich, aber ich nehme eine Veränderung in Ihrem Gesicht wahr« kann sehr wirkungsvoll sein und ist gleichzeitig unsicher. So kann ich Unsicherheit am Ende sogar liebevoll begrüßen. Mir zeigt das Gefühl, dass ich mich auf systemischem Terrain befinde: Unsicherheit ist mir vertraut, sie ist Teil meines professionellen Handelns. Ich habe gelernt, sie zu akzeptieren und mit ihrer Hilfe zu coachen und zu therapieren.

Es hilft mir auch, das menschliche Wesen vor mir als perfekt zu betrachten. Jeder Mensch kann sein Leben meistern, auch wenn er gerade in einer noch so schlimmen Krise steckt. Und wer bin denn ich, es besser zu wissen als er selbst? Karin Nöcker hat in diesem Zusammenhang immer wieder von »Rahmenbedingungen für Selbstorganisation« gesprochen, die wir stattdessen herstellen können. In der Hoffnung, dass Menschen in den sicheren Räumen, die wir mit ihnen gemeinsam bauen und in denen sie sich entfalten können, ihr Leben verbessern. Wenn ich dieser Logik vertraue, bin ich arbeitsfähig.

Kapitel III: Fragen vor, hinter und zwischen uns

Fallbeschreibung: Frau Kyra stellt sich auf die Fensterbank

Die Klientin, Frau Agnes Kyra, ist eine Psychotherapeutin, Mitte 50, mit eigener Praxis, die auch an Universitäten lehrt. Sie war schon zweimal wegen eines Burnouts in verschiedenen Kliniken. Sie befürchtet, wieder stationär behandelt werden zu müssen, weil sich in ihrem Kopf »alles dreht«. Sie fühlt sich restlos überfordert, kann nicht schlafen, hat immer wieder Magen-Darm-Probleme, und der Kreislauf spielt verrückt. Nun hat sie auch noch überraschend eine Stelle als Chefärztin angeboten bekommen, was sie auf der einen Seite ehrt und auf der anderen Seite total überfordert. Die Klinik habe händeringend nach einer fähigen Kraft gesucht und sich dann an sie gewendet. Zudem brauche ihre 85-jährige Mutter, die 400 km entfernt wohnt, zunehmend mehr Aufmerksamkeit. Die Klientin hat eine Schwester, die seit zehn Jahren den Kontakt zu ihren Eltern abgebrochen hat und die sie immer wieder fordert, weil sie drogenabhängig sei, immer wieder Geld und Ansprache brauche, dann aber monatelang verschwinde. Auch in ihrer Beziehung zu ihrem Mann kriselt es, weil sie nie zu Hause sei. Bei einem Vorgespräch am Telefon hatte ich kaum etwas von dem verstanden, was sie von mir wollte, so schnell redete sie und so oft sprang sie von Thema zu Thema. Ich hatte den Eindruck, dass sie sehr viele Fragen beschäftigten und herausforderten. Die Zusammenfassung, die ich eben gegeben habe, konnte ich erst nach der Black-Box-Methode und Nachgesprächen geben. Frau Kyra kam offiziell zum Business-Coaching zu mir, wobei sie die Tatsache, dass ich sowohl supervisorisch als auch therapeutisch arbeite, ausdrücklich begrüßte. Sie zahlt die Sitzungen selbst. Von Anfang an hatte ich den Eindruck, dass Sprechen zwischen uns nicht hilfreich sein könnte.

Daher schlug ich ihr eine Black-Box-Methode vor, in der sie ihre Situation von innen und außen anschauen und fühlen könnte, ohne über das Thema zu sprechen. Ich bot ihr an, sie in eine Selbsterfahrungsgruppe mitzunehmen, und leitete eine Methode an, die Karin Nöcker »FragenStellen« genannt hat (Molter u. Nöcker, 2016). Ich hatte die Hoffnung, dass sich dadurch ihre Fragen sortieren, insofern als wichtige von weniger relevanten Fragen getrennt werden könnten.

Coach[12]: »Liebe Frau Kyra, jetzt stehen Sie hier mitten im Raum, umgeben von vielen Menschen – wie geht es Ihnen denn jetzt so?«

Agnes Kyra: »Ein bisschen komisch ist das schon. Aber es geht. Ich fühle mich hier sicher, bei Ihnen und mit den anderen.«

Coach: »Prima, dann würde ich nur noch einmal betonen wollen, dass Sie jederzeit und ohne mir eine Begründung geben zu müssen den Prozess abbrechen dürfen. Sie können jede Frage stellen, die Ihnen in den Sinn kommt, und Sie müssen meine Fragen auch überhaupt nicht beantworten, wenn Sie nicht mögen.«

Agnes Kyra: »Das ist gut, das habe ich verstanden.«

Coach: »Die Idee ist, dass wir die anderen Teilnehmer:innen irgendwann auch bitten werden, Repräsentant:innen für bestimmte Zustände zu sein. Sie, Frau Kyra, können sich die Repräsentant:innen hier aus dieser Gruppe wählen. Diese können aber natürlich auch Ihre Einladung ablehnen. Dazu ist noch zu sagen, dass von den Repräsentant:innen hier kein Schauspiel verlangt wird. Ehrlich gesagt, ich wünsche mir das auch nicht. Es geht vielmehr darum, sich in einen bestimmten Zustand einzufühlen und auf die eine oder andere Frage zu antworten, die wir ihnen stellen. Ansonsten verhalten sie sich eher still und bleiben auf der Position, die Sie für sie aussuchen. (An die Teilnehmer:innen gewandt:) Es geht hier also nicht darum, ein Rollenspiel durchzuführen, sondern Frau Kyra in der nächsten Stunde dienlich zu sein, in dem wir unsere Gefühle und Gedanken mitteilen, die wir auf der von ihr gewählten Position haben.«

Agnes Kyra: »Das hört sich gut an, danke schön.«

---

12 In unserer Praxis bieten wir sowohl Coaching als auch Beratung, Supervision, Therapie und Organisationsentwicklung an. Unser Tun und unsere Rolle richten wir nach den Anliegen der Klient:innen aus.

Coach: »Liebe Frau Kyra, diese Methode heißt FragenStellen. Ich habe sie ausgewählt, weil Sie häufiger zu mir gesagt haben, dass es zu viele Erwartungen in Ihrem Leben gibt, zu viele Aufträge, die von anderen ausgesprochen werden, oder die Sie einfach als großen Druck fühlen. Und die Sie überfordern. Es geht darum, einmal zu schauen, welche Fragen in Ihrem Kopf so herumschwirren. Und darum, vielleicht einmal zu sortieren, welche davon Priorität haben, welche nicht und in welchem Zusammenhang die vielen Fragen stehen.«

Agnes Kyra: »Ja, das wäre toll, wenn mir das irgendwie gelingen könnte, den ganzen Schwarm von Aufträgen einmal zu sortieren. Ihn irgendwann einmal in eine Richtung zu lenken, so wie die Stare, die ja zu Tausenden am Himmel umherschwirren können, aber trotzdem eine Richtung haben.«

Coach: »Das ist ja spannend! Glauben Sie, dass die vielen Fragen, die sich Ihnen stellen, eine gemeinsame Richtung haben könnten? So hatte ich das jetzt verstanden, aber das bin ja nur ich?«

Agnes Kyra: »Hmm, das weiß ich gar nicht so. Aber es könnte ja sein, dass man sie irgendwie bündeln kann. Ja, irgendwie sortieren, bündeln, in eine Richtung lenken …«

Coach: »Okay, jetzt weiß ich ja schon ein bisschen von Ihrem Thema, aber die anderen Teilnehmer:innen wissen gar nichts davon. Das darf auch so bleiben, das heißt, wir arbeiten hier verdeckt, wie abgesprochen.«

Agnes Kyra: »Okay. Ja, das ist mir recht so.«

Coach: »Ich würde Sie einmal bitten, eine Moderationskarte zu wählen, die Sie selbst repräsentiert. Eine Karte, die Sie, Frau Kyra darstellt.« Sie wählt eine hellblaue, runde Karte. »Und jetzt suchen Sie doch einmal hier im Raum einen guten Platz für sie.« Sie legt die Karte an den Rand des Raumes, wo auch die Tür ist. »Und jetzt würde ich Sie bitten, eine Karte auszuwählen, die Ihr Thema repräsentiert, und sie im Raum zu platzieren.« Sie wählt eine rote Karte und legt sie in die Mitte des Raumes. »Und nun greifen Sie doch einfach einmal in diesen Stapel von Karten und nehmen so viele, wie Sie Fragen an Menschen, Situationen, vielleicht auch an sich haben. Ich würde Sie einladen, dies einmal ganz intuitiv zu machen, so nach dem Gefühl, wie es sich anfühlt, so viele Fragen zu haben. Also zählen Sie nicht, greifen Sie mal rein, bitte.«

Agnes Kyra nimmt den ganzen Stapel Karten an sich: »Ich nehme die alle.« Überlegt und gibt dann einige wieder an mich zurück. »Nein, alle sind es auch irgendwie wieder nicht.«

Coach: »Sie dürfen sie auch alle nehmen, Sie dürfen hier alles, was Sie wollen.« Agnes Kyra schüttelt den Kopf. »Wie fühlt sich das gerade an?«

Agnes Kyra: »Irgendwie nicht so schlimm, wie ich es mir vorgestellt hatte. Es ist ein interessantes Gefühl, dass es doch nicht alle Karten waren. Ich hatte spontan den Gedanken: Ja, das ist schlimm, aber es handelt sich hier auch nicht um tausende Dinge. Ich mache wahrscheinlich gerade überhaupt keinen Sinn, oder?«

Coach: »Ich kann das ganz gut nachvollziehen. Es ist schlimm, und es könnte schlimmer sein, und schlimmer ist es nicht. Tausende Fragen sind es nicht. Das ist ein interessantes Gefühl, so habe ich es gehört.«

Agnes Kyra: »Ja, so ist es. Erleichternd ist es. Das ist interessant.«

Coach: »Und jetzt würde ich Sie bitten, sich einmal die Fragen vorzustellen und sie bitte nicht laut zu nennen, sondern auf jede einzelne Karte ein Symbol für die Frage zu zeichnen. Sodass Sie, und nur Sie, wissen, welche Frage sich hinter der Karte verbirgt.« Sie denkt immer wieder nach, bezeichnet die Karten mit Zeichen, einzelnen Buchstaben und Symbolen. Als sie fertig ist, hat sie zwölf Karten in ihrer Hand und gibt mir die anderen zurück.

Agnes Kyra: »Das sind die Fragen, die mich quälen. Es sind doch nicht so viele, wie ich dachte, aber die hier haben es irgendwie in sich. Und sie haben mit vielen verschiedenen Personen in meinem Leben zu tun.«

Coach: »Wie fühlt sich das an?«

Agnes Kyra: »Ich werde langsam so wütend, dass alle an mir herumzerren. Das macht mich irgendwie richtig wütend.«

Coach: »Ich sehe gerade auf Ihre Hand. Die greift ziemlich fest in den Stapel Karten? Und Ihre Stirn nehme ich als ganz zerfurcht wahr, das sieht aus meiner Perspektive sehr wütend aus – wie passt das auf Ihr Empfinden?«

Agnes Kyra: »Ja, und ich ärgere mich über mich selbst, weil ich das zulasse. Ich bin, Menschenskinder, Therapeutin. Und mir geht es schlechter als meinen Patient:innen.«

Coach: »Und jetzt stehen Sie hier im Raum. Und alle schauen Ihnen dabei zu, wie Sie wütend sind. Viele Menschen in Ihrem Leben zerren an Ihnen herum und nun ärgern Sie sich über sich selbst. Warum?«

Agnes Kyra: »Na, weil da so viele Fragen sind. Und das ist gut, in das Gefühl zu kommen.«

Coach: »Sie haben ja eine Position für sich gewählt. Ich würde Sie gern einladen, sich einmal darauf zu stellen. Mit Ihren Karten.« Sie stellt sich auf ihre Karte. »Wie geht es Ihnen da?«

Agnes Kyra: »Schwindelig. Irgendwie schwirren mir die ganzen Fragen durch den Kopf. Schwindelig.«

Coach: »Schwindelig. Ich merke gerade, dass sich die Stimmung auf mich überträgt. Mir wird auch ein bisschen blümerant. Ist das noch auszuhalten, oder wollen Sie sich lieber setzen?«

Agnes Kyra: »In dem Moment, wo Sie angefangen haben zu sprechen, war es sofort besser. Sie haben eine angenehme Stimme. Das ist schon irre, was ich so spüre, hier auf den Karten. Wissen Sie, ich arbeite gar nicht so in meiner Praxis. Aber das hier ist irre.«

Coach: »Danke. Mir ist es auch wieder besser.« Beide atmen durch, setzen sich einen Moment. »Wenn es nicht meine angenehme Stimme wäre, was hätte sonst den Schwindel nehmen können?«

Agnes Kyra denkt nach, weint dann: »Ich denke gerade, dass mir das nicht häufig passiert, dass jemand in meiner Familie oder im Freundeskreis so verständnisvoll ist.«

Coach: »Und das macht Sie traurig?«

Agnes Kyra: »Ja. Ich stehe hier mit dem ganzen Stapel und keiner hilft mir.«

Coach: »Sie stehen da mit dem ganzen Stapel Fragen und keiner hilft Ihnen?«

Agnes Kyra: »Ich werde einfach überhaupt nicht gesehen!«

Coach: »Ist es das? Sie werden überhaupt nicht gesehen?«

Agnes Kyra: »Ja.« Eine Teilnehmerin reicht ihr ein Taschentuch und sie weint wieder.

Coach: »Da ist also Traurigkeit nach dem Schwindel. Da ist das Gefühl, nicht gesehen zu werden. Was fühlen Sie im Körper?«

Agnes Kyra: »Erst war da der Schwindel in meinem Kopf und im Magen. Dann, als Sie gesprochen haben, war da so ein warmes

Gefühl, das die Speiseröhre runterfloss. Und jetzt ist mein Gesicht nass. Und auf meinen Schultern lastet so ein Druck, irgendwie.«

Coach: »Und Ihr Stand?«

Agnes Kyra: »Die Beine? Erst zittrig, jetzt irgendwie stabil, geerdet.«

Coach: »Schauen Sie doch einmal von hier aus auf Ihr Thema, das Sie ja da vorne platziert haben. Was fällt Ihnen ein?«

Agnes Kyra: »Irgendwie denke ich, dass ich es mir alleine anschaue. Irgendwie denke ich gerade, dass ich alles mit mir alleine ausmachen muss. Und irgendwie denke ich, dass damit auch jetzt Schluss sein könnte.«

Coach: »Und wie ist das Gefühl, wenn Sie jetzt auf Ihr Thema schauen?«

Agnes Kyra: »Also, zunächst einmal hat sich das Thema auch ein bisschen verändert für mich innerlich. Und wenn ich jetzt von außen drauf schaue, bin ich nicht mehr so wütend. Sondern vielleicht eher traurig.«

Coach: »Möchten Sie vielleicht einmal auf Ihr Thema gehen?«

Agnes Kyra: »Gern.« Sie geht auf die Position in der Mitte.

Coach: »Wie geht es Ihnen da?«

Agnes Kyra: »Ich spüre jetzt die vielen Fragen in meiner Hand. Das fühlt sich ganz schön schwer an. Und mir ist plötzlich ganz kalt geworden, hier. Ich habe richtig kalte Hände.«

Coach: »Sie schauen in die Luft?«

Agnes Kyra: »Ja, ich habe irgendwie Angst, dass mich keiner mehr ernst nimmt.«

Coach: »Wie ist denn die Energie da auf dem Platz? Ist da viel Energie oder wenig und wie würden Sie das beschreiben?«

Agnes Kyra: »Da ist weniger Energie, als ich vermutet hätte. Da ist eher so eine Angst, dass das Thema irgendwann verschwindet. Und dann – und dann ist da nichts mehr.«

Coach: »Vielleicht gehen Sie noch mal auf Ihre Position?«

Agnes Kyra geht auf ihre Position: »Wow, das hat sich jetzt total verändert. Das Thema, ich habe irgendwie Mitleid mit diesem Thema, wenn es da so steht und Angst hat, dass es verschwinden könnte. Irgendwie ist es auch ein Teil von mir. Ich möchte noch einmal auf das Thema gehen. Darf ich?«

Coach: »Sehr, sehr gern. Mir gefällt es, wenn Sie Regisseurin dieser Übung sind. Sagen Sie mir ruhig, wohin Sie gehen möchten oder wenn Sie etwas ganz anderes machen wollen. Ich beobachte gerade, wie Sie die Übung gestalten. Sie gestalten Ihr Leben, Sie gestalten diese Stunde. Ich kann Sie dabei begleiten.«

Agnes Kyra geht auf das Thema und wippt mit den Füßen, denkt lange nach: »Es fühlt sich leichter an. Ich fühle mich irgendwie mehr mit der Agnes da drüben verbunden.«

Coach: »Wenn das Thema Ihnen etwas raten könnte, also wenn das Thema Ihnen als Agnes etwas raten könnte, was wäre das?«

Agnes Kyra: »Dass ich die Fragen, die ich habe, angehen sollte. Dass ich vom Denken und Reden ins Fühlen und Tun kommen sollte.« Sie stampft mit dem Fuß auf. »Wenn ich nur wüsste, wie ich das machen sollte, um auch ins *Tun* zu kommen?«

Coach: »Schauen wir mal. Wie wäre es, wenn Sie die Fragen, die Sie in der Hand halten, einmal im Raum platzieren in Beziehung zum Thema und zu Ihnen?«

Agnes Kyra nickt und legt die Karten in den Raum, einige sind um das Thema herum gelegt, wie eine Blume, drei sind in einer Ecke nebeneinander, drei liegen nahe bei der eigenen Position: »Ja, so sieht das aus!«

Coach: »Wie sieht es denn aus?«

Agnes Kyra: »Voll. Einengend. Zu viel. Zu viel liegt rum, was noch nicht bearbeitet ist.«

Coach: »Nehmen Sie doch vielleicht noch eine Joker-Karte, bitte, aus dem Stapel. Das ist eine Frage, die wir noch nicht kennen und die sich vielleicht in der nächsten halben Stunde hier entwickeln kann. Greifen Sie einfach mal spontan rein und legen die Karte irgendwo in den Raum.«

Agnes Kyra zieht eine grüne Karte und legt sie an den Rand der Karte, die das Thema repräsentiert, zwischen die Fragenkarten: »Witzig. Eigentlich wollte ich heute Antworten haben, aber irgendwie habe ich das Gefühl, dass ich vielleicht mit einer wichtigen Frage herausgehe. Das Thema hat sich übrigens wieder leicht verändert.«

Coach: »Ich muss ja nicht wissen, was das nun ist. Aber mich würde interessieren, ob sich das anders anfühlt?«

Agnes Kyra: »Ja, es sieht vertrauter aus. Leichter. Es ist in den letzten Minuten immer leichter geworden. So wie ein Schwarm Stare, die erst einmal alle durcheinander fliegen und sich jetzt alle nacheinander auf einen Kirschbaum gesetzt haben. Um Energie zu sammeln. Ich merke auch, dass ich jetzt frei und tief durchatmen kann. Die Stare sitzen im Baum und ich kann sie der Reihe nach fragen. Das hört sich irgendwie komisch an, ich mache vermutlich überhaupt gar keinen Sinn.«

Coach: »Das haben Sie schon einmal gesagt. Fragen wir doch mal ein zwei Teilnehmer:innen. Macht das alles Sinn für euch?«

Eine Teilnehmerin sagt spontan: »Total. Das hat total viel mit meinem Leben zu tun.«

Und eine andere Teilnehmerin sagt: »Ich finde das sehr berührend, wie du im Gefühl bist. Du hast ein offenes Gesicht, in dem man so viel lesen kann. Es ist schön, dir zuzusehen. Und du musst dich nicht um uns kümmern, sondern für dich allein muss alles Sinn machen. Ich fühle mit dir mit. Danke dafür.«

Agnes Kyra: »Danke.«

Coach: »Ich würde Sie jetzt gern einladen, für jede Karte eine Teilnehmerin oder einen Teilnehmer auszusuchen, die sich dann auf die Position stellt. Machen Sie das bitte ganz spontan. Und Sie als Teilnehmer:innen wissen, dass Sie nein sagen können und dass Sie sich erst einmal ruhig einfühlen dürfen. Ich sage dann später mehr dazu.«

Agnes Kyra: »Darf ich vorher noch was sagen?«

Coach: »Ja, sicher, Sie bestimmen, wie es hier läuft!«

Agnes Kyra: »Der Schwarm, das, was ihn bündelt, ich meine, die Richtung, in die der Schwarm fliegt, ich glaube, ich habe jetzt eine Idee. Es hat mich sehr berührt, was die beiden eben gesagt haben. Ich habe mich gesehen gefühlt. Vielleicht läuft es alles auf das Eine zu: ›Ich werde einfach nicht gesehen.‹«

Sie sucht dann für jede Karte eine Person aus und stellt sie auf die Position. Alle sind in Blickrichtung auf Agnes Kyra ausgerichtet (vgl. Abbildung 2).

Coach: »Okay, vielen Dank, Frau Kyra, wie geht es Ihnen jetzt?«

Agnes Kyra: »Das ist noch einmal eine Verstärkung zu eben. Als die Karten auf dem Boden lagen, war es schon zu viel. Jetzt, wo die Leute da stehen, ist es eindeutig zu viel. Das muss ich ändern, diesen Druck, diese Anforderungen …«

Coach: »Sie dürfen sich jetzt in diesem Raum so bewegen, dass Sie all das sehen, was Sie sehen möchten. Tigern Sie ruhig ein bisschen im Raum rum oder vielmehr, um in Ihrem Bild zu bleiben: Fliegen Sie ruhig in diesem Raum herum. Ich würde jetzt einmal die Personen befragen, wie es ihnen geht, und Sie schauen einfach mal zu.«

Agnes Kyra: »Gut.«

Coach: »Ich frage zuerst mal Agnes Kyra. Wie geht es dir?«

Repräsentantin von Agnes Kyra: »Das ist einfach alles zu viel, alles zu voll, das ist kaum auszuhalten. Ich will einfach ausscheren, meine eigenen Wege gehen, weg hier.«

Coach: »Und das Thema, was geht in dir so vor?«

Repräsentantin für das Thema: »Ja, mir ist schön warm hier. Es kümmern sich ja alle um mich. Sechs Fragen schauen mich an, und im ganzen Raum sind andere Fragen verteilt. Das ist ganz schön viel Aufmerksamkeit für mich. Und ich finde es auch klasse, dass es überhaupt keine anderen Themen hier im Raum gibt. Da kann ich richtig herrschen. Das Einzige, was mir ein mulmiges Gefühl macht, ist die Joker-Karte, die mir zu nahe steht. Die möchte ich am liebsten ein bisschen wegschubsen. Die könnte mir tatsächlich gefährlich werden.«

Coach: »Okay, und jetzt frage ich mal die Fragen jeweils zwei Dinge, nämlich: 1. Bist du eine hilfreiche Frage, das heißt, lohnt es sich, sich mit dir zu beschäftigen im Hinblick auf das Thema, oder bist du eher nicht hilfreich? Wenn du nicht hilfreich bist, setz dich wieder hin. Und wenn du hilfreich bist, frage ich dich danach. 2. Stehst du hier richtig? Bitte fühlt euch mal ein, was ihr zu den beiden Fragen zu sagen habt. ›Hilfreich: ja oder nein?‹ und ›Stehst du richtig: ja oder nein?‹«

Agnes Kyra: »Die wissen ja gar nicht, welche Frage sich hinter der Karte verbirgt?«

Coach: »Genau. Schauen Sie einfach mal zu, Frau Kyra, was passiert, wenn allein das Gefühl entscheidet. Oder der Zufall. Oder die Intuition dieser Menschen hier im Raum.«

Fünf Fragen, die um das Thema herumstehen, finden sich nicht hilfreich und setzen sich hin. Von den Fragen, die hinten in der Ecke stehen, bleibt nur eine stehen, sie findet auch, dass sie hinten richtig steht. Die drei Karten, die neben der Karte von Frau Kyra stehen, bleiben stehen und meinen auch, hier richtig zu stehen. Die verbleibende Karte, die noch am Thema stand, stellt sich näher an die Repräsentantin von Frau Kyra heran (vgl. Abbildung 3). Die Joker-Karte bleibt ebenfalls stehen.

Coach: »Ich frage einmal Ihre Repräsentantin, wie es ihr geht.« Zur Repräsentantin von Agnes Kyra: »Wie geht es dir jetzt, Agnes Kyra? Gibt es einen Unterschied zu eben?«

Repräsentatin von Agnes Kyra: »Ja, sehr viel besser. Das Ganze ist luftiger, seitdem sich einige Fragen verabschiedet haben. Und jetzt habe ich vier Fragen hier vor mir liegen – das sieht irgendwie machbar aus. Ich will auch nicht mehr unbedingt weg von hier.«

Coach an Agnes Kyra gewandt: »Das ganze sieht luftiger aus, sagt sie. Wenn ich mir Ihr Gesicht anschaue, so erscheint es mir entspannter. Können Sie damit etwas anfangen, oder ist das allein meine Beobachtung?«

Agnes Kyra: »Ja, das ist so.«

Coach: »Möchten Sie sich mal auf die Position Ihrer Repräsentantin stellen, um sich das Ganze von innen anzuschauen?« Agnes Kyra tritt an die Stelle der Repräsentantin, schaut sich um.

Agnes Kyra: »Ja, das stimmt, das wirkt leichter. Und das macht auch alles Sinn. Das macht alles Sinn. Ich muss mich nicht mit allen auseinandersetzen. Ich muss einfach schauen, was machbar ist. Tatsächlich sind die drei Fragen, die vor mir standen, die wichtigsten. Das ist kurios. Die muss ich bald angehen. Das heißt auch, dass ich mit den Leuten sprechen muss, die diese Fragen aufwerfen. Das muss ich einfach klären. Alles nacheinander. Und dann ist da die eine Frage näher auf mich zugekommen. Das muss ich mir noch überlegen, ob die auch die Dringlichkeit hat, wie die anderen drei …«

Coach: »Okay, kommen Sie doch noch einmal da raus und Sie, die Repräsentantin, stellen sich wieder auf die Stelle, wenn das so okay ist?« Die Repräsentantin stellt sich wieder auf die Stelle und Agnes Kyra stellt sich neben mich. »Also die Fragen hatten auch mit unterschiedlichen Menschen in Ihrem Leben zu tun?«

Agnes Kyra: »Ja, genau.«

Coach: »Und in welcher Reihenfolge möchten Sie die Fragen gern angehen? Welche Frage zuerst?«

Agnes Kyra: »In der Reihenfolge, wie sie dastehen. Beziehungsweise, nein, eine Frage würde ich noch einmal austauschen, was die Reihenfolge angeht.«

Coach: »Das hört sich so an, als müssten Sie mit drei oder vier Menschen in Ihrem persönlichen Leben sprechen?«

Agnes Kyra: »Ja, genau. Mit vier übrigens. Mir fällt gerade auf, dass die vierte Frage, die näher auf mich zugekommen ist, wichtig ist. Und ob drei oder vier – das macht den Kohl auch nicht fett. Ich habe das Gefühl, dann erst einmal mehr Ruhe zu haben. Ich sehe es so, dass die, die sich gesetzt haben, nicht erledigt sind, aber das kann warten. Mich erleichtert es, mit den vier Fragen anzufangen, und dann schauen wir mal. Ich finde das klasse, dass die Fragen jetzt so plastisch dastehen. Da kann ich einfach besser sortieren.«

Coach: »Jetzt mal ehrlich, Frau Kyra, sind jetzt die vier Fragen stehen geblieben, die Sie tatsächlich als Nächstes angehen würden?«

Agnes Kyra: »Ja, aber glauben Sie bloß nicht, ich wäre esoterisch unterwegs.«

Coach: »Bin ich auch nicht.« Beide lachen.

Agnes Kyra: »Ja, wissen Sie, eigentlich ist es auch egal, mit wem ich anfange, aber ich muss das jetzt endlich mal anpacken. Es ist ja jetzt hier nichts Magisches passiert, sondern es macht mir einfach Sinn, dass sich das alles, was hier im Raum war, einmal sortiert hat. Und da hilft mir, das Plastische hier, da kann ich jetzt einfach diese Reihenfolge angehen. Das wirkt so konkret jetzt hier auf mich. So wie: Pack das mal an, egal, mit wem du jetzt anfängst.«

Coach: »Ah ja, ich denke gerade, dass die meisten Fragen ja sowieso irgendwo herumsitzen, wenn Sie sie nicht anpacken. Hört sich so an, als wäre allein das, die Fragen einmal anzupacken, sie zu stellen, egal in welcher Reihenfolge, nützlich für Sie?«

Agnes Kyra: »Ja und nein. Die Darsteller hier haben schon komischerweise eine sinnvolle Reihenfolge nachempfunden. Die Fragen, die da sitzen, können wirklich später geklärt werden.«

Coach: »Mir fällt gerade auf, Frau Kyra, dass Sie, seit die Leute hier im Raum stehen, das Wort ›irgendwie‹ nicht mehr benutzt haben. Das kommt bei Ihnen sonst gefühlt in jedem dritten Satz vor.«

Agnes Kyra lacht. »Ja, kann schon sein, dass jetzt mehr Klarheit da ist.«

Coach: »Wenn Sie ›irgendwie‹ sagen, dann haben Sie weniger Klarheit?«

Agnes Kyra: »Ja, spannend. Kann sein. Da kann ich mal drauf achten. Spannend. Echt spannend. Das Wort ›irgendwie‹ könnte ja so ein Signal für mich sein, wenn ich aus meiner Klarheit gegangen bin? Schon wieder so ein Aha-Erlebnis.«

Coach: »Wie geht es denn dem Thema?«

Repräsentantin für das Thema: »Also, wenn die Joker-Karte hier nicht stehen würde, wäre ich total einsam hier. Als die anderen gegangen sind, habe ich mich gar nicht mehr so beengt gefühlt.«

Der Coach an Agnes Kyra gewandt: »Welche Ressourcen, Stärken und Talente verbinden Sie denn mit der Joker-Karte?«

Agnes Kyra: »Spannend. Ich habe sie eher als Belastung gesehen. Der Joker war für mich spontan meine Fähigkeit, alles aushalten zu können. Darin bin ich sehr gut. Ich kann sehr gut aushalten.«

Coach: »Als Systemiker hätte ich die Hypothese, dass viele Dinge im Leben positive und negative Seiten haben. So auch das Aushalten. Was ist daran gut, was ist daran schlecht?«

Agnes Kyra: »Sie wissen ja, Herr Förster, dass wir in unserem Beruf so einiges auszuhalten haben. Dafür ist es gut. Und es ist gut auszuhalten, dass sich bestimmte Dinge nicht mehr ändern werden. Ich werde von meinen Eltern in diesem Leben nicht mehr das bekommen, was ich mir gewünscht hätte. Und ich werde auch jetzt von meiner Mutter nicht mehr das bekommen, was ich mir wünsche. Ein liebes Wort, Unterstützung, einen guten Rat, ein intelligentes Gespräch ... das alles kriege ich nicht und kann es aushalten. Allerdings würde ich da mit Ihnen noch einmal in den nächsten Sitzungen drüber sprechen, ob es nicht ein Ritual gibt, das mir hilft, damit abzuschließen. Ich merke gerade, dass die Versuchung, diese furchtbare Chefarztstelle anzunehmen, damit zu tun hat, dass ich die Wünsche meiner Eltern erfüllen will. Und das ist absurd, denn meine Mutter wird zunehmend dementer und versteht sowieso nicht, was ich da tue. Und mein Papa ist ja tot.«

Coach: »Und wann ist Aushalten nicht hilfreich?«

Agnes Kyra: »Wenn es mir auf den Schultern liegt und im Magen drückt. Das habe ich jetzt wieder ganz deutlich gemerkt. Ich spüre in meinen Schultern und meinem Magen, irgendwie, wenn es mir zu viel wird.«

Coach: »Liebevolle Signale Ihres Körpers, wenn Sie über Ihre Grenzen gehen?«

Agenes Kyra lacht: »Sehr schön ausgedrückt, das klaue ich mir, Herr Kollege!«

Coach lacht: »Was soll ich jetzt dazu sagen? Im Ernst, wir haben jetzt was gefunden, was Ihnen als Signal dienen kann, wenn es zu viel wird. Es waren sogar drei: Schultern, Magen und das Wort ›irgendwie‹. Was müssen Sie tun, damit es Konsequenzen hat?«

Agnes Kyra: »Ich nehme mir jetzt einfach vor: Agnes, du bist jetzt Mitte 50, das reicht jetzt, dass du ständig anderen hinterherläufst, dass du immer für alle da bist, dass du dich selbst vergisst.«

Coach: »Okay, aber das haben Sie doch schon vorher gewusst – was ist anders?«

Agnes Kyra: »Ich denke, man kann etwas tausendmal gehört haben und es sich tausendmal gesagt haben, aber bis es unten in der Seele ankommt, bis es angekommen ist, das kann eben Jahre dauern. Es kommt oben an, im Mund, im Ohr, und es braucht Jahre, bis es verstoffwechselt ist. Mir hilft es hier, so viel zu spüren. Es rutscht. Das Thema rutscht die Speiseröhre runter in den Magen.« Sie streicht eine Weile über ihren Bauch und lächelt dabei.

Coach: »Wenn Sie sich das Bild hier anschauen. Da sind vier Fragen um Sie herum, dann ist da der Joker, der nahe am Thema steht, und in der Ecke ist eine weitere Frage, die noch da steht und über die wir noch nicht gesprochen haben. Nehmen wir an, dieses wäre immer noch das Problembild. Sie dürfen jetzt hier alles anders stellen und ändern und tun und machen … Was würde sich noch besser anfühlen? Könnten wir auch einen Lösungsraum bauen, den wir einmal betreten könnten? Einen Raum, in dem es eine leichte, vielleicht sogar eine größere Verbesserung der jetzigen Situation geben könnte, allein dadurch, dass Sie die Fragen anders positionieren? Bauen Sie doch einmal ohne viel nachzudenken Ihren Lösungsraum!«

Agnes Kyra krempelt die Arme hoch, die Teilnehmer:innen lachen: »Mit der da hinten fange ich mal an, denn das ist eine Person, die genau das tut, was hier passiert ist. Alle anderen Fragen da in der Ecke haben sich gesetzt und die da hinten, die steht einfach so dummbräsig in der Ecke und will immer und immer und immer was von mir. Geld, Psychotante sein, wieder Geld, beim Umzug helfen ...«

Coach: »Sie können ihr jetzt etwas sagen oder ihr eine Position zuweisen, so, wie Sie wollen.«

Agnes Kyra: »So, Schwesterherz, wir sind jetzt an einem Punkt, an dem ich dich gern dir selbst überlassen möchte.« Nimmt sie an die Hand und setzt sie auf einen Platz.

Die Repräsentantin für die Schwester möchte etwas sagen, Agnes Kyra unterbricht sie: »Sobald du anfängst zu sprechen, werde ich wieder weich. Ich habe mich jahrelang um dich gekümmert, mein ganzes Leben lang. Jetzt ist es aber mal gut. Du siehst, wie schlecht es mir geht. Oder wahrscheinlich siehst du es nicht. Mir ist es egal. Ich möchte mich jetzt um mich kümmern. Und um Mama. Mit dir rechnen kann ich ja wohl nicht, wenn es Mama schlecht geht. Und zwei kleine Kinder sind mir einfach zu viel.«

Die Repräsentantin für die Schwester: »Ich will gar nichts als Schwester sagen, sondern weil mir etwas in der Rolle aufgefallen ist.«

Coach: »Wäre das okay?«

Agnes Kyra: »Ja.«

Die Repräsentantin für die Schwester: »Ich habe gedacht, es ist okay für mich, dass Sie mich hinsetzen. Vielleicht macht es ja einen Unterschied, wenn Sie sie mal loslassen. Wenn Sie sie ständig unterstützen, muss sie sich ja auch nicht ändern. Ich habe mich sehr komfortabel hier im Raum gefühlt. Sie hatten ja alle im Blick im Raum. Ich frage mich, ob ich mein Verhalten ändern muss, wenn Sie mich gar nicht mehr beachten.«

Coach: »Ich bin mit solchen Hinweisen immer sehr vorsichtig, weil wir ja alle Ihr System nicht oder nur unzureichend kennen. Und doch ist ja hier eine Perspektive entstanden, die so klingt wie: Vielleicht profitieren ja auch andere Familienmitglieder von Ihrer Selbstfürsorge?«

Agnes Kyra: »Das ist ein interessanter Gedanke. Seitdem ich immer mehr in die systemische Therapie eindringe, fällt nach und nach der Groschen. Möglicherweise sind Störungen gut für das System. Und meine Neigung, mich ständig zu überfordern, ist vielleicht gut für die anderen. Und gleichzeitig fördert es ihre Störungen und ihre Bequemlichkeiten.«

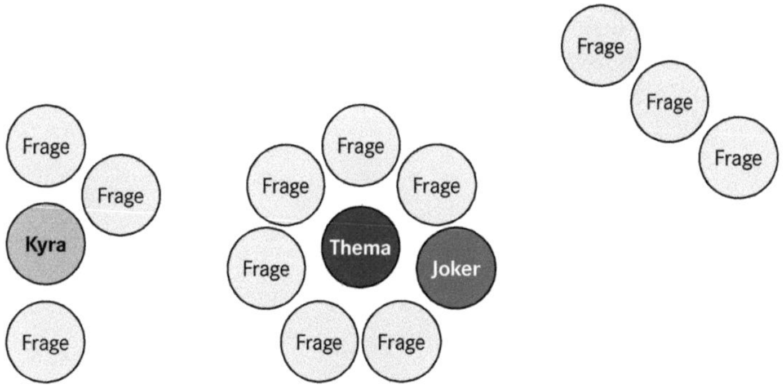

Abbildung 2: FragenStellen: »Problembild«

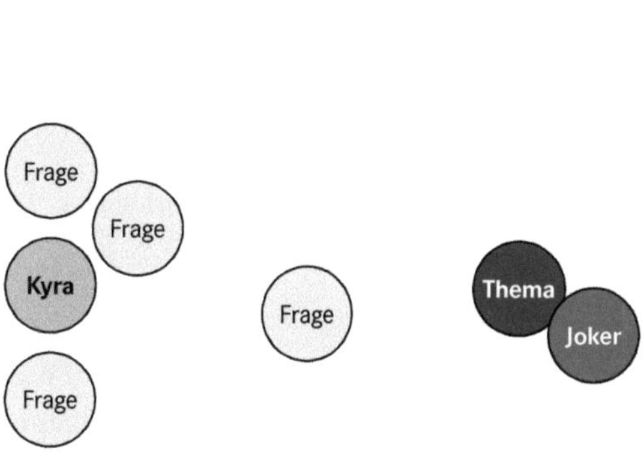

Abbildung 3: FragenStellen: 1. »Lösungsbild«

Coach: »Möchten Sie sonst noch etwas verändern?«

Agnes Kyra: »Ich würde die Joker-Karte, also mein Talent, Sachen auszuhalten, gern klein falten. Hört sich verrückt an, oder?«

Coach: »Ich finde andere Sachen verrückt. Kriege, Autos, Plastikmüll und so – machen Sie doch gern, was Sie wollen!«

Agnes Kyra bittet den Joker, von der Karte herunterzugehen, führt ihn zu seinem Platz, faltet die Joker-Karte klein und legt sie an den Rand des Themas: »Darf ich mich selbst als Karte auch einmal auf die Fensterbank legen?«

Coach: »Sie machen, was Sie wollen.«

Agnes Kyra legt die Moderationskarte, die ihre eigene Position bezeichnen sollte, auf das Fensterbrett und schaut raus: »So ist es stimmig. So ist das.«

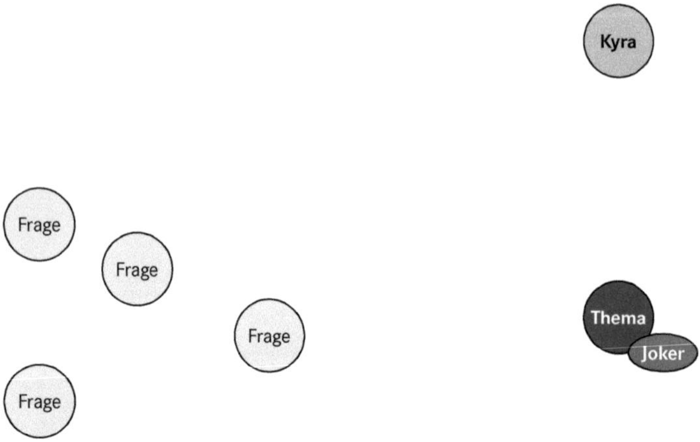

Abbildung 4: FragenStellen: 2. »Lösungsbild« (Joker klein gefaltet, eigene Position »Kyra« auf dem Fensterbrett)

Coach: »Sie haben den Joker klein gefaltet, Ihre Schwester auf den Stuhl gesetzt und sich selbst auf die Fensterbank. Auf mich, aber das bin ja nur ich, wirken Sie anders. Irgendwie …«

Agnes Kyra: »Leichter. Irre. Puh.« Sie verschränkt ihre Arme vor der Brust und geht lächelnd im Raum auf und ab, schaut immer wieder raus aus dem Fenster. Fast sieht es aus, als ob sie tänzelt.

Coach: »Brauchen Sie noch etwas von uns?«

Agnes Kyra: »Ja. Darf ich kurz erzählen, was ich hier jetzt alles entschieden habe?«

Coach: »Ja.«

Agnes Kyra: »Also, Sie wissen das ja alles nicht, was ich hier in mir bewegt habe. Aber es ist wirklich irre und da Sie ja beteiligt waren, möchte ich Ihnen gern danken. Ich möchte allen hier danken. Danke. Ich habe mich während der letzten Stunde entschieden, eine Stelle abzulehnen. Es handelte sich um eine Chefarztstelle an einer Klinik. Die hätte ich wahrscheinlich nur angenommen, um meinen Eltern zu gefallen, und das tut mir nicht gut und hat jetzt ein Ende. Und weil die Klinik so dringend jemand sucht – tatsächlich ist da so ein Fachkräftemangel, dass die, glaube ich, jeden nehmen, der irgendwie zur Verfügung steht. Ich liebe meinen Beruf und verdiene da auch wesentlich mehr – eine »Tochter Chefarzt« gibt es in diesem Leben nicht mehr. Ich werde den Kontakt zu meiner Schwester für eine Zeit lang abbrechen. Sie tut mir gerade nicht gut. Vielleicht werde ich mich später wieder auf sie zu bewegen. Bevor ich das aber alles in Angriff nehme, werde ich meinen Mann, der schon in Rente ist, für die nächsten zwei Wochen auf einen spontanen Urlaub einladen. Ich habe aus dem Fenster auf grüne Bäume gesehen und würde gern spätestens in einer Woche aus einem Fenster aufs Meer blicken. Es ist wirklich irre, was hier so alles entstanden ist. Ich danke Ihnen allen für diese wunderbare Erfahrung.«

Methode: FragenStellen

Beim FragenStellen (Molter u. Nöcker, 2016) handelt es sich um eine Methode, die die Möglichkeit eröffnet, momentan gestellte Fragen oder Aufträge noch einmal zu untersuchen. Vermutlich ist ja nicht jede Frage, die wir mit uns herumtragen, beantwortbar oder in irgendeinem Sinne ziel- und lösungsdienlich. Die Methode lädt dazu ein, sich von weniger hilfreichen Fragen zu verabschieden oder sie zu modifizieren bzw. ihnen einen sinnvollen Raum zu geben, sodass sie nützlich werden.

Die Externalisierung durch Karten und Personen gibt die Möglichkeit, das Problem von außen zu betrachten und von innen zu erfühlen, um neue Zugänge zu Lösungsräumen zu finden. Dadurch könnten Probleme modellierbarer erscheinen und das in der Beratung häufig auftretende Gefühl des Kontrollverlusts oder der Aus-Weg-losigkeit reduziert werden. Gleichzeitig, teils unbemerkt, wird somit auch Komplexität reduziert. Recht häufig greifen die Klient:innen anfangs eine große Menge Karten aus dem Kartenstapel und geben dann schon nach wenigen Sekunden Karten zurück. In der letzten Runde werden zudem Fragen herausgenommen oder anders sortiert und beim Lösungsbild darf die Klientin weiter reduzieren.

Durch Reduktion können wir Klient:innen bei der Priorisierung von Handlungsschritten unterstützen. Das kann die Entwicklung von Zielen befördern, insbesondere dann, wenn zu viele Fragen den Weg für mögliche Lösungskonstruktionen verstellen. Die Methode kann während der Auftragsklärung eingesetzt werden und an jeder weiteren Stelle auf dem Weg vom Problem zu Lösungen oder Lösungsimpulsen. Sie ist aber nicht nur nützlich, wenn Lösungen gesucht werden, sondern kann auch helfen, Situationen zu akzeptieren, sie zu reframen oder mit kritischen und unverarbeiteten Lebensereignissen abzuschließen.

Die Version, die ich genutzt habe, kenne ich aus der Zusammenarbeit mit Karin Nöcker am IF Weinheim. Ich beschreibe hier eine Variante als Leitfaden, die wir im Einzelsetting nutzen können, und verweise am Ende auf die Gruppenvariante, die ich oben beschrieben habe.

Methodenleitfaden

Wie oben schon besprochen, haben wir es auch hier nicht mit einem Manual zu tun, sondern mit einem schrittweise angeordneten Angebot. Wenn die Klientin daraus etwas anderes macht oder wir eine kreative Idee haben, die so nicht vorgesehen ist, dann sollten wir ihr freien Lauf lassen. Wir sind schließlich in einer psychologischen Praxis und nicht in einer Fabrik.

Sie werden beim Lesen bemerken, dass ich im Fall von Frau Kyra manche Frage weggelassen habe. Dies geschah teils um den Prozess zu straffen, teils weil die Klientin mich auf andere Fragen gebracht hat.

Einzelsetting

1. Schritt: Nach einem Joining und einem Interview dazu, ob die Methode hilfreich sein könnte, können wir sie erst einmal vorstellen: »Mit dieser Methode können wir Ihre Fragen und Anliegen priorisieren und sortieren. Vielleicht können Sie danach auch leichter entscheiden, welche Fragen nützlich und welche weniger nützlich sind. Und es kann durchaus sein, dass wir dabei auf neue Lösungen oder Lösungsimpulse kommen. Vielleicht ist es aber auch nützlich, nicht zu viel zu erwarten. Manchmal kommen wir nur einen kleinen Schritt weiter und manchmal machen wir Sprünge. Haben Sie Lust auf ein Experiment? Wir können jederzeit aussteigen, wenn das alles nicht nützlich erscheint, und Sie können jederzeit alles fragen, wenn Sie möchten.«

2. Schritt: Die Klientin wird gebeten, eine Karte für sich und ihr momentanes Anliegen innerlich zu formulieren und dafür jeweils eine farbige Moderationskarte zu wählen. Das Anliegen kann auch ein Thema oder ein Problem oder eine Störung sein.

- »Wo würden Sie sich gerade im Raum positionieren?«
- »Wo liegt Ihr Anliegen in Bezug zu Ihnen?

Sie wird eingeladen, einen guten Platz für beides im Raum zu finden. Dann soll sie sich spontan entscheiden, was sie glaubt, wie viele Fragen sie sich möglicherweise bezüglich des Anliegens stellt. Sie darf einmal intuitiv in einen Stapel Moderationskarten greifen.

3. Schritt: Die Klientin wird gebeten, sich auf ihre eigene Position zu stellen und ihre Anliegenkarte in den Blick zu nehmen. Mögliche Fragen sind:

- »Wie geht es Ihnen auf Ihrer Position?«
- »Wie energievoll erleben Sie den Platz?«
- »Wie ist Ihr Stand?«
- »Wie wirkt das Anliegen auf Sie?«
- »Wie nah sind Sie einer Lösung?«

4. Schritt: Die Klientin stellt sich danach auf ihre Anliegenkarte. Mögliche Fragen sind:

- »Wie energievoll erleben Sie das Anliegen?«
- »Wie attraktiv erscheint Ihnen Ihr Anliegen, wenn Sie aus dieser Position einen Blick auf sich selbst werfen?«
- »Was könnten Sie aus der Position des Anliegens sich selbst raten?«
- »Wie wirkt die Formulierung des Anliegens auf Sie?«
- Oder auch ganz allgemeine Fragen wie: »Was passiert hier gerade?« »Wie geht es Ihnen hier?«

Solche allgemeinen Fragen erlauben fast jede Antwort der Klientin und dies ist ja erwünscht. So macht sie aus dem Prozess ihren eigenen Prozess.

5. Schritt: Jetzt wird die Klientin gebeten, ihre Fragenkarten mit einem Symbol oder Buchstaben zu kennzeichnen, damit sie weiß, was sich hinter den Karten verbirgt, und in den Raum zu legen. Mögliche Fragen sind:

- »Wie wirkt das gerade auf Sie?«
- »Wo befinden sich die von Ihnen formulierten Fragen in Bezug zu Ihrer Position und Ihrem Anliegen?«
- »Welchen Abstand haben die Fragen voneinander?«
- »Was sagt die Distanz zwischen den Fragen für Sie aus?«
- »Welchen Sinn ergibt das?«

Vermutlich ist es inzwischen klar, aber ich sage es besser noch einmal: Interpretationen von Coach:innenseite wie »Das ist aber weit weg!« sollten vermieden werden.

6. Schritt: Die Beraterin lässt die Klientin eine weitere Moderationskarte ziehen. Diese Karte kann als Joker-Karte eingesetzt werden für eine Frage, die bisher nicht gestellt oder noch nicht gesehen und gehört wurde. Die Klientin wird aufgefordert, diese Karte mit einem für sie passenden Symbol oder Buchstaben zu kennzeichnen und in dem schon vorhandenen Bild zu platzieren. Wir können sie auch mit Ressourcen füllen, in dem wir fragen, welche Ressourcen, Talente oder Stärken sich hier zeigen könnten.

7. Schritt: Die Klientin stellt sich auf ihre Position und schaut sich die einzelnen Fragekarten an. Mögliche Fragen sind:

- »Wie hilfreich erleben Sie momentan die von Ihnen gestellten Fragen bezüglich Ihres Anliegens und des möglichen Ziels? Schauen Sie sich einmal jede Einzelne an: Ist die hilfreich, um Ihre Lage zu verbessern?«
- »Wie förderlich ist der von Ihnen gewählte Platz für Ihre Fragekarte? Schauen Sie sich einmal jede Einzelne an: Liegt die da richtig?«
- »Welche Wirkung hat die Joker-Karte auf Sie und Ihr Anliegen?«
- »Für welches Thema, welche Frage und/oder Ressource könnte die Joker-Karte stehen?«

8. Schritt: Die Klientin hat die Möglichkeit, die Fragen nach Nützlichkeit auszusortieren. Sie kann aussortierte Fragen aus dem Bild nehmen und weglegen und sie kann alle Fragen noch einmal woanders platzieren. Mögliche Fragen sind:

- »Gibt es Fragen, die Sie entfernen möchten, und gibt es Fragen, die Sie neu hinzufügen möchten?«
- »Welche Fragen sind hilfreich, welche nicht?«
- »Wenn die Frage nützlich ist – liegt sie am richtigen Ort?«
- »Wie stimmig erleben Sie Ihre eigene Position?«

9. Schritt: Die Klientin hat die Möglichkeit, ihr Fragenbild im Sinne eines Lösungsbildes zu verändern. Mögliche Fragen sind:

- »Gesetzt den Fall, dass dies hier ein Problembild ist, und gesetzt den Fall, dass es auch ein Lösungsbild geben könnte, wie sähe das wohl aus?«
- »Welchen Platz müssten die einzelnen Fragen, die Joker-Karte bzw. Ihr Anliegen haben, damit Sie auf dem Weg zu Ihrem Ziel weiterkommen bzw. damit es Ihnen besser geht?«

10. Schritt: Die Klientin wird eingeladen, eine reflektierende Position zu beziehen, in dem sie eine Außensicht einnimmt. Dazu kann sie im Beratungsraum um ihr »Fragenstellen«-Bild herumlaufen und sich eine für sie komfortable Position suchen. Mögliche Fragen sind:

- »Wo sind Sie gerade gelandet?«
- »Wie sieht das jetzt von außen aus?«
- »Falls sich etwas verändert haben sollte, was wäre das?«
- »Wie zeigt sich Ihr Anliegen jetzt?«
- »Welche Lösungs- oder Zielideen können Sie jetzt für sich formulieren?«
- »Welche Ressourcen und Optionen stehen Ihnen dafür zur Verfügung?«
- »Welche Entscheidungen oder Handlungsschritte sehen Sie vor sich?«

11. Schritt: Die Klientin wird ein letztes Mal gebeten, sich auf Ihre Positionskarte zu stellen, um das Bild abzuspeichern: »Betrachten

Sie noch einmal Ihr Lösungsbild und speichern Sie es auf Ihre Art und Weise ab.«

Zum Schluss bieten sich Fragen nach der Stimmung an und eventuell eine kurze Reflexion des Prozesses. In weiteren Sitzungen können erarbeitete Lösungsimpulse konkret bearbeitet werden.

Wenn die Klientin, egal an welcher Stelle im Prozess, eine vorige oder andere Position probieren will, lassen wir sie gewähren. An solchen Stellen ist es oft hilfreich, sich die Unterschiede vorher/nachher schildern zu lassen. Unterschiede sind Information, oftmals sogar neue Information, und die könnten lösungsdienlich sein.

Gruppensetting

In einem Gruppensetting können die anwesenden Personen als Repräsentant:innen für Fragen genutzt werden. Sie kommen ab Schritt 5 zum Einsatz. Besonders bei Schritt 8 können die Repräsentant:innen zusätzliche Informationen geben, indem sie selbst als »Fragen« Rückmeldung geben, ob sie sich als hilfreiche/weniger hilfreiche Frage erleben und ob ihre Position stimmig ist oder sie einen Impuls haben.

Hier kann der Dialog zwischen Repräsentant:in der Frage und Coach:in noch erweitert werden, weil wir das (Sich-)Einfühlen der Repräsentant:innen nutzen können. Mögliche Fragen sind:

- »Es kann sein, dass eine hilfreiche Frage am falschen Platz oder eine nicht hilfreiche Frage am richtigen Platz ist. Bist du eine hilfreiche Frage?«
- »Bist du am richtigen Platz?«
- »Gibt es einen besseren Platz und wo wäre der?«
- Nachdem sich eine Frage umgestellt hat: »Was ist der Unterschied zwischen der ersten und der zweiten Position für dich?«
- »Wie wirkt die Klientin auf dich?«
- »Was denkst du, hat es mit der Joker-Karte auf sich?«

Repräsentant:innen sind manchmal verdutzt, wenn wir ihnen sagen, sie sollen entscheiden, ob sie hilfreich seien – schließlich wissen sie ja nicht einmal, welche Frage sich dahinter verbirgt. Hier hilft es, cool zu bleiben und so etwas zu sagen wie: »Geh einfach nach deinem Gefühl!«

In der Gruppe kann man entweder »das System arbeiten lassen«, das heißt, das Lösungsbild ergibt sich durch die Bewegung der Repräsentant:innen und ist unabhängig von der Klientin. Ich instruiere das zum Beispiel so, in dem ich sage: »Wenn Sie sich jetzt alle einfach mal im Raum bewegen, sodass eine Verbesserung für alle dabei rauskäme, wo würden Sie dann stehen?«

Als Alternative kann auch im Gruppensetting, wie oben in der Beschreibung des Einzelsettings, die Klientin gebeten werden, noch einmal alles so umzustellen, dass sich das Bild mehr in Richtung Verbesserung verändert.

Prozessorientierte Anwendung der Methode

Auch in diesem Fall habe ich im Sinne der Prozessorientierung und eigenen Vorlieben Akzente gesetzt, die ich reflektieren möchte. Wie im ersten Beispiel mit Galip habe ich Frau Kyra viele Entscheidungsmöglichkeiten gegeben. Ich habe auch ihre Metaphern aufgenommen und immer wieder ihre Körperhaltung gespiegelt, ihr meine Beobachtungen mitgeteilt und ihr sprachliche Wiederholungen zur Verfügung gestellt (darauf hingewiesen, dass das Wort »irgendwie« ab einer bestimmten Stelle seltener auftauchte). Ich habe zudem vieles, was sie gesagt hat, wiederholt und zusammengefasst. Was manchmal sicherlich wie die Karikatur eines Psychotherapeuten erscheinen mag, uns aber an der wertvollen Arbeit des Paraphrasierens nicht hindern sollte. Der Spiegel, den wir dadurch bieten, ermöglicht neben vielen anderen heilsamen Effekten ein unaufdringliches Abklären eigener Gedanken bei den Klient:innen. Und es gibt uns Therapeut:innen ein Gefühl, dass wir etwas »verstanden« haben. Neuere neuropsychologische Forschung zeigt zudem, dass das Zusammenfassen, also Paraphrasieren, die Stimmung von Klient:innen verbessert (Seehausen, 2019).

Wenn ich »Übertragungen« spüre, wie hier in der Situation, in der uns beiden schwindelig wurde, dann teile ich das mit. Das ist aber Geschmackssache, viele systemisch Arbeitende sind hier abstinent und behalten solche Gefühle für sich. Ich habe gute Erfahrung damit gemacht, den Klient:innen mitzuteilen, wie es mir geht. Ich versuche, das möglichst unaufdringlich zu tun. In meiner Wahrnehmung ermöglicht das Beziehung, die in meiner Arbeit hilfreich ist. Wir dürfen auf der Dimension Nähe–Distanz unterschiedlich sein, und nicht nur da.

Minimalistisch aufgestellte Repräsentant:innen

Beim Probelesen dieses Manuskripts fiel einer Kolleg:in mein Einsatz der Repräsentant:innen auf, der ihr sehr sparsam vorkam. In Aufstellungen von manch anderen Kolleg:innen »spielen« die Repräsentant:innen ausladende Szenen, werden recht oft aufgefordert zu sagen, wie es ihnen geht, was sie so denken und was sie den Klient:innen raten könnten, interagieren miteinander etc. Ich dagegen habe mich entschieden, nur kurze Fragen zu stellen, und vermittle auch, dass die Antworten kurz sein sollten (Daimler et al., 2008).

Teilnehmende von Kursen und Klient:innen sind über meine Arbeitsweise informiert, sodass überstiegene Erwartungen gar nicht erst aufkommen können. Ich kläre sie darüber auf, dass sie als Stellvertreter:innen nur sehr punktuell gefragt werden und ich die Steuerung insofern übernehme, als ich sie nur ab und zu etwas frage und nicht möchte, dass sie unkoordiniert durcheinander reden oder spontan etwas äußern. Ich weise darauf hin, dass es mir allein auf die Klientin oder den Klienten ankommt und ich kein Interesse daran habe, es allen recht zu machen. Jede und jeder kann ablehnen oder zustimmen, an einer Aufstellung teilzunehmen; eine Begründung dafür brauche ich nicht. Wer aber teilnehmen möchte, sollte die Haltung *eines Dienstes für die Klientin* einnehmen (Sparrer u. Varga von Kibéd, 2010). In dieser Arbeit geht es nicht darum, sich als beratendes System selbst zu verwirklichen oder sich schauspielerisch zu zeigen, sondern für die Klient:innen da zu sein. In Selbsterfahrungstrainings bedeutet das übrigens häufig, dass alle einmal eine Repräsentant:innenrolle und alle einmal ihr eigenes Thema miteinbringen können. So haben am Ende alle einmal die volle Aufmerksamkeit als Klient:innen erfahren dürfen und sind einmal unterstützend in den Prozessen der anderen gewesen.

Meine Entscheidung fußt auf jahrelangen Erfahrungen mit Aufstellungen in Gruppensettings. Verdeckte Aufstellungen motivieren Klient:innen ja in besonderem Maße, die mentale Arbeit zu übernehmen (Sparrer u. Varga von Kibéd, 2010). Würden die Stellvertreter:innen zu sehr ins Analysieren und Erklären und Hypothetisieren kommen, würden diese Arbeit und die Verantwortung wieder verteilt. Im Beispiel oben habe ich das klar markiert: Als die Repräsentantin der Schwester meinte: »Vielleicht macht es ja einen Unterschied, wenn Sie sie mal loslassen. Wenn Sie sie ständig unterstützen, muss sie sich ja auch nicht ändern«, habe ich bemerkt: »Ich bin mit solchen Hinweisen immer sehr vorsichtig, weil wir ja alle Ihr System nicht oder nur unzureichend kennen.« Ich nehme dabei die Prämisse »Die Klientin ist die beste Expertin für ihr Problem« schlichtweg ernst und halte es für wenig sinnvoll, wenn wir anderen Vorschriften machen oder Tipps geben. Nur weil ich als Repräsentant:in oder Therapeut:in in einer Aufstellung etwas stark gespürt habe, heißt das nicht, dass das irgendeine Relevanz für Klient:innen haben *müsste.* Hier bin ich deutlich in der Kybernetik 2. Ordnung, das heißt, ich glaube nicht, dass irgendetwas, das in einer Aufstellung passiert, »wahrhaftig« ist und nicht dekonstruiert werden darf.

Es spricht andererseits aber auch überhaupt nichts dagegen, das Ganze opulenter zu gestalten und die Repräsentant:innen wie Schauspieler:innen einzusetzen. Dann hätten wir es mit einer Komplexitätserhöhung zu tun. Die durchaus nützlich sein könnte. Viele Aufsteller:innen arbeiten ja so. Allerdings glauben manche ja auch, dass bei Aufstellungen Dinge passieren, die eine »innere Wahrheit« verkörpern. Das glaube ich nicht, wenn ich auch Dinge bei diesen Methoden erlebt habe, die mich verwundert haben.

Ein Vorteil einer stärkeren Straffung solcher Prozesse liegt in der Zeit. Die beschriebene Sitzung hat alles in allem 70 Minuten gedauert. Dies finde ich auch angesichts von Aufmerksamkeitsspannen und körperlichen Energieleveln angemessen. Ich mag es nicht besonders, wenn Stellvertreter:innern vor lauter Müdigkeit die Position wechseln oder sich hinsetzen müssen. Und ich mag es auch nicht, wenn sich durch Müdigkeit oder Erschöpfung eine Stimmung im Raum ausbreitet, die mit dem eigentlichen Fall nichts mehr zu tun hat.

Im Übrigen lerne ich lieber im Praxisraum durch Erfahrung als durch Lesen von Büchern, in denen Kolleg:innen schreiben, wie Therapie geht. Auch in diesem Buch geht es mir nicht um »du musst«. Ich möchte dazu anregen, mit diesen Methoden Erfahrungen zu sammeln, und bin davon überzeugt, dass jede:r sich das heraussucht, was für die eigene Praxis gut passt.

Lösungsorientierung, Sprache

Es hat sich inzwischen herumgesprochen, dass das Wort »Lösung« sowohl auf Klient:innen- als auch auf Berater:innenseite häufig Druck erzeugt, der wenig nützlich ist, um tatsächlich neue Ideen zu entwickeln. Es haben sich andere sprachliche Nachbarwörter als hilfreich erwiesen, wie zum Beispiel das Wort »Verbesserung«. Statt nach einer Lösung für ein bestimmtes Problem zu suchen, suchen wir nach einer spürbaren Verbesserung des jetzigen Zustands. Sprachlich wird damit ein kleinerer Schritt insinuiert, etwas, was vermutlich leichter klingt als das schwere Wort »Lösung«. Meiner Erfahrung nach liegt jedoch für viele das Wort »Verbesserung« im Assoziationsraum des Konzepts »Leistung« – und löst damit nicht minder Druck aus. Ich würde diese Wörter eher vorsichtig nutzen, und vor allem dann, wenn mir der Klient oder die Klientin sie anbietet. Das ist ja überhaupt mein Standardvorgehen: hinhören, um dann die Konzepte und Wörter zu verwenden, die der Klient oder die Klientin auch nutzt. Ich betrete also ihren Sprachraum.

Es gibt wiederum auch gute Gründe dafür, von *möglichen,* positiven Veränderungen zu sprechen. Aus hypnosystemischer Perspektive scheint es allemal hilfreicher zu sein, Menschen nahezulegen, dass es für sie eine Lösung geben könnte, als dass wir ihnen vermitteln, dass ihr Zustand aussichtslos ist und wir nichts tun, als mit ihnen zu jammern und zu klagen.

Prominent sei hier Steve de Shazer (1996) zitiert: »Problem talk creates a problem, solution talk creates a solution«. Ich kann (mich) da nur anschließen und sagen, dass ein Inaussichtstellen einer besseren Zukunft der Beginn von Therapie und Beratung ist – egal, wie wir uns winden: Das ist unser Job. Und doch kann es hilfreich sein, Klient:innen sprachlich zu entlasten. Ich nutze daher gern »Lösungsraum«: »Wie wäre es, Frau Kyra, wenn wir in der nächsten Stunde einmal den Lösungsraum betreten?« »Lösungsraum betreten« bedeutet für mich, dass wir uns einem besseren Zustand annähern, ohne uns in den Stress zu setzen, im Hier und Jetzt und sofort etwas Hilfreiches finden zu müssen. Alternativen sind »Möglichkeitsraum«, »Impulsraum«, »Ideenraum«, »Lösungsimpuls«, »einen Ausweg suchen« »neue Ideen entwickeln« oder »Zugänge zu Verbesserungen entwickeln«.

Veränderungen finden manchmal sprunghaft statt und sind nicht linear (de Shazer u. Berg, 1997). Oftmals passiert zwischen den Sitzungen mehr als in der Sitzung. Wenn wir Heilsversprechen machen, die wir letztendlich nicht einhalten können, weil Menschen unkontrollierbar sind, dann enttäuschen wir nur die Klient:innen am Ende einer Sitzung. Daher können wir auch zu hohe Erwartungen dämpfen, in dem wir kleinschrittig vorgehen. Hier bieten sich Verbalisierungen an wie »vielleicht kommen wir ja einen Trippelschritt nach vorne, heute, wie könnte uns das wohl gelingen?« oder Metaphern wie »einen Millimeter/Zentimeter nach vorne kommen«.

Im Übrigen würde ich die Methode des FragenStellens auch gar nicht verwenden, wenn der Klient oder die Klientin eine dringende Lösung braucht. Dafür gibt es ganz andere Möglichkeiten aus dem Handwerkskoffer. Die Methode des FragenStellens schafft eher mittelbar eine Möglichkeit, ein Problemfeld zu sortieren und Prioritäten zu setzen. Daher ist sie für die Auftragsklärung interessant. Wenn Klient:innen mit vielen Fragen oder Aufträgen kommen, ist Priorisierung oftmals hilfreich: »Was bearbeiten wir zuerst, was danach etc.?«, »Wie können wir die Fragen, die in Ihrem Kopf herumschwirren, ordnen?« Das allein reicht mir als Ziel einer Sitzung. Das heißt aber nicht, dass auf dem Wege der Sortierung keine Verbesserung erreicht werden kann. So paradox das klingen mag: Das Sortieren führt, wie bei Frau Kyra ersichtlich, öfter einmal zu großen Sprüngen im Therapieprozess.

Hätten Sie mich vor der Sitzung gefragt, ich hätte keinen Cent darauf gewettet, dass Frau Kyra aus ihrem Hamsterrad von Überarbeitung in den nächsten Wochen aussteigen würde. Dass sie tatsächlich alle ihre Arbeiten liegen ließ, um mit ihrem Mann in den Urlaub zu fahren, grenzt für mich heute, nachdem ich mit ihr einige Coaching-Sitzungen verbracht und sie näher kennengelernt habe, noch an ein therapeutisches Wunder. Monate vorher hatte sie allein vier verschiedenen Coach:innen immer wieder versichert, dass sie unersetzlich sei, dass ihr Schicksal ausweglos vorgezeichnet sei (und sie in Richtung »Burnout« navigieren würde), ja, dass die einzige Alternative, die sie noch sehe, das weiße Bett im Krankenhaus wäre. Frau Kyra ist, so schrieb sie mir, jetzt Vollzeit selbstständig, sie verdient das Dreifache einer Chefärztin, hat zwölf Wochen im Jahr Urlaub, liebt ihren Beruf. Natürlich passiert so etwas im Coaching. Es passiert aber auch genauso das Gegenteil: Situationen, wo wir uns im Kreis drehen, oder wo wir zwei Schritte nach vorne und drei zurückgehen. In diesem Fall hat offensichtlich eine Musterunterbrechung vom Reden zum Verdeckt-Aufstellen einen Unterschied gemacht.

Gründe für die Black-Box-Methode im Fall von Agnes Kyra

Auch hier ist die Frage, warum ich in diesem Fall überhaupt eine Black-Box-Methode gewählt habe. Meine Gründe waren diese:

- Ich hatte mit Frau Kyra im Vorgespräch den Eindruck, dass sie sich im Reden oft verzettelte. Mir war aufgefallen, dass sie sich sehr häufig wiederholte, dass sie Sätze nicht zu Ende sprach und ich kaum »dazwischenkam«. Das ist an sich kein Problem, weil wir ja häufig eine Situation vorfinden, in der Klient:innen unseren sicheren Raum nutzen, um eventuell das erste Mal ausführlich über ihre Probleme zu reden. Zuhören gehört zum Geschäft und wird weitestgehend unterschätzt. Ich persönlich bin mit dem Leistungsgedanken groß geworden, dass Arbeit aktiv, schwierig und mühevoll sein muss. Zuhören kommt mir manchmal so vor wie Nichtstun. Und dafür werde ich dann auch noch bezahlt! Hier regt sich meine Arbeitsethik, die in einer sehr protestantischen Umgebung im regnerischen Ostwestfalen-Lippe gedeihen konnte. Letztendlich sind solche biografischen Geschichten und die daraus entstehenden Gefühle und Handlungen für die Dienstleistung der Therapie unerheblich. Die Klientin oder der Klient bestimmt, was er oder sie haben möchte, und der Klient oder der Klientin bewertet, wie nützlich unsere Arbeit ist. Unsere Bewertung ist zweitrangig. Tatsächlich kann es für den Therapieprozess nützlich sein, langsam vorzugehen, und die Klientin erst einmal ausreden zu lassen, auch wenn das mehrere Sitzungen in Anspruch nehmen sollte. Vor allem, wenn traumatisierte Menschen in meiner Praxis das erste Mal einen Zugang zu fürchterlichen Ereignissen haben und nun endlich darüber reden können, würde ich sie in keinem

Fall in ihrem Redefluss unterbrechen. Hier ist das Darüberreden häufig Teil des Heilungsprozesses.
Dies vorausgesetzt, kann es jedoch auch sein, dass Gespräche nicht hilfreich sind, um neue Impulse in Richtung Verbesserung zu finden. Frau Kyra hatte bereits mit vier Therapeut:innen geredet und es hatte ihr wenig gebracht. Steve de Shazer (1996) betont, dass die Narrative, die Menschen über ihr Problem haben, bisher nichts genutzt haben, damit es ihnen besser geht. Es gibt demnach eine Standarderzählung, die Menschen über ihr Problem haben, und diese Narration führt nicht aus der Klemme, sondern im Gegenteil, verfestigt das Problem. In derselben Weise über das Problem zu sprechen, wäre also »mehr desselben« und nicht hilfreich. Das könnte bedeuten: Probiere etwas anderes, um die Wahrscheinlichkeit zu erhöhen, dass ein neuer Weg in Richtung Lösungsraum gefunden werden kann. Ich käme also zunächst einmal auf die Idee, »irgendetwas anderes« zu machen, um einen neuen Zugang zum alten Problem zu finden. Jedwede Methode, die einen neuen Zugang bietet, wäre also möglich. Im Fall von Frau Kyra entschied ich mich für eine verdeckte Methode, weil ich den Eindruck hatte, dass das Geheimhalten ihres Themas vor einem großen Publikum eine große Musterunterbrechung sein könnte, die sie motiviert, mehr ins Fühlen zu kommen, und die sie dazu anregt, selbst über sich nachzudenken ohne ihre problematische Situation einmal mehr sprachlich zu wiederholen.

- Das FragenStellen an sich nutze ich gerne als Möglichkeit, um Priorisierung herzustellen. Es ist für mich ein nützliches Instrument der Auftragsklärung. Und Auftragsklärung sollte, in meinem Denken, während des gesamten Beratungsprozesses stattfinden. In diesem Fall verwirrten mich die vielen hektisch skizzierten Anliegen und Aufträge im Vorgespräch. In meinem Erleben sprang Frau Kyra von Thema zu Thema, ohne dass ich bei all den Informationen eine Idee für auch nur einen einzigen konkreten Auftrag hatte. Viele Kolleg:innen würden das als »Nebeln« bezeichnen (Lieb u. Brink, 2009). Im Unterschied zu einem offenen Verfahren, in dem ich die Fragen einzeln mit der Klientin erörtere, ergibt sich im verdeckten Verfahren häufig eine »innere Auftragsklärung«. Das bedeutet, dass die Klient:innen sich selbst bestimmte Dinge vornehmen. So muss ich »von außen« kaum noch etwas instruieren oder motivieren oder beisteuern. Hier kann also *intrinsische Motivation* wirken (Ryan u. Deci, 2000). Aus »Sie könnten ja auch mal mit Ihrer Mutter über das Pflegeheim sprechen« wird »Ich muss da jetzt mal ran, ich muss mit Mama über einen Platz im Heim sprechen«.

- Gezögert habe ich bei der Klientin, weil sie selbst Psychotherapeutin aus einer anderen Schule ist, in der Struktur wichtig ist. Aufstellungsarbeit hat bei manchen Kolleg:innen etwas Esoterisches oder Unwissenschaftliches. Das ist zwar eine unberechtigte Kritik, und die Wirkung von Aufstellungen ist inzwischen nachgewiesen, wenn es auch nur wenige Studien zum Thema gibt (Hunger-Schoppe, 2020; Hunger u. Link, 2014; Kumbruck, Gnosa, Nickel, 2005). Das muss eine skeptische Klientin aber nicht unbedingt beeindrucken. Ich habe daher etwas Zeit darauf verwendet, Frau Kyra zu erklären, wie ich Aufstellungen anleite und dass bei mir esoterisches Reden wie »tritt nicht aus dem Energiekreis« etc. kaum Platz finden wird. Die teils erstaunlichen und manchmal rätselhaften Effekte, die ich durchaus beobachten konnte, lasse ich wirken und freue mich neugierig darüber. Ich bemühe mich aber in meiner Arbeit eher um eine unaufgeregte, alltagstaugliche Sprache, weil dies für meine Klient:innen häufig passender ist. In einem Nachgespräch war Frau Kyra sehr angetan von der Nüchternheit der Vorgehensweise. Sie habe alles, was da passierte, sehr gut annehmen können. Es wird aber eine Klientel geben, die eine andere sprachliche Begleitung erwartet und gern mitschwingt, wenn von Energien, Vibes, Resonanzen, Schmetterlingsflügelschlägen, Aura oder Stromschüben die Rede ist. Hier geht es nicht um richtig oder falsch, sondern um Passung.
- Letztendlich, obwohl Frau Kyra viel geredet hat, habe ich sie nicht verstanden. Ich hätte ihr, selbst wenn ich wollte, keine Lösungen anbieten können. Und ich habe darauf vertraut, dass sie selbst kreativ und krisenerprobt eigene Wege findet, ihr Leben in die Hand zu nehmen. Dafür habe ich zusammen mit den Teilnehmenden einen Rahmen geschaffen, den sie als »sicher« bewertet hat.

Theorie: Sozialpsychologische und systemische Ansätze von (Co-)Kreativität und Prozesswechseln

Wie in Galips Fall durchlaufen konstruktivistische und autopoietische Aspekte auch die gesamte Arbeit mit Frau Kyra. Auch sie konnte sich in der Sitzung noch einmal selbst organisieren, eigene Ziele entwickeln, Handlungen ersinnen, Impulse und Gefühle wirken lassen. Auch sie hat aus der Aufstellung all das gemacht, was sie gebrauchen konnte. Die Sinngebung geschieht im Klient:innensystem. Sie entscheidet, was Nähe oder Distanz bedeutet, was viele oder wenige Fragen sind, was Druck, Lösung, Ziel, Stillstand und Fortschritt sind.

In diesem, wie auch in anderen Fällen, die in diesem Buch geschildert werden, werden aktive Prozesse ersichtlich, die Menschen helfen, ihr Leben zu meistern. Im besten Sinne des Wortes erlauben wir den Menschen in unserer Praxis *kreative Potenziale* auszuleben. Das mag für eingefleischte systemische Berater:innen und Therapeut:innen gar nichts Besonderes sein. Wenn wir aber auf die wissenschaftliche Psychologie im Ganzen schauen, dann eröffnet sich allein durch diese Beobachtung möglicherweise ein ganz neues Forschungsfeld.

In der wissenschaftlichen Psychologie wird Therapie den Fächern »Klinische Psychologie« und »Diagnostik« zugewiesen, während zum Beispiel die »Allgemeine Psychologie« und die »Sozialpsychologie« eher als Grundlagenwissenschaften angesehen werden, die mit therapeutischen Prozessen traditionell erst einmal nicht viel zu tun haben (müssen).

An deutschen Universitäten wird die Sozialpsychologie, die sowieso in Deutschland schon immer ein Schattendasein führte, im Rahmen der Psychotherapiereform derzeit weiter reduziert. Sie wurde so gut wie abgeschafft. Die folgenden Ausführungen mögen die Fragwürdigkeit dieses deutschen Alleingangs verdeutlichen. Tatsächlich hat der systemische Ansatz, der spätestens seit der Anerkennung als Richtlinienverfahren die Zukunft im deutschen Therapiegeschehen mitbestimmt, viel mehr Schnittmengen mit der Sozialpsychologie als mit allen anderen Disziplinen. Unter anderem gibt es viele Ansätze in der Sozialpsychologie, die untersuchen können und uns verstehen helfen, warum und vor allem *wann,* also *in welchen Kontexten* wir Menschen kreativ sind. *Wie* werden wir kreativ(-er), um unsere Probleme zu lösen? Welche Rahmenbedingungen sind nützlich, um kreative Prozesse zu wecken und zum Blühen zu bringen? Und wie können methodische Wechsel Menschen aktivieren, damit sie über mögliche Veränderungen nachdenken?

Kreativität im Kontext: Nährböden für neue Ideen

In der sozialpsychologischen Forschung waren es Theresa Amabile (1996) und Alice Isen (1987), die die Sicht auf kreatives Denken entscheidend verändert haben. Vor diesen beiden Wissenschaftlerinnen wurde Kreativität in der Psychologie vor allem als ein *Persönlichkeitsmerkmal* angesehen. Die Idee war, dass man entweder als kreativer oder wenig kreativer Mensch geboren wurde. Alles vererbt. Amabile und Isen erkannten aber, dass, egal, mit welchem genetischen Potenzial wir geboren werden, und egal, welche Sozialisation uns geformt hat, wir manchmal kreativer sind als sonst. Wie kann das sein?

Intrinsische Motivation: Von innen kommt die Energie

Für Amabile war vor allem *intrinsische Motivation* (z.B. Amabile, 1996) entscheidend. Zwingt man Kinder zu Kreativitätsaufgaben oder belohnt sie für gute bzw. bestraft sie für schlechte Ergebnisse, sinkt die Kreativität im Gegensatz zu Versuchsanordnungen, in denen Kinder schlichtweg kreativ sein durften, ohne sonderlich instruiert zu werden. Das bedeutet, ungeachtet dessen, wie stark unsere Kreativität ausgeprägt ist, dass die Rahmenbedingungen, also wo und wann und mit wem wir nach Lösungen oder Ideen suchen, einen großen Unterschied machen.

Das mag wieder einmal einleuchtend erscheinen, wurde aber von Forscher:innen zunächst extrem kritisiert, denn es bedeutet unter anderem für Intelligenztests, in denen viele Kreativaufgaben enthalten sind, dass sie alles andere als stabile Persönlichkeitseigenschaften messen. Je nach Motivierung verändert sich das Testergebnis, wenn man die Idee einer kontextbezogenen Kreativität annimmt. Sagt eine Testerin: »Wie wäre es denn, mein liebes Kind, wenn du mal mit ein paar Fragen und Rätseln herumspielst?«, kommt dabei wahrscheinlich ein besseres Testergebnis heraus, als wenn jemand instruiert »Der folgende Test muss bis 12 Uhr ausgefüllt sein. Das Ergebnis schicken wir deinen Eltern!«.

Um ein anderes Beispiel für Kontexteinflüsse zu geben, so konnten Claude Steele und Kolleg:innen sich selbst erfüllende Prophezeiungen durch Vorurteile bei Intelligenztests belegen (z. B. Steele, 1997; Steele u. Aronson, 1995). Bei einer Studie schnitten schwarze Studierende der Universität Stanford schlechter ab, wenn sie vorher Angaben über ihre Ethnizität geben mussten. Allein die Information »ich bin schwarz« löste bei ihnen stereotype Misserfolgserwartungen aus, sodass ihre Leistungen letztendlich schlechter wurden. Schwarze Studierende in der Kontrollgruppe, die ihre Hautfarbe nicht angeben mussten, hatten viel bessere Ergebnisse. Das bedeutet, leichte Veränderungen des Kontextes, in dem ein Test absolviert wird, führen zu Unterschieden in den Testergebnissen, die *nichts* mit Talenten, Fähigkeiten oder Ähnlichem zu tun haben.

Solche Ergebnisse bedeuteten für die Wissenschaft das Schlachten einer heiligen Kuh: Unsere Intelligenz- und Kreativitätstests sind so anfällig für Rahmenbedingungen? Wir Sozialpsycholog:innen würden dagegen sagen: Das ist gar kein Messfehler und auch keine Verzerrung, sondern Denken und Handeln finden *immer* in einem förderlichen oder hinderlichen Kontext statt (Förster, 2018).

Für uns in der Therapie bedeutet das, dass wir, sollten wir die Klient:innen zu kreativen Denkweisen anregen wollen, sie gewähren lassen, sich entwickeln lassen, sich zu finden, statt sie von außen anzuleiten, anzuspornen oder zu motivieren. Black-Box-Methoden eignen sich besonders dazu, denn hier kann ich Menschen gar nicht extrinsisch motivieren oder sie in eine Richtung treiben, wenn ich ja nicht einmal weiß, was deren Problem ist. Insgesamt sollte aber auch bei offenen Verfahren eine systemische Haltung hilfreich sein, Menschen in Würde gewähren zu lassen, sodass sie selbst Lösungsideen entwickeln. Ideen, die nachhaltig wirken können und den Selbstwert stärken. Denn es dürfte stolz machen, wenn wir bemerken: Und auf diese Lösungen sind wir auch noch selbst gekommen.

Positive Stimmung: Mut liebt gut Laune

Alice Isen (1987) identifizierte die »gute Stimmung« als förderlichen Kontext für die Entwicklung kreativer Ideen. Sie schuf in ihren

Experimenten Umgebungen, die gute Laune machten, Räume, die schön aussahen und in denen sich Versuchspersonen wohlfühlten, in denen ihre Lieblingsmusik gespielt wurde und in denen es gut roch etc. – im Gegensatz zu Stress erzeugenden Räumen, in denen nervige Musik, schlechtes Licht und schlechter Geruch zu mieser Laune führten. Versuchspersonen waren in Kreativitätsaufgaben besser in guter Stimmung als in schlechter Stimmung (Isen, 1987; s. für eine Metaanalyse Baas, De Dreu u. Nijstad, 2008). Auch diese Ergebnisse ermuntern uns systemisch Denkenden und Arbeitenden in unserer Haltung, die durch eine ressourcenorientierte, wertschätzende Grundstimmung bestimmt wird. Nicht umsonst sollte daher in einer Ausbildung die Entwicklung einer Haltung vor allem anderen stehen – eine Methode etwa, die von einem schlechtgelaunten, wenig vertrauensvollen und steuernden Therapeuten angewandt wird, würde, wenn wir Amabile und Isen ernst nehmen, wenig bringen.

Da es lange kein übergreifendes theoretisches Modell zur kontextabhängigen Kreativität gab, haben Ron Friedman und ich in einem umfangreichen Forschungsprojekt ein Modell vorgestellt, das kreatives und analytisches Denken als Funktion der Selbstregulation sieht. Neugierige können die Forschung um unser *Cognitive Tuning Model* gern nachlesen (Friedman u. Förster, 2010). Grundlegend war unsere Behauptung, dass ein Mensch keine intensive positive Stimmung oder ein Glücksgefühl haben muss, um die Kreativität zum Blühen zu bringen – eine *sichere Umgebung* reicht völlig aus. Eine Metaanalyse über 102 Studien zu diesem Thema zeigte, dass unsere Annahme besser auf die jahrzehntelange Forschung passt als alle andere Erklärungsmodelle (Baas et al., 2008). Es ist natürlich für mich als Forscher schön, ein Modell verfasst zu haben, das auf viele Studien passt, schöner noch ist es für mich als *Therapeuten* zu wissen, dass ich Menschen nicht gleich glücklich machen muss, um ihre kreative Potenziale zu wecken – Sicherheit reicht völlig aus. An dieser Stelle seien einige praxisrelevanten Ergebnisse einmal zusammengefasst. Welche Kontexte befördern Kreativität?

Mit Sicherheit kreativ

Für kreatives Denken ist in besonderer Weise eine riskante und mutige Vorgehensweise nützlich (z. B. Schwarz u. Bless, 1991). Das hängt unter anderem damit zusammen, dass kreative Lösungen und neue Wege, Probleme zu lösen, auf vielen Ebenen riskanter sind als konservative. Sie sind meist unerprobt. Man weiß weder, ob sie wirklich funktionieren, noch ob sie von anderen verstanden oder angenommen werden. Die Autoren Sternberg und Lubarts (1991) sprechen von einem Investment in die Kreativität (»investment theory of creativity«). Um mutig zu sein, braucht es aber eine innere Sicherheit, die durch günstige Kontexte hergestellt sein kann. Tory Higgins, Ron Friedman und ich teilten menschliche Bedürfnisse und Situationen in sicherheitsbezogene und wachstumsbezogene ein (Förster, Higgins, u. Idson, 1998; Friedman u. Förster, 2010). In einem wachstumsbezogenen Kontext ist Sicherheit gewährleistet und hier, so zeigen mittlerweile tausende Studien, sind Menschen mutiger, risikofreudiger, neugieriger und nähern sich ungewohnten Aufgaben, Menschen und Situationen eher an. Ist Sicherheit ein Thema oder wird sie gar bedroht, sind wir Menschen dagegen eher vorsichtig, folgen konservativen Pfaden etc. Wir konnten zeigen, dass schon minimale Erinnerungen an Unsicherheit Kreativität behindern können, während subtile Hinweise von Sicherheit und Wachstum Kreativität erhöhen konnten (für Zusammenfassungen s. Halvorson u. Higgins, 2013; Förster, 2012).

Für mich als Therapeut:in bedeutet das, dass ich alles probiere, um Sicherheit herzustellen, sei es durch Joining, neugieriges Zuhören, die Würdigung des Leids der Klient:innen, Beziehungsaufnahme, würdevolle Auftragsklärung und die Herstellung und Vergewisserung von Freiwilligkeit, um nur einige zu nennen. Glaubt man der Forschung, so wird durch jede Form der Einengung und Freiheitsnahme genau das behindert, was Menschen brauchen, um einen Schritt voranzukommen: ihre Kreativität.

Ausdrucksmuster: Auch der Körper kann denken

Innerhalb unseres *Cognitive Tuning Model* berücksichtigen wir auch Fälle, in denen körperliche (sogenannte propriozeptive) Wahrnehmungen eine Information über die Beschaffenheit der Umgebung sein können (Schwarz u. Clore, 1996). Wir konnten unter anderem zeigen, dass motorische Komponenten von Ausdrucksmustern, wie zum Beispiel die Armbeugung, die mit positiven Situationen assoziiert ist (Nahrungszunahme, Umarmen etc.), im Gegensatz zur

Armstreckung, die mit negativen Situationen assoziiert ist, kreatives Verhalten begünstigen (Cacioppo, Priester u. Berntson, 1993; Förster, Higgins u. Idson, 1998). So fielen Versuchspersonen mehr kreative Lösungen zum Gebrauch eines Ziegelsteins ein, wenn sie den Arm beugten, als wenn sie ihn von sich streckten (Friedman u. Förster, 2001). Auch Kopfbewegungen wie Nicken im Gegensatz zu Kopfschütteln oder eine aufrechte, Stolz ausdrückende im Gegensatz zu einer nach vorn gebeugten, unterwürfigen Körperhaltung erleichtern kreatives Denken.

Als Therapeut:in können wir uns fragen, wie wir das anwenden könnten – und während wir noch nachdenken, haben die Verhaltenstherapeut:innen diese *Embodiment*-Befunde schon umgesetzt, indem sie etwa depressiven Patient:innen rieten, gerade zu gehen und zu hüpfen statt zu schlurfen. Die depressiven Symptome verbesserten sich (Peper, Schumay u. Moss, 2012). In Seminaren habe ich auch schon den Tipp gehört, sich bei depressiven Klient:innen gerade hinzusetzen, in der Hoffnung, dass mittels Spiegelneuronen Klient:innen automatisch die Haltung imitieren und sich dadurch besser fühlen. Forschung zeigt nämlich auch, dass positive Körperhaltungen die Stimmungen positiv beeinflussen (Stepper u. Strack, 1993). Das hört sich einerseits nach sehr linearen Maßnahmen an, andererseits zeigt es aber, dass unsere Umwelten, unsere Kontexte, immer mit uns und unseren Klient:innen zusammenwirken: Wenn wir über Positives sprechen, richten wir und die Klient:innen uns automatisch auf, wenn wir uns gerade hinsetzen, fallen uns eher positive Lebensereignisse ein, was wiederum kreatives Denken ermöglicht und uns in gute Stimmung versetzt – so wird das Ganze zirkulär!

Auf diese Embodiment-Effekte und wie wir sie einsetzen können, komme ich noch in Kapitel IV (S. 171 ff.) zu sprechen, denn die jahrzehntelange Fortentwicklung körperfokussierter Methoden, wie etwa Aufstellungsarbeit in der systemischen Therapie, prädestiniert uns natürlich geradezu, solche Phänomene im Therapiegeschehen zu reflektieren.

Farben: Blaues Wunder, grüne Hoffnung

Ähnliche unbewusste Unterstützung beim kreativen Denken leisten bestimmte Farben. Rot scheint als Signalfarbe unbewusst und direkt eine unsichere Umgebung zu signalisieren, sodass Versuchspersonen in Kreativitätsaufgaben schlechter sind, wenn diese etwa in einem roten Ordner dargeboten werden im Vergleich zu einem grünen Ordner. Grün und Blau scheinen Farben zu sein, die bei den meisten Versuchspersonen kreativitätsfördernd sind. Es wird argumentiert, dass sie in der Natur vorkommen und sie an unser Zuhause erinnern, aus dem wir kommen (Elliot, Maier, Moller, Friedman u. Meinhardt, 2007). Ist das vielleicht auch eine Anregung für unsere Praxisräume?

Distanz: Es war einmal vor langer langer Zeit, da lebte in einem fernen Land …

Yaacov Trope und Nira Liberman (2010) haben in ihrer »Construal-level theory of psychological distance« gezeigt, dass Distanzierungen Kreativität begünstigen.[13] Wurden Versuchspersonen etwa gebeten, eine Kreativitätsaufgabe in räumlicher Entfernung zu lösen (die Aufgabe wurde ein paar Meter von ihnen entfernt auf dem Bildschirm dargeboten), oder dachten sie vor der Bearbeitung von Tests an weit entfernt oder in der Zukunft liegende Ereignisse, dann waren sie kreativer als Versuchspersonen, die an etwas zeitlich oder räumlich Nahes gedacht hatten.

Ich sehe hier eine Entsprechung in der Verwendung der Metaebene im systemischen Beraten. Es ist sowohl Narrativ wie Erfahrungsschatz der Szene, dass aus der Metaposition therapeutische Prozesse oftmals begünstigt werden (Simon, 2022). Beim Tetralemma etwa, das ich im ersten Fall mit Galip beschrieben habe, geschieht häufig auf der letzten Position, die man als Metaposition beschreiben kann, der für alles Weitere wichtige Impuls. Das ist sicherlich nicht immer der Fall, aber die Metakommunikation ist schon seit Virginia Satirs und Paul Watzlawicks Arbeiten die Ebene, in die systemische Therapeut:innen viel Hoffnung gesetzt haben und immer noch setzen (Molter u. Grabbe, 2014). Es braucht nur einen kleinen Schritt, um diese Erfahrung an die derzeitige Forschung zu koppeln: Metapositionen erlauben Distanzierung, was wiederum eine Rahmenbedingung für kreatives Denken sein könnte.

---

13 Für ein Video siehe https://www.youtube.com/watch?v=S5AE_c0XMEE.

Und natürlich haben das schon unsere Ahnen gewusst, jedenfalls die Brüder Grimm – warum sonst wollten sie unsere Vorstellungskraft wecken, in dem sie uns von diesen fernen (!) Ländern erzählten, vor langer (!), langer Zeit …?

Priming: Das Hirn vorglühen

Last, but not least sei hier ein weiterer Faktor genannt, den ich für die Therapie für relevant halte und der auf *Priming* beruht, von dem oben schon die Rede war (S. 63 ff.). Der Sozialpsychologe Jonathan Schooler meint, dass es bestimmte Arten der Verarbeitung oder auch »Denkstile« gibt, die sich begünstigen oder die sich ausschließen (s. z. B. Schooler u. Engstler-Schooler, 1990). Ich habe das einmal »psychologische Passung« genannt (Förster, 2000a). Schooler und Team beobachteten, dass Versuchspersonen Mathematikaufgaben besser lösen, wenn sie vorher andere Mathematikarbeiten bearbeitet hatten. Genauso war es bei Kreativitätsaufgaben: Wurden vorher kreative Aufgaben gelöst, wirkte sich das positiv auf nachfolgende Kreativaufgaben auf. Die Sozialpsychologie nennt dies *prozedurales Priming*, das heißt, ein *Wie* der Verarbeitung wird aktiviert und wirkt sich auf nachfolgende Aufgaben aus (Försteret al., 2007). So kann beispielsweise kreatives Denken statt analytisches Denken aktiviert werden und diese Art und Weise zu denken transferiert dann auf nachfolgende Aufgaben. Demnach würde also einiges dafür sprechen, kreative Denkprozesse vorzubereiten.

Ich stelle mal in den Raum, dass nach dieser Logik jedes kreative Spiel, auch ein inhaltlich vollkommen sinnfreies, dazu führen könnte, dass Klient:innen ihre eigene Problemlösung besser voranbringen können. Es könnte konkret bedeuten, dass ich in einer Phase der Therapiesitzung zusammen mit der Klientin ein Bild male, um mich danach wieder ihrem Problem zu widmen, in der Hoffnung, dass die erste kreative Phase den Denkstil aktiviert, der in der zweiten, relevanten Phase nützlich sein könnte.

Fazit Rahmenbedingungen der Kreativität

Fast scheint es, als wäre die Forschung zur kontextabhängigen Kreativität für den systemischen Ansatz gemacht worden. Wir sind als systemisch Denkende und Vorgehende sehr gut aufgestellt, wenn es darum geht, Rahmenbedingungen für Selbstorganisation zu schaffen und kreatives Potenzial zu wecken. Die systemische Haltung, die wir in jahrelangen Ausbildungen und Erfahrungen in der Praxis erwerben durften, ist prädestiniert dafür, um Klient:innen dabei zu unterstützen, eigene Lösungsimpulse zu finden. Bei Black-Box-Methoden kommen neben der Ressourcenorientierung, der Wertschätzung, dem Beziehungsaufbau und der neugierigen konstruktivistischen Einstellung noch der Verzicht auf Kontrolle, Bewertung, Druck und extrinsische Motivierung hinzu.

Kritische Leser:innen werden sich vielleicht auch gefragt haben, was denn in dieser Forschung, die ja nicht systemisch im Ursprung ist, mit Kreativität bezeichnet wird. Und auch hier decken sich die Landkarten weitgehend. Jonathan Schooler definierte drei Varianten von kreativen Denkprozessen (Schooler u. Melcher, 1995): »das Durchbrechen des vorhandenen mentalen Sets«, »die Restrukturierung in eine neue globale Repräsentation des Problems« und »die Gedächtnissuche nach innovativen Lösungen« (Förster u. Friedman, 2003). Dies scheint genau das zu sein, was Klient:innen während und nach unserer Arbeit erleben. Gängige Narrationen werden im systemischen Therapie- und Beratungsprozess dekonstruiert. Frau Kyra hat zum Beispiel während der Methode gesehen, dass ihre Geschichte vom unbehebbaren Chaos auch anders erzählt werden könnte – ihre Fragen lassen sich sortieren, angehen und es ergeben sich Lösungen –, ebenso war es für sie möglich, eine Chefärztinnenstelle abzulehnen (Durchbrechen des vorhandenen mentalen Sets). Zudem hat eine »Restrukturierung in eine neue globale Repräsentation des Problems« stattgefunden, indem sie die Funktion abgewerteter Anteile wie das Aushalten (die Joker-Karte) würdigen konnte. Im weiteren Coachingverlauf hat sich Frau Kyra mehr und mehr von diesem Anteil verabschiedet; sie nutzt ihn aber in Zeiten unabwendbarer Krisen als wichtige Ressource. Auch die »Gedächtnissuche nach – aus ihrer Perspektive – innovativen Lösungen« hatte ihrer Meinung nach stattgefunden, sichtbar in ihrem Entschluss, mit ihrem Mann einen Spontanurlaub zu machen.

Alle drei Denkstile beobachten wir im therapeutischen Geschehen. Die Sozialpsychologie hat passende Bezeichnungen dafür gefunden. Das sieht aus wie eine gute zukunftsträchtige Zusammenarbeit!

Liegende Acht

Zudem möchte ich auf eine Beobachtung eingehen, die ich als *liegende Acht* beschrieben habe.[14] Nur aktive Systeme bewegen sich. Statische, festgefahrene Systeme brauchen neue Impulse, Wechsel, sonst schlafen sie ein oder werden ungeduldig. Einige therapeutische Impulse kann ich geben, indem ich das *Wie* des Beratens immer wieder anders gestalte. Oder mit anderen Worten: indem ich auf *Prozess*ebene mit Gegensätzen arbeite.

Durch Reibung entsteht Energie

Mit unserer aristotelischen Logik sehen wir Gegensätze häufig als Widersprüche an. Es geht um die Unterscheidung »richtig« oder »falsch« und wenn ich etwa die Idee habe, dass abstraktes Denken die Kreativität fördert, dann käme ich vielleicht auf die Idee, mit Klient:innen möglichst abstrakt zu denken, in der Hoffnung, dass sie dann kreativ würden. Ich glaube aber nicht, dass dies die einzige Möglichkeit ist, sondern dass, je nach Situation, auch konkretes Denken hilfreich im Therapieprozess sein kann. Daher sollte ein Wechsel zwischen abstraktem Denken und konkretem Denken hilfreicher sein, als sich auf das Eine oder das Andere festzulegen. In unserer Praxis hat es sich gezeigt, dass genau dieser Wechsel zwischen abstraktem Arbeiten und konkretem Arbeiten Klient:innen neue Impulse gibt. Habe ich 20 Minuten lang abstrakt gedacht, dann ist ein Wechsel auf konkretes Denken vielleicht inspirierend.

Black-Box-Methoden bieten sich in besonderer Weise an, Systeme zum Schwingen zu bringen. Ich habe Frau Kyra zum Beispiel immer wieder gebeten, nach innen in die Aufstellung zu gehen, um von innen das System zu erfühlen, oder sich eine Außenposition zu suchen. Es gibt also für mich keinen Vorteil von innen und außen bezüglich der Anregung, sondern es ist der Wechsel, der im positiven Sinne anregt oder verstört. So kann ich mit Klient:innen tief in ein emotionales Erlebnis gehen und sie danach bitten, mit mir von

---

14 Für ein Video siehe https://www.youtube.com/watch?v=OS7czmltLdM.

draußen draufzuschauen. Und dann können wir wieder nach innen gehen. Wechselbäder sind auch hier von Bedeutung.

Ebenso können wir mit dem Wechsel anderer Prozesse spielen, zum Beispiel mit dem Wechsel der Betrachtung des Hier und Jetzt und der Zukunft. Achtsamkeitstrainer:innen schwören auf die Wirkung des Denkens im Hier und Jetzt. Lösungsorientierte Therapeut:innen schwören auf Fokussierungen in der Zukunft. Warum nicht beides? War ich mit den Klient:innen längere Zeit im Hier und Jetzt, bietet es sich für mich an, einmal in die Zukunft blicken, eine »Regnose« von Matthias Horx (2021) zu machen oder die »Wunderfrage« von Steve de Shazer (de Shazer u. Dolan, 2020) stellen. Es lohnt sich meiner Meinung nach auch hier, den Wechsel zu üben.

Theoretisch können wir das auch ...

Diese Gedanken haben mich zu einer Theorie inspiriert, die ich *Theohdiss* (theory of helpful dissonances genannt habe; s. z. B. das Video zur liegenden Acht[15]). Es handelt sich um ein Prozessmodell, das heißt, es ignoriert Inhalte. Mit anderen Worten, es fokussiert auf das *Wie* und nicht auf das *Was*, egal, welches Problem inhaltlich im Raum steht – es geht um die Prozessgestaltung. Wie schauen wir auf das Thema, wie arbeiten wir daran, wie suchen wir nach Erklärungen oder Lösungen? Jede und jeder ist eingeladen, die eigenen inhaltlichen Widersprüche und Gegensätze miteinander zu verheiraten. Wenn man therapeutisch viel mit Bildern arbeitet, könnte ein Wechsel ein Gespräch beinhalten, wenn man merkt, man hat schnell gearbeitet, könnte eine Entschleunigung spannend sein, wenn man mit Klient:innen herausgearbeitet hat, was alles machbar ist, könnte man dazu anregen, einfach mal drauflloszuspinnen, ohne irgendetwas Machbares oder Pragmatisches im Sinn zu haben.

Mit dieser *liegenden Acht,* in der Bewegungen zwischen Gegensätzen erwünscht sind, statt einen einzigen Weg zu verfolgen, dekonstruiere ich natürlich alle linearen Modelle. Dies ist aber ein sehr brauchbarer Nebeneffekt, mit dem ich die systemische Respektlosig-

15 https://www.youtube.com/watch?v=OS7czmltLdM.

keit vor meinen Lieblingsmethoden und -theorien wecke (Cecchin, Lane u. Ray, 1993). Das gilt dann auch für die Black-Box-Methoden: Krampfhaft daran festzuhalten, dass eine Klient:in niemals etwas sagen oder verraten darf, ist hier nicht das Ziel. Allerdings finde ich es auch etwas eng, immer »offen« zu arbeiten. Nutzen wir doch das ganze Spektrum, das uns zur Verfügung steht!

Kapitel IV: Königliche Tänze auf der Lebenslinie

Fallbeschreibung: Wenn Herr König sein Leben tanzt, ist ihm das scheißegal

Herr König ist ein 40-jähriger, aus meiner Sicht jünger aussehender Mann, der in einem städtischen Amt arbeitet. Er wurde vor zwei Jahren verbeamtet. Zur selben Zeit bekam er, aus heiterem Himmel, nachts im Bett einen Panikschub. Er beschreibt es als Zittern am ganzen Körper, einhergehend mit einem überwältigenden Gefühl der Panik, das er in dem Moment gar nicht benennen oder verbalisieren konnte. Er habe sich nur sehr langsam beruhigen können. Danach habe er immer wieder Angst davor gehabt, dass dies wieder passieren könnte, und entwickelte zahlreiche weitere Ängste. Eines Tages, so berichtet er, habe er den Verdacht geschöpft, an Multipler Sklerose zu erkranken, und habe tagelang gegoogelt, seinen Körper beobachtet und sei fest davon überzeugt gewesen, MS zu haben. Er sei dann in eine Klinik gegangen, in der er sechs Wochen lang wegen »generalisierter Angststörung« psychiatrisch behandelt worden sei. Anschließend habe er 60 Sitzungen Therapie gehabt – ohne nennenswerten Erfolg, so sagt er. Zu mir kommt er, weil er mich im SWR-»Nachtcafé« gesehen hat – er möchte mit mir »reden«. Er will sich weiterhin nicht festlegen, ob er Coaching oder Therapie von mir möchte, und zahlt die Sitzungen selbst.

Er habe sich große Sorgen um seinen Vater gemacht, der langsam in die Demenz übergehe und unregelmäßig von seiner Schwester betreut werde. Herr König ist alleinstehend und lebt mit seinem Vater auf einem großen Anwesen, das er einmal erben wird. Nach der Klinik sei es ihm zwei Wochen lang gut gegangen, bis er Ängste entwickelt habe, vor die Tür zu gehen. Seitdem sei er lieber zu Hause, obwohl ihn die fortschreitende Demenz des Vaters mehr und mehr belaste. Dieser

»kote mehrmals am Tag das Haus zu«, da er sich weigere, Windeln zu tragen und inkontinent geworden sei. Außerdem nerve ihn seine Schwester, die von ihm verlange, den »Vater ins Heim zu geben«, was er nicht verantworten könne, weil man das in der Eifel, in der die Familie wohnt, »nicht mache«. Er habe nun auch Angst, verrückt zu werden und somit seinen Vater nicht mehr versorgen zu können.

Herr König redet bei seinem Erstgespräch ohne Unterlass, begleitet von vielen emotionalen Bewegungen, beendet kaum einen Satz und wiederholt sich ständig. Er schaut dabei auf den Boden und scheint kaum Luft zu holen. Er schwitzt, Stirn und Hände sind feucht, ansonsten erkenne ich an Anzug und Hemd keinerlei Falten oder Flecken. Er erzählt ohne Punkt und Komma von einem Weihnachten, an dem er seinem Vater ein Bild gemalt hatte, das der in den Kamin geworfen habe, mit den Worten »So einen Stümper habe ich also gezeugt«. Er erzählt davon, wie seine erste Freundin sich über seine ausbleibende Erektion lustig gemacht und es allen Schulkameraden erzählt habe. Er erzählt von seiner Lese-Rechtschreib-Schwäche und wie sein Chef kürzlich einen Tippfehler »Diagnose: Hochbegahbt« an die Pinnwand im Flur geheftet hatte mit den Worten »Ein Genie kennt keine Regeln«. Ich verbuche diese erste Sitzung unter »Joining«, Beziehungsaufbau.

Als er beim zweiten Treffen ständig Sätze wiederholt, dass sein Leben »ein einziger Fehlschlag« sei, »ein einziges Versagen« und »voller Krisen und Schicksalsschläge«, versuche ich, ihn einzuladen, einmal auf die gelungenen Aspekte seines Lebens zu schauen, was er vehement ablehnt. Es habe keine guten Ereignisse in seinem Leben gegeben und er habe bisher nichts geleistet und ich solle gar nicht erst versuchen, ihm einzureden, dass sein Leben einen Sinn mache. Ich wiederhole das, was er sagt. Im Prinzip habe ich aber kaum etwas verstanden. Mir ist unklar, was die Ängste mit den beruflichen und familiären Problemen zu tun haben, es entsteht keine Idee irgendeiner zusammenhängenden Geschichte – ich habe das Gefühl, das Ganze ist nichts anderes als eine Aneinanderreihung von Klagen. In der dritten Sitzung versuche ich etwas Neues.

Therapeut: »Lieber Herr König, wenn ich die letzten Sitzungen zusammenfassen sollte, dann habe ich bisher verstanden, dass Ihr

Leben bisher ohne Höhepunkte verlaufen ist und dass es vor allem aus Krisen, Fehlschlägen und Misserfolgen besteht. Es kommt Ihnen auch häufiger so vor, als ob Ihr Leben keinen Sinn mache ... Und es ist so erstaunlich, lieber Herr König, dass Sie bei all der Hoffnungs- und Ausweglosigkeit doch den Weg zu mir gefunden haben, um sich helfen zu lassen, nun schon zum dritten Mal. Ich würde gern noch einmal nachfragen, wie es denn dazu kam, dass Sie ausgerechnet zu mir wollten? Was versprechen Sie sich denn davon, wenn ich einmal höflich fragen darf? Ich finde es sehr bemerkenswert und auch mutig von Ihnen, herzukommen. Wozu haben Sie denn Ja gesagt, als Sie sich dazu entschlossen haben, bei mir anzurufen und den Termin zu machen? Was versprechen Sie sich von dieser Sitzung?«

Herr König: »Sie haben ja einen guten Ruf und haben schon einmal dem Sohn meiner Schwester so gut geholfen.«

Therapeut: »Ja, und Ihnen? Wie kann ich Ihnen helfen? Wozu haben Sie denn Ja gesagt?«

Herr König: »Ich habe Ja dazu gesagt, dass es mir ein bisschen besser gehen kann. Ja, vielleicht ist es so, dass ich mir verspreche, dass es mir nach einem Besuch ... es soll mir ein bisschen, ein bisschen besser gehen ... besser gehen können. Aber ich habe das Gefühl, dass das, über das ich rede, nicht das ist, was das Problem ist. Ich kann es nicht richtig sagen. Da ist ein weißer Elefant im Raum, den wir gar nicht sehen können. Was wir nicht sehen. Irgendwas hier, was ich nicht sehe.«

Therapeut: »Puh, Herr König, das klingt ja wie ein Ding der Unmöglichkeit. Ihr Leben hört sich furchtbar an und Sie wissen nicht, was es ist, das Sie so in die Knie zwingt. Wenn Sie mir eine Chance geben, könnten wir vielleicht versuchen, uns einen Millimeter voranzubewegen. Mehr, also einen richtigen großen Schritt in Richtung Wohlbefinden, kann ich Ihnen ehrlich gesagt nicht versprechen. Und ich kann Ihnen noch nicht einmal den Millimeter versprechen. Ich kann Ihnen am Ende der Sitzung sagen, ob wir weiter zusammenarbeiten können.«

Herr König: »Sie sehen also, dass ich ein hoffnungsloser Fall bin? Mir ist nicht zu helfen? Hoffnungslos?«

Therapeut: »Sie haben sich dazu entschieden, Sie haben sich schon vor Jahren dazu entschieden, dass Ihr Leben sinnlos ist – diese

Idee, so sagten Sie, sei ›fest in Ihrem Wesen verankert‹. Und da steht, so haben Sie gesagt, ein weißer Elefant im Raum – ich sehe ihn nicht und ich habe es noch nie erlebt, dass hier wirklich so ein Tier im Raum ist. Also brauche ich Ihre Hilfe, ihn irgendwann zu benennen. Ich kann Ihnen nicht versprechen, dass Sie sich am Ende der Sitzung dazu entscheiden, einen anderen Blick auf Ihr Leben zu werfen. Entscheidungen kann ich Ihnen nicht abnehmen. Herr König, ich werde mich 150-prozentig für Sie einsetzen, und damit dies hier einen Millimeter weitergeht, möchte ich 150-prozentig auch von Ihnen. Geben Sie mir eine Chance? Dann würde ich Sie bitten, einmal aufzustehen.« Herr König sackt in sich zusammen. Er schaut auf den Boden, kratzt sich dann am Kopf, schaut sich dann hektisch in der Praxis um.

Therapeut: »Was geht in Ihnen vor? Sie schauen auf den Boden, kratzen sich am Kopf, schauen hin und her?«

Herr König: »Ehrlich? Ich finde das gerade merkwürdig, hier. Ja, die Bewegungen sagen es ja. Irgendwie ist das verrückt, was Sie sagen. So verrückt, wie ich bin und meine Bewegungen. Okay, ich stehe auf.«

Therapeut: »Sie sehen aber nicht ängstlich aus. Sie sind verrückt, ohne Angst zu haben? Ich dachte, Sie hätten Angst, verrückt zu werden?«

Herr König: »Ja, das ist irgendwie absurd.« Er stellt sich kerzengerade hin.

Therapeut: »Sie stehen da nun sehr gerade, wippen auf Ihren Zehen – so sehe ich das zumindest. Die Hände haben Sie in den hinteren Taschen der Hose. Sie finden das hier verrückt – vorher hatten Sie vor dem Verrücktsein Angst.«

Herr König: »Na ja, gut, hier können wir ja auch mal verrückt sein. Ich gebe Ihnen 150 Prozent Verrücktsein.«

Therapeut: »Wenn das hilft, gern. Ich beobachte übrigens gerade, dass Ihre Sätze kürzer sind – aber das bin ja nur ich, der das so empfindet. Was macht das mit Ihnen, wenn ich das sage? Darf ich meine Beobachtungen mit Ihnen überhaupt teilen?«

Herr König: »Ja, gern. Das ist spannend. Ja, ich merke, dass ich ruhiger bin.«

Therapeut: »Wie ist Ihr Atem?«

Herr König: »Die Frage kann ich nicht beantworten, so etwas hat mich noch niemand gefragt. So normal.«

Ich gebe ihm einen Knäuel Seile.

Therapeut: »Ich bitte Sie einmal, nicht über Inhalte oder Ereignisse zu sprechen, sondern sie schlichtweg zu denken und einmal alle Gefühle zu erleben, die sich melden. Ich würde Sie bitten, einmal von außen auf Ihr Leben zu schauen. Nehmen Sie einmal an, Ihr Leben wäre eine Linie oder ein solches Seil. Welche Farbe wäre Ihr Leben?«

Herr König: »Orange. Orange ist eine harte Farbe.«

Therapeut: »Das ist jetzt Ihre Lebenslinie. Orange, eine harte Farbe, aus Ihrer Perspektive. Ein Ende ist Ihre Geburt, das andere Ihr Tod.« Er schaut mich fast entsetzt an. Ich lächele: »Keiner kommt hier lebend raus, Herr König.« Herr König legt die Lebenslinie in den Raum, er gestaltet dabei eine Art Schlangenlinie.

Herr König: »Es ist schon erschütternd, auf den Tod zu schauen.«

Therapeut: »Also, normalerweise würde ich bei dieser Methode bei der Geburt anfangen, aber, wo Sie das offensichtlich interessant finden, stellen Sie sich doch einmal auf Ihr Lebensende. Und schauen zurück auf Ihr Leben.« Er stellt sich mit gefalteten Händen auf sein Lebensende, blickt auf das Seil und schweigt für eine Weile.

Herr König: »Wenn ich von hier aus zurückschaue …«

Therapeut: »Wie alt sind Sie dann?«

Herr König: »85?«

Therapeut: »Wie geht es Ihnen als 85-Jähriger?«

Herr König: »Gut. Ich sitze in einer kleinen schönen Wohnung, Maisonette. Über mir der Himmel, viel Glas, keine Zimmerpflanzen. Alles aufgeräumt. Kein Haus, kein Garten, keine Eifel, mitten in Köln. Oder an irgendeinem Wasser. Rhein. Meer. Oder Köln.«

Therapeut: »Wovor haben Sie dann Angst?«

Herr König: »Vor dem Sterben?« Er denkt nach. »Nein, eigentlich nicht. Wer mit 85 Angst vorm Sterben hat, hat wohl etwas falsch gemacht. Hier habe ich keine Angst. Von hier aus sieht es so aus, als hätte das alles Sinn gemacht. Mein Atem ist übrigens angenehm. Es ist schön, die Luft zu spüren.« Er überlegt, ich frage bewusst nicht nach dem Sinn, der ihm gerade einfällt, sondern lasse dieses Thema ganz bei ihm.

Therapeut: »Herr König, wo auf der Linie ist die Gegenwart? Nehmen Sie doch bitte einmal eine Karte und legen Sie sie auf das Seil an den Punkt, der die Gegenwart bedeutet.« Ich gebe ihm einen

Stapel Moderationskarten, er sucht sich eine grüne aus und legt sie in die Mitte.

Herr König: »Hier.«

Therapeut: »Stellen Sie sich doch einmal darauf und schauen in die Vergangenheit, in Richtung Geburt.« Herr König geht zögerlich auf die Karte zu und senkt seine Schulter immer mehr nach vorne. Er stellt sich auf die Karte, sein Stirnmuskel kräuselt sich, er schüttelt mit dem Kopf, so wie ein Hund, der geduscht hat. »Darf ich einmal nachmachen, wie Sie sich jetzt körperlich von da nach da bewegt haben?« Er nickt und ich versuche, so gut wie möglich die Bewegung nachzuspielen, die ich soeben gesehen habe.

Herr König: »Ja, beeindruckend, das zu sehen. Da am Ende habe ich mich so gut gefühlt. Mir geht es nicht aus dem Kopf, dass Sie gesagt haben – wie war das noch? –, sowas wie Wohlbefinden ist in meiner Hand oder wenn es mir schlecht geht, dann ist das eine Entscheidung.«

Therapeut: »Herr König, ich habe schon verstanden, dass Ihr Leben recht krisenhaft verlief. Das will ich nicht schönreden. Sie haben wirklich schlimme Dinge erlebt, und vieles davon konnten Sie nicht beeinflussen. Das tut mir aufrichtig leid – wenn es Ihnen recht ist, können wir uns diese leidvollen Ereignisse auch noch einmal anschauen? Ich würde Sie einmal bitten, die großen Krisen Ihres Lebens auf die Linie zu legen, also dahin, wann Sie in Ihrem Leben passiert sind. Bitte erzählen Sie mir nichts darüber, aber kennzeichnen Sie die Karten, damit Sie selbst erkennen können, welche Krise sich dahinter verbirgt.«

Herr König legt vier rote eckige Karten als Krisen; zwei in die Phase der Kindheit, zwei in die Nähe zur Gegenwart.

Herr König: »Es gab sicher mehr, aber die hier sind die heftigsten.«

Therapeut: »Herr König, ich will Sie jetzt nicht überfordern, weil ich verstanden habe, wie schlecht es Ihnen geht, aber wenn es auszuhalten ist, würde ich Sie bitten, jede der Krisen einmal zu betreten und sich noch einmal reinzufühlen. Sie dürfen dabei auch eine Körperhaltung einnehmen, auf jeder Krisenkarte, die dazu passt. Ich habe beobachtet, wie sehr sich Ihre Körperhaltung verändern kann. Vielleicht ist das etwas, was Ihnen einen neuen Zugang ermöglicht?«

Herr König stellt sich auf die erste Karte und geht in die Knie. Er steht dann schnell auf und geht auf die zweite. Er steht dort gebückt und hält sich die Ohren zu. Er geht auf die dritte und bückt sich noch mehr und hält sich den Mund zu. Auf der vierten Karte kniet er nieder und gibt sich eine Ohrfeige.

Therapeut: »Es fällt Ihnen leicht, sich einzufühlen? Sie wirken so spontan in Ihren Bewegungen. Ich benenne ja gar nicht so gern Zustände, aber in mir belebt sich etwas. So habe ich Sie ja noch nie erlebt. Wir haben sonst immer gesprochen und jetzt – in meiner Wahrnehmung sind Sie irgendwie überraschend, es überrascht mich, wie Sie sich hier bewegen und *nein,* ich finde das nicht verrückt. Es berührt mich. Können Sie damit was anfangen?«

Herr König: »Durchaus. Durchaus. Ich fühle da jetzt was. Das ist wie mein Leben im Schnelldurchlauf. Darf ich sagen, was ich fühle?«

Therapeut: »Gern, nur muss ich nicht wissen, um was es bei der jeweiligen Krise ging. Wie waren die Gefühle?« Er zeigt der Reihe nach auf die Karten, beginnend bei der Kindheit.

Herr König: »Die erste Krise: Scham, unendliche Scham und Erniedrigung. Immer drauf auf den König, immer drauf und ich habe mich geschämt. Ich kann da kaum atmen. Bei der zweiten Karte: Überforderung. Zu viel Gequatsche, Lärm, die absolute Pest, alle ziehen, reißen und zerren an mir rum. Ich fühle mich da komplett genervt. Mein Atem war da eigentlich nur Ausatmen, nicht Einatmen. Bei der dritten: Zwang, Einschränkung der Freiheit, Hass und Wut. Wieder nur Ausatmen, wütendes Ausatmen. Bei der vierten …« Er stockt, wirkt irgendwie bleich. »Also, das meine ich jetzt nicht wirklich, also es war nicht so was Körperliches, aber mir kommt das Gefühl von Missbrauch, Vergewaltigung – ich bin nicht sexuell vergewaltigt worden, aber so fühlt sich das an. Das war jetzt nicht so, dass mich jemand auch nur angefasst hätte, aber das Wort ›Missbrauch‹ kriege ich grad nicht aus dem Kopf. Alles, was ich einatme, brennt. Macht das überhaupt Sinn?«

Therapeut: »Das hat jetzt hier alles eine Berechtigung, Herr König, ich bin mit Ihnen im Kontakt und es macht alles Sinn.«

Herr König: »Das Wort ist mir nie gekommen, aber hier durch den Körper kommt ein Gefühl – das Gefühl ist Missbrauch. Das ist so ganz klar und ist nicht verrückt.«

Therapeut: »Das ist so. Das ist ein Gefühl von Missbrauch. Das ist Missbrauch. Sie haben alles Recht, das so zu benennen, wie Sie es erlebt haben.«

Herr König: »Ja.«

Therapeut: »Herr König, es tut mir furchtbar leid, dass Ihnen das passiert ist.«

Herr König setzt sich auf einen Stuhl und schweigt für ein paar Minuten.

Herr König: »Wie geht es weiter?«

Therapeut: »Herr König, ich sehe Sie mit völlig anderen Augen. Es berührt mich, was Sie da sagen. Missbrauch, nicht sexuell, aber Missbrauch.

Herr König geht ans Fenster und schaut lang vor sich hin: »Geht wieder.«

Therapeut: »Geht wieder?«

Herr König: »Es geht wieder. Fragen Sie weiter, Herr Förster. Das ist alles überwältigend.«

Therapeut: »Sie bitten mich, weiterzumachen. Ganz ehrlich, ich habe keinen Plan. Ich will Ihnen nichts beibringen und habe keine Ahnung, um was es geht. Irgendetwas arbeitet in Ihnen. Diese Arbeit möchte ich unterstützen. Ich habe ein gutes Gefühl. Ich frage mich gerade: Wie haben Sie das alles geschafft? Wie klingt das: Ich gebe Ihnen mal ein paar Karten und Sie schreiben bitte darauf, was Sie, Herr König, mitgebracht haben, um die vier Krisen zu überleben? Was macht Sie aus? Welche Ressourcen standen Ihnen damals zur Verfügung? Wäre das okay für Sie?«

Herr König nickt heftig, beschreibt die Ressourcenkarten und gruppiert sie um die Krisen. Sie sind blau. »Danke, Sie haben eine gute Hand.«

Therapeut: »Ich begleite Sie, ich mache das, was Sie mir nahelegen, wenn nicht, dann machen Sie es bitte anders, okay?«

Herr König: »Ja, Sie trauen mir viel zu. Also, in der Kindheit, hier bei Krise eins, da war die Babsi, die mir geholfen hat. Meine Freundin. Die anderen Kinder fanden es doof, dass ich eine Freundin hatte und keinen Freund, und haben mich gehänselt. Aber die Babsi hatte immer ein offenes Ohr. Irgendwann war mir die Babsi so peinlich, dass ich nicht mehr mit ihr zur Schule gegangen bin. Ich habe sie verraten. Nur weil sie ein Mädchen war. Um die Scham zu überwinden, habe ich begonnen, zu schreiben. Tagebuch. Ich habe jeden Abend 50 Wörter geschrieben, exakt 50, mehr oder weniger durften es nicht sein. Und dann konnte ich schlafen. Und aushalten. Egal, wie die anderen mich gemobbt und gefoltert haben, ich konnte aushalten, ohne zu weinen. Manchmal machte denen das Pesten gar keinen Spaß mehr.

Bei Krise zwei fällt mir ein ›auf stur schalten‹. Ich konnte einfach sehr gut auf stur schalten. Irgendwie ist das wie Aushalten, aber es war noch aktiver, irgendwie. Ich habe mir einfach, wenn die Leute auf mich eingeredet haben, Geschichten erzählt, vom guten Leben. Wie das Haus meiner Eltern brennt und ich mit einem Koffer eine kleine Wohnung am Strand beziehe. Es hat mir auch geholfen, Grenzen zu setzen. Meine Eltern haben mir immer zum Studium eine Tüte mit Lebensmitteln mitgegeben. Die habe ich dann regelmäßig in den Steinbruch vor der Stadt gekippt, der bei uns am Ortsausgang ist. Da habe ich den ganzen Scheiß-Aldi-Käseblock, die Liter H-Milch, das Billig-Nutella und so reingekippt. Jedes Wochenende. Das war so unglaublich befreiend. Und meine Kreativität. Ich habe mir immer die besten Entschuldigungen ausgedacht, nicht nach Hause fahren zu müssen.

Bei der dritten Krise musste ich auch so etwas wie aushalten, aber es war *noch* eine Spur härter. Es kam noch hinzu, dass ich sprichwörtlich auf einen Kochlöffel beißen musste, sobald ich bestimmte Leute getroffen habe. Ich hätte sonst alles verloren. Ich habe mich dann so verkrampft, dass meine Hände wehgetan haben, weil ich sie so ineinandergekrallt hatte. Und ich habe meine Zähne weggeknirscht. Wenn ich damals das gesagt hätte, was ich gedacht hatte, hätte ich meine Mutter verloren, mein Erbe, alles. Da habe ich auch geschrieben, aber nicht mehr nur 50 Wörter. Ich habe einfach geschrieben und dann auch einen Autoren-Workshop besucht. Das hat mir Kraft gegeben und das hat mich auch etwas abgelenkt. Dann kam die Stelle beim Amt, die mir mein Vater besorgt hat, und damit war meine Freizeit dahin.

Bei der vierten Krise habe ich das hier genutzt: ›Mich rechtsanwaltlich beraten lassen‹, ›bei der IHK einen Kurs zur Selbstständigkeit gemacht‹, ›Gymnastikkurs angefangen‹. Das ist irgendwie anders als die ersten Lebensretter, aber das fiel mir dazu ein. Das hat mir geholfen – vielleicht kann man es ›aktiv was tun‹ nennen.«

Ich bitte Herr König, sich auf die Gegenwart zu stellen und auf die vergangene Zeit in Richtung Geburt zurückzuschauen.

Therapeut: »Wenn Sie so darauf schauen, wie geht es Ihnen?«

Herr König: »Das sind viele gute Ideen und Eigenschaften und Verhaltensweisen, die ich genutzt habe, um meinen Arsch immer wieder zu retten. Um mich selbst aus dem Sumpf zu ziehen. Hab ich länger nicht drüber nachgedacht.«

Therapeut: »Das finde ich auch, dass Sie viel können. Sie haben fürchterliche Krisen durchgestanden. Das tut mir leid.«

Herr König: »Und ich habe sie durchgestanden. Wobei mir das mit den Entscheidungen irgendwie nicht aus dem Kopf geht. Ich habe eben gedacht: Babsi die Freundschaft aufzukündigen, heute würde man sagen, sie zu ghosten, war eine Entscheidung. Eine sehr schlechte Entscheidung. Aber ich habe das entschieden und damit ging es mir schlecht.«

Therapeut: »Sie waren fast noch ein Kind?«

Herr König: »Ja, aber es war eine Entscheidung. Und bei der dritten Krise ist mir auch der Gedanke gekommen: Ich habe mich dafür entschieden, das Erbe nicht zu verlieren und meine Mutter nicht zu verlieren, in den letzten Monaten ihres Lebens. Ich hätte auch sagen können: Das ist mir egal. Ich meine, ich habe richtig entschieden …«

Therapeut: »Und es hatte Kosten?«

Herr König: »Ja, aber ich mag das mit der Entscheidung jetzt langsam. Ich habe auch gedacht: Dass ich das Mobbing jetzt so aktiv angehe, ist auch eine Entscheidung. Ich habe das mehr so getan, weil es … ich weiß es gar nicht, aber es war mir so vorgekommen, als ob man das so machen müsste. Unser Hausanwalt ist ja da und in unserer Familie hat man den immer bei sowas eingeschaltet, einfach so, weil man das so macht. Aber auch das war eine Entscheidung. Meine Entscheidung. Ich sehe jetzt hier ganz klar. Ich habe noch nie so konkret gespürt, dass ich irgendwann das Haus verkaufen werde, eine Entscheidung. Dass ich meinen Job kündigen werde, eine Entscheidung. Und dass ich den Versuch starten werde, dass ich – einen Versuch starten werde, meine Bücher an den Mann zu bringen.«

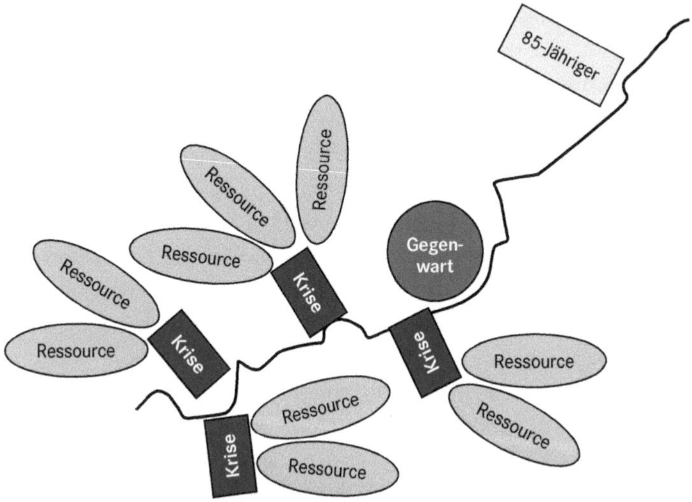

Abbildung 5: Timeline von Herrn König

Therapeut: »Bücher? Wie viele haben Sie denn geschrieben?«

Herr König: »An die 20 Schubladenromane, aber alle fertig mit Anfang und Ende. Und ich habe einen Roman dem Leiter meines Workshops gegeben, der den richtig gut fand und ihn an einen Verlag vermitteln will. Und ich habe mich seitdem nicht mehr bei dem gemeldet, weil ich Angst hatte.«

Therapeut: »Angst. Wir haben hier nun fast eine Stunde lang ungewöhnliche Dinge ausprobiert, vielleicht sogar in den Augen einiger Leute verrückte Sachen gemacht, Herr König – hatten Sie an irgendeiner Stelle Angst?«

Herr König: »Nein, es war alles sehr klar. Mein Atem ist übrigens so angenehm, so klar, das fühlt sich gerade richtig gut an. Das war schon verrückt hier, oder? Sie sind ja auch nicht aus der Ruhe zu bringen.«

Therapeut: »Warum sollte ich, wenn jemand sein Leben in die Hand nimmt? Es gibt Verrückteres.«

Herr König: »Wohl wahr. Mein Dozent hat mir auch eine Stellenanzeige gegeben für eine Verlagsassistenz. Ich hätte Chancen und habe die Bewerbung geschrieben. Auch Material für die Schublade.«

Therapeut: »Und was hat die Schublade davon?« Herr König lacht.

Therapeut: »Sie werden gute Gründe haben, dass die Bewerbung da noch liegt ... Herr König, Sie haben so viele Ressourcen, die da ausgebreitet vor Ihnen liegen, und ich gehe davon aus, es gibt noch mehr – welche könnten Sie in Ihrer jetzigen Krise nutzen?«

Herr König: »Also, die letzten reichen ja bis in die Gegenwart. Ich frage mich gerade, ob ich den Amtsleiter und das Amt nicht einfach mit aller Macht verklagen soll. Und bei mir läuft auch der Film parallel ab, was ich mit meinem Vater mache. Ich sag mal nicht im Detail, was mir vorschwebt, damit es in mir Worte findet.«

Therapeut: »Damit es in mir Worte findet.«

Herr König: »Ja, wissen Sie, es tut mir gut, nicht alles sagen zu müssen. Es kann nicht alles gesagt werden. Ich erzähle Ihnen hier die Oberfläche und in mir erzählt es sich alles. Es ist wichtiger, mich zu entscheiden, als alles in Worte fassen zu müssen. Das Haus muss weg. In jedem Winkel stinkt es nach Übergriffen, Leid, Prügeln, Erniedrigungen. Ich habe an den vier Krisenpunkten jedes Mal einen bestimmten Geruch in der Nase gehabt, jede Krise hatte ihren eigenen Gestank und ich möchte Ihnen ersparen, wonach das alles stank. Und dieser Scheißgarten, der mir die Freizeit raubt, und diese 600 Quadratmeter Wohnraum, die ich an keiner Stelle verändern darf, nicht einmal mein eigenes Zimmer darf ich in meiner Farbe anstreichen. Und der Swimmingpool, in den ich bis heute nur rein darf, wenn ich mich vorher geduscht habe. Aber der liebe Herr Papa kackt jeden Tag mehrmals durch die Korridore ... Das Haus ist locker 5 Millionen wert, da brauche ich keine Scheißpension. Überall klebt Schweiß, Blut, Tränen. Überall sitzt Angst.«

Therapeut: »Mir kommt es so vor, als hätten wir die Stunde über etwas ganz anderes als über Ihre Angst geredet?«

Herr König: »Absolut nicht! Es ging darum, es ging um das ganze Enge, es ging die ganze Zeit um Angst. Ich stecke doch im falschen Leben, Herr Förster, das ist doch alles zu eng. Ich sehe hier Ihr tolles Stehpult und denke, geil, das könnte ich mir doch auch leisten. Und dann kaufe ich es mir nicht, weil ich denke, mein Vater haut mir eine ins Gesicht und nennt mich Schwuchtel und Schmarotzer und sperrt mir mein Konto.«

Therapeut: »Was könnte dann schlimmstenfalls passieren?«

Herr König: »Ja eben, gute Frage.« Er überlegt lange. »Eigentlich nix. Er schreit. Ich mache mich klein.«

Therapeut: »Hört sich ja so an, als würden Sie Ihr Leben vor allem nach anderen ausrichten. Mir ist aufgefallen, dass Sie gesagt haben: ›ich mache mich klein‹, statt ›er macht mich klein‹.«

Herr König: »Absolut. Ich richte mich nach anderen aus.«

Therapeut: »Nach Leuten, die Sie hassen. Sie tun alles, um Leuten zu gefallen, die Sie hassen?«

Herr König lacht: »*Das* klingt jetzt wirklich verrückt ...«

Therapeut: »Wenn Sie mich fragen ... Herr König, wir sind nun bald am Ende der Sitzung angelangt – wie wäre es, wenn Sie sich noch einmal auf die Position stellen, in der Sie als 85-Jähriger auf Ihr Leben zurückschauen?« Er stellt sich dort hin, steht aufrecht, breitet die Arme wie Flügel aus.

Herr König: »Toll.«

Therapeut: »Lieber Herr König, mich juckt es gerade, ein letztes Experiment vorzuschlagen. Wie wäre es, wenn Sie die ganze Lebenslinie mit den Bewegungen von eben und allem, was Ihnen einfällt an Bewegungen, von der Geburt bis hierhin ablaufen?«

Herr König lacht. »Ich soll hier meinen Namen tanzen?« Wir beide lachen, er hält sich den Bauch und wir setzen uns hin. Herr König lächelt mich an: »Ich mach das jetzt. Ist doch scheißegal.« Und er geht die vier Krisen mit seinen Bewegungen durch. Nach dem Niederknien und der Ohrfeige auf der vierten Krisenkarte streichelt er mit der anderen Hand seine Wange, das dauert eine Weile und hier übermannt mich mein Gefühl, sodass ich mich erst wegwende. Dann entscheide ich mich dafür, ihm meine Emotionen zu zeigen. Wir schauen uns in die Augen. Er steht auf, stampft auf, tritt auf die Karte der Gegenwart und duckt sich, um dann von der Gegenwart bis zum Tod immer aufrechter zu gehen. Schließlich steht er da mit ausgebreiten Armen.

Herr König: »So geht's!«

Therapeut: »Sie wissen, was Sie jetzt zu tun haben?«

Herr König: »Ich muss mehr auf meinen Körper achten.«

Therapeut: »Was bedeutet das?«

Herr König: »Ich habe hier voll normal durchgeatmet. Das heißt, ich kann es. Der Therapeut in der Klinik sagte mir, ich könnte nicht richtig atmen. Aber das kann ich ja. Es kommt nur darauf an, *wo* ich atme. Hier kann ich aufatmen. Ich brauche Leute, die mich durchatmen lassen, wie die vom Autoren-Workshop. Ich muss aus dem Haus raus und ein Amt, das mich fertigmacht, brauche ich auch nicht. Ich habe auch gemerkt, dass ich undankbar bin – ich habe anfangs gesagt, mein Leben sei eine Reihe von Krisen oder sowas. Ich habe aber viel mehr zu bieten. Ich habe auch eine Dankbarkeit verspürt, dass ich finanziell abgesichert bin. Das ist ja nicht nur eine Last, sondern auch ein Segen. Ich werde Sie noch einmal brauchen können, wenn ich mich von meinem Vater verabschiede. Das wird ein schwieriger Prozess.«

Therapeut: »Es stimmt nämlich nicht, dass Sie ihn nur hassen?«

Herr König: »Ja, das haben Sie gemerkt?«

Therapeut: »Warum sind Sie sonst bei ihm und halten das alles aus? Ich zähle nur eins und eins zusammen. Kein Hexenwerk.«

Herr König: »Ja, es ist eine Hassliebe. Ich muss ihn in ein Heim bringen, aber nicht aus Rache, sondern weil es nicht mehr geht. Ich werde ihn in das beste Heim geben. Das, was er gut findet, mit Pseudomarmor im Bad und Messinggedöns. Ich werde ihn besuchen. Und immer wieder die Tür hinter seinem Zimmer schließen. Und eine eigene Wohnung haben.«

Therapeut: »Mit viel Glas, keinem Garten, eine Maisonette.«

Herr König: »Ich hätte nicht gedacht, dass so viel in einer Sitzung möglich ist. Das fühlt sich gut an.«

Therapeut: »Nun ist es ja so, dass auch vieles verloren gehen kann, was hier passiert ist. Welche Bewegung wollen Sie denn mitnehmen, die Sie daran erinnern könnte, was hier passiert ist?«

Herr König breitet seine Arme aus. »Die hier.«

Therapeut: »Kleine Empfehlung: Das scheint ein Anker für Sie zu sein. Malen Sie es doch mal eben hier auf einen Block.«

Herr König malt einen Adler.

Therapeut: »Das ist ihr zweiter Anker. Nutzen Sie beides, Körper und Bild. Als Bildschirmschoner auf Ihrem Handy, auf Ihrem PC, kleben Sie Kopien in die Wohnung. Überall, dass Sie sich gut an die Bewegung erinnern können.«

Herr König: »Das ist auch der weiße Elefant, der im Raum stand, mein Leben lang. Es war kein Elefant.«

Herr König breitet noch einmal seine Arme aus und verabschiedet sich, sichtlich erleichtert.

In der Folge hat Herr König seine Vorhaben umgesetzt und ist jetzt ein Schriftsteller. Sein drittes Buch ist auf dem Markt, er bewohnt eine Maisonette-Wohnung im Kölner Agnes-Viertel, sein Vater ist mittlerweile verstorben, nachdem er im Heim eine recht unruhige Zeit hatte. Nach seinem Tod verbrachte Herr König ein Jahr im Ausland und schrieb ein Buch. Er hat seinen Amtsleiter nicht verklagt, hat ihm jedoch nach seiner Kündigung ein Paket mit einem Spiegel geschickt, auf dem er »Hochbegahbter Armtsleiter!« eingravieren ließ. Darauf klebte die Kündigung.

Er kommt ab und zu zu mir in die Praxis, um einzelne Themen mit mir zu besprechen, wobei wir fast immer körperliche Methoden nutzen, darunter auch Malübungen und Aufstellungen mit Schleich-Tieren.

Seit einem Jahr ist er mit einem Mann zusammen, in den er sich während des Autoren-Workshops verliebt hatte. Er verriet mir, dass er sein »inneres Coming Out« in der oben beschriebenen Sitzung hatte. Er habe sich das erste Mal zu seinem Schwulsein bekannt und vor dem Gedanken, schwul zu sein, keine Angst gehabt. Das sei wohl die ganzen Jahre hindurch sein Thema gewesen. Er hätte es damals aber noch nicht benennen können. Alle anderen Probleme hätten damit zusammengehangen.

Herr König hat nur noch sehr selten Panikattacken, vor allem dann, wenn er in der Öffentlichkeit steht, wenn zum Beispiel eine Buchlesung in einem größeren Saal ansteht. Diese Ängste nennt er jedoch nicht mehr Panikattacken, sondern »Aufregung«.

Methode: Zeitlinie

Mit Hilfe eines Seils kann der Klient oder die Klientin eine Timeline[16] oder auch »Lebenslinie« in den Raum legen. Sie symbolisiert eine Zeitachse von der Geburt bis hin zum Tod, auf der verschiedene Stationen markiert werden können, etwa die gegenwärtige Krise,

16 Für eine Version mit Paaren siehe https://www.youtube.com/watch?v=jKaP_-He0Ok.

vergangene Krisen und Lebensereignisse und die Ressourcen, die zu den damaligen Phasen zur Verfügung standen. Es können auch bedeutsame Personen und Themen, wichtige Szenen oder beeinträchtigende Gefühle und Erfahrungen im Verlauf der gemeinsamen Geschichte externalisiert werden, indem Moderationskarten oder Symbole auf die jeweilige Stelle auf der Zeitachse gelegt und angeschaut oder besprochen werden.

Die Methode wurde von Richard Brandler und John Grinder (1975) entwickelt und ständig weiter modifiziert (s. Dilts, 2006). In der systemischen Beratung wird sie vor allem in der Ressourcenarbeit verwendet, wobei ich jedoch aus wissenschaftlicher Sicht verschiedene Aspekte dabei habe wirken sehen, die über die Ressourcenarbeit hinausgehen (Schindler, 1995; Grabbe, 2003).

Da ist zunächst einmal die Präsenz des Todes durch das eine Ende des Seils. In Viktor Frankls Logotherapie ist Therapie ohne die Auseinandersetzung mit dem Tod kaum denkbar (z. B. Frankl, 1987). Dem voll und ganz zuzustimmen fällt mir schwer, jedoch teile ich die Beobachtung, dass durch die Auseinandersetzung mit den letzten Dingen Sinngebung entstehen kann (Förster, 2015). Viele Klient:innen haben in meiner Praxis auf dem Seilende gestanden, das ihren Tod kennzeichnet, und sind dort demütig, dankbar oder zumindest nachdenklich geworden. Es gibt Kolleg:innen, die die Methode »abmildern«, indem sie das Ende als »80 Jahre« bezeichnen. Das würde ich nur dann tun, wenn ich eine Retraumatisierung durch Todesgedanken befürchten würde. Allen anderen Klient:innen ist die Auseinandersetzung mit der eigenen Vergänglichkeit vielleicht nicht angenehm, aber sie ist ihnen zuzumuten. Daraus kann eine Relativierung der jetzigen Krise resultieren und das Gefühl erwachsen, dass man sie im Gegensatz zum unausweichlichen Tod anfassen kann.

Zudem ist eine Position in der Zukunft, aus der man auf die jetzige Situation blickt, eine sinnvolle Methode der Distanzierung, die Matthias Horx (2023) als »Regnose« bezeichnet hat. Der Begriff mag neu sein, das Konzept ist bekannt. Schon Steve de Shazer (de Shazer u. Dolan, 2020) hat in seiner »Wunderfrage« prominent auf die Wirkung der Rückschau aus der Zukunft aufmerksam gemacht (»Stellen Sie sich vor, eines Tages kommt eine Fee und zaubert Ihr Problem weg, was würden Sie dann tun?«). Für ihn war, so geht das Gerücht, eine Therapie keine Therapie, wenn nicht nach spätestens fünf Minuten die Wunderfrage gestellt würde. Horx (2023) argumentiert nachvollziehbar, dass das übliche Vorgehen, mit Klient:innen Pläne zu schmieden und damit von der Gegenwart aus in die Zukunft zu blicken, häufig angstbesetzt ist. Schaut man daher aus der Zukunft zurück auf die Gegenwart, sieht es so aus, als hätte man schon etwas geschafft. Die Frage, die sich dann stellt, ist diese: »Und wie haben Sie das geschafft?«, wobei wir beim ursystemischen Gedanken wären, dass jede:r diese Frage wohl anders, immer individuell beantworten würde und wir somit wertvolle Informationen darüber gewinnen können, was Klient:innen können, welche Stärken, Talente und wirkungsvolle Strategien sie haben. Falls sich auf Zukunftspositionen diese Gedanken nicht von selbst entwickeln, stelle ich gern die Frage: »Und was würden die oder der 85-Jährige Ihnen denn jetzt in Ihrer Situation raten?«

Zudem ist die Verbindung zwischen Krise und Ressource in der Methode angelegt. Ich lasse die Klient:innen markante Krisen in ihrem Leben legen, die sie bewältigt haben, und frage sie, mit welchen Ressourcen und Fähigkeiten sie das getan haben. Das liefert mir wiederum Informationen über ihre individuellen Strategien der Problemlösung, mit deren Hilfe sich eine Lösung für das jetzige Problem bauen ließe.

Martin Seligman, der Begründer der Positiven Psychologie, hat schon darauf hingewiesen, dass wir unsere Ressourcen vor allem in Krisenzeiten kennenlernen: »Wer nie scheitert, entwickelt sich nicht und kann auch nicht glücklich werden, denn ihm fehlt die Erfahrung der eigenen Stärke« (Seligman, 2012). Für mich bedeutet das, dass wir, wenn alles gut läuft, uns häufig gar nicht bewusst darüber werden, was wir alles können. Ich kenne das auch aus dem Praxisalltag: Wenn ich eine gute Stunde mit einer Klientin hatte, frage ich mich selten, mit welcher meiner Ressourcen ich das geschafft habe. Werden wir jedoch herausgefordert, dann müssen wir in der Krise alles aktivieren, was wir zur Verfügung haben, und bemerken, manchmal erst in der Retrospektive, zu was wir alles in der Lage sind oder waren. Die Timeline lädt dazu ein, sich wieder an die Ressourcen zu erinnern, die während einer Krise sichtbar wurden. Die moderne

Motivationspsychologie bestätigt inzwischen, dass die Verbindung zwischen Hindernissen und Ressourcen gewinnbringender ist, als allein an Hindernisse oder allein an Ressourcen zu denken (Öttingen, 2015). Wenn ich etwa Angst vor einem Solo im Chor habe, reicht es nicht, mir zu sagen »ich bin gut«, sondern sollte mir zusätzlich vorstellen, wie meine Nachbarin aus der ersten Reihe spöttisch guckt und ich mir überlege, mit welcher meiner Ressourcen ich es schaffe, ruhig zu bleiben und den Ton einzufädeln.

Der folgende Leitfaden orientiert sich an vielen Vorgänger:innen wie zum Beispiel an den Arbeiten von Michael Grabbe (2003) und Hans Schindler (1995) und ist das Resultat langjähriger Praxiserfahrung.

Methodenleitfaden: Zeitlinie oder Timeline

1. Schritt: Der Klient wird eingeladen, ein Seil in den Therapieraum zu legen, wobei Geburt (oder Vergangenheit) und Tod (oder Zukunft) definiert werden: »Legen Sie doch bitte einmal Ihre Lebenslinie in den Raum – wo soll der Ort für Ihre Geburt, wo für die Zukunftsrichtung und letztendlich Ihren Tod liegen?« Es kann passieren, dass Klient:innen hier kreativ Wellenlinien oder Spiralen legen. Ich lasse sie gewähren.

2. Schritt: Ein Symbol (ein Schleich-Tier oder ein anderer Gegenstand) oder eine Moderationskarte wird für die derzeitige Situation, das Hier und Jetzt, gewählt und auf die Zeitachse gesetzt. Der Klient wird gebeten, sich auf die Stelle im Hier und Jetzt zu stellen und einmal zu beschreiben, was er denkt, wie er sich fühlt, was in ihm vorgeht. Dabei kann er sich einmal in Richtung Vergangenheit drehen und einmal in Richtung Zukunft.

3. Schritt: Der Klient wird eingeladen, von der Geburt auf die Gegenwart zu gehen. Dies kann auch mehrere Male geschehen, um sich einmal einzufühlen. Danach sollen vergangene und überlebte Krisen markiert werden. Für die Krisen werden Symbole oder Kärtchen an die Stelle gelegt, wo sie geschehen sind. Falls es zu viele werden sollten, hilft es, die Zahl einzugrenzen, zum Beispiel zu bitten, die fünf markantesten oder relevantesten Krisen zu bezeichnen. Wenn der Klient Karten mit Buchstaben oder Symbolen kennzeichnet, können sich beide besser darauf beziehen (z. B.: »Was hat bei der Krise mit dem Blitzzeichen geholfen?«) und es hilft manchen Klient:innen, sich besser zu erinnern.

4. Schritt: Der Klient kann sich nun in die einzelnen Krisen einfühlen, indem er sich auf sie stellt. Manchmal hilft die Einladung, dabei die Augen zu schließen und sich etwas Zeit zu nehmen. Wenn genügend Zeit vorhanden ist, kann der Therapeut oder die Therapeutin Körpergefühle erfragen, wie in den bisherigen Black-Box-Methoden Tetralemma und FragenStellen bereits angesprochen. Zudem können Therapeut:innen Emotionen und Bilder erfragen. Dies würde ich allerdings von Fall zu Fall unterschiedlich gestalten, da sich Klient:innen durch starkes Einfühlen in schlimme Zeiten auch überfordern können. Schließlich geht es um die Erarbeitung von Ressourcen, und nicht um das vollständige Wiedererleben der Krisen. Wie im Fall von Herrn König beschrieben, instruiere ich gern, eine zur jeweiligen Krise passende Körperbewegung auszuprobieren. Auch hier ist es Abwägungssache, ob dies auf den Klienten oder die Klientin passen könnte. Für manche Menschen sind solche körperlichen Experimente vor anderen unangenehm – in diesem Fall würde ich das ansonsten nützliche Element weglassen.

5. Schritt: Zu den Krisen können nun Karten oder Symbole gelegt werden, die persönliche Fähigkeiten, Fertigkeiten, Ressourcen, Talente, Strategien, Werte oder Stärken bedeuten und die geholfen haben, aus einer speziellen Krise herauszukommen, sie zu überleben, sie vielleicht sogar gemeistert zu haben. Dazu kann sich der Klient noch einmal auf die Krise stellen und einen Schritt nach vorn gehen, auf den Zeitpunkt, zu dem die Krise überwunden oder zumindest überlebt war (manchmal auch: auszuhalten war). Wenn das alles gelegt ist, kann der Klient die Timeline auf- und abschreiten und so diese Erfolge und guten Gefühle noch einmal nacherleben.

6. Schritt: Wenn viel Zeit vorhanden ist, lohnt es sich, »erwartete Krisen zu markieren, die ausgeblieben sind«. Für diese nicht eingetretenen Krisen werden ebenfalls Symbole bzw. andersfarbige Kärtchen gewählt. Ich lasse diesen Schritt häufig aus Zeitgründen weg.

7. Schritt: Der Klient wird gebeten, sich auf die Gegenwartsposition zu stellen und einmal zurückzublicken. Mögliche Fragen: »Wo sind Sie gerade gelandet?«, »Was geht in Ihnen vor?«, »Wie geht es Ihnen, wenn Sie von diesem Punkt aus zurückblicken«? Falls hier überhaupt keine positive Erfahrung mitgeteilt wird, könnte der Therapeut seine Sicht auf die Ressourcen und die Lebensleistung beisteuern: »Sie haben schon so einiges geschafft. Und es liegen dort einige Ressourcen!«

8. Schritt: Nun wird der Klient eingeladen, sich umzudrehen und in die Zukunft zu schauen, dabei aber auch noch einmal über die Schulter zurückzusehen und sich zu vergewissern, dass die Vergangenheit mit den verschiedenen Ressourcen noch da ist.

9. Schritt: Dann laden wir ein, einen bewussten Schritt über das Symbol für die gegenwärtige Krise hinweg in die Zeit direkt dahinter zu machen. Dort angekommen, kann sich der Klient einmal einfühlen und dann wiederum über die Schulter schauen. Mögliche Fragen: »Wann wird es so sein: Wann ist die Krise überstanden?«, »Was hat Ihnen wohl am meisten geholfen, den Schritt nach vorn zu machen?« oder zirkulär: »Wenn Sie ein wohlwollender Mensch aus Ihrem Leben dabei beobachtet hätte, wie Sie nach vorn gegangen sind – was hätte er gesagt, hat Ihnen am meisten geholfen?« Fragen nach der körperlichen Befindlichkeit, erlebten Gefühle und der inneren wie äußeren Wahrnehmung sind ebenfalls hilfreich. Aus meiner Erfahrung ist es nützlich, den Prozess an dieser Stelle immer wieder zu verlangsamen. Hier könnten Lösungsimpulse entstehen.

10. Schritt: Nun wird der Blick nach vorn gelenkt. Welche kommenden Aufgaben sind zu erwarten, was ist die »Krise nach der Krise«? Hier kann zum Beispiel ein weißes Kärtchen gewählt werden und an die Stelle gelegt werden, wo zukünftige Aufgaben zeitlich zu erwarten sind. Dieser Punkt ermöglicht eine Einsicht, dass in jedem Leben Krisen erwartet werden können: »Nach der Krise ist vor der Krise«. In diesem Setting entsteht dann häufig ein Bewusstsein, dass es immer weitergehen wird. Die Ressourcen zur Lösung von Krisen liegen ja vor bzw. hinter mir. Wir können diese Position allerdings auch oft als Krise *hinter* der Krise verstehen, mit dem systemisch-funktionalen Hintergedanken, dass Krisen manchmal verlängert werden, weil man unbewusst eine viel schwerere Krise erwartet, mit der man sich beschäftigen müsste, wenn die akute erst einmal bearbeitet wäre. Die gegenwärtige Krise lenkt also von einer schwierigeren ab. So ermöglicht diese Intervention einen Blick darauf, wofür das Beibehalten einer aktuellen Krise bzw. ein Stagnieren in einer schwierigen Situation auch »gut« sein kann.

Wieder kann der Blick zurück in der Timeline hilfreich sein, etwa durch die Frage, welche der Symbole der Vergangenheit für die »Krise hinter der Krise« nützlich sein könnten. Je nach Zeitbudget kann dieser Schritt auch übersprungen werden.

11. Schritt: Ein weiterer Schritt nach vorn kann bis zu einem Zeitpunkt gegangen werden, der einige Jahre nach der Krise liegt. Manche Kolleg:innen fragen dann, wofür die nunmehr lang zurückliegende Krisenzeit, von diesem Punkt aus gesehen, hilfreich gewesen sein könnte. Ich wäre hier vorsichtig und mache das von der Art der Krise abhängig. Es ist manchmal zynisch, etwa beim Tod eines nahen Anverwandten, nach dem »Sinn« zu fragen. Ich spreche bei solchen Schicksalsschlägen lieber von einer »Aufgabe«. Und auch dieses Wort verwende ich im Rahmen einer Timeline bei existenziellen Krisen eher sparsam.

Ich nutze dagegen die Regnose und führe die Klient:innen gern auf einen Platz im hohen Alter, an dem es ihnen »im Alter gut geht«. Mögliche Fragen: »Wenn Sie aus dieser Position einmal zurückschauen, was geht dann in Ihnen vor?«, »Was sehen Sie, wie haben Sie es geschafft, dass es Ihnen jetzt mit 85 so gut geht?«, »Was würden Sie als 85-Jähriger dem 45-Jährigen jetzt raten?«

12. Schritt: Es ist manchmal hilfreich, vor allem wenn mit Bewegungen gearbeitet wurde, die Bewegungen noch einmal durchzugehen wie einen Tanz. Und dabei auch die Bewegungen nach der Gegenwartsposition wahrzunehmen. Gibt es an irgendeiner Stelle eine sehr positive Bewegung, die mit einer oder vielen wichtigen Ressourcen assoziiert ist, kann diese verankert werden, in dem die Bewegung eingeübt wird. In kritischen Momenten kann diese Bewegung eine Erinnerung, ein Anker, an oftmals vergessene Stärken sein. Ich habe Klient:innen, die mir berichtet haben, dass sie im stillen Kämmerlein vor Prüfungen, Gerichtsverhandlungen oder anderen herausfordernden Situationen solche ermunternden Tänze getanzt haben. Es habe sie an ihre Stärken erinnert.

13. Schritt: Zuletzt kann eine Außenposition gewählt werden, von der aus eine Bilanzierung stattfinden kann. Mögliche Fragen: »Was ist hier gerade in der letzten Stunde passiert?«, »Wenn Sie ein wohlwollender Mensch beobachtet hätte, was hätte er wohl für Ideen?«, »Was folgt aus dem, was hier passiert ist? Was wären die nächsten Schritte?«

Prozessorientierte Anwendung der Methode

Ich habe das Beispiel auch deshalb gewählt, um zu zeigen, wie weit ich mich teils vom »Leitfaden« entferne, obwohl ich denke, dass all die Schritte, die andere und ich selbst oben beschrieben haben, sinnvoll sind. Bei näherer Betrachtung des Falls kann ich allerdings aus dem zeitlichen Abstand heraus sagen, dass ich den Bewegungen und Motivationen des Klienten gefolgt bin, was mir wichtiger erscheint, als einer Methode zu dienen.

Um noch einmal die Metapher zu nutzen, die ich weiter oben bereits angeboten hatte: Es ist so, als hätte ich eine Boutique, in der eine salbeifarbene Hose hängt und ein salbeifarbenes Jackett. Beide gehören meiner Meinung nach zusammen. Nun kommt eine Kundin und will die Hose mit einem lavendelfarbenen Pulli kombinieren. Ich finde, ein guter Dienstleistender schwatzt ihr nicht die Kombination von der Stange auf, sondern fängt nun an, passende Gürtel (wie wäre jetzt neongrün?) und Strümpfe (lila?) mit ihr zu suchen. Ihr soll es gefallen. Was ich denke oder was der Standard ist oder was schick ist oder »wie es sich gehört«, ist zweitrangig.

Verantwortungsübernahme: Wir sind zur Freiheit verurteilt

Die Timeline, so meine Erfahrung, lädt viele Klient:innen immer wieder dazu ein, bestimmte Positionen auszuprobieren. Daher ist bei mir auch jede Timeline anders. Bewusst!

Im vorliegenden Fall wollte der Klient schon am Anfang auf eine Position seines höheren Alters. So war schon recht früh eine Art Regnose möglich, die ich nutzen konnte. Der Klient hat hier sogar ein eigenes Lösungsbild oder einen erwünschten Zielzustand entworfen, mit dem ich die ganze Sitzung hindurch, und auch weit darüber hinaus in späteren Sitzungen, arbeiten konnte.

Therapeutisch gesehen ist das Gewährleisten von Entscheidungsfreiheit bei vielen meiner Klient:innen eine Musterunterbrechung. Viele sogenannte Störungen sind mit einem Gefühl von »Kontrollverlust« verbunden. So »übermannt« die Depression manche Klient:innen genauso, wie andere die Panik »überkommt«. In den Erzählungen wirkt es so, als seien die Klient:innen diesen Übergriffen ihrer Stimmungen hilflos, machtlos und ohne jeden Schutz ausgesetzt. Aus der Logotherapie habe ich den Gedanken übernommen, dass dies auch in Frage gestellt werden kann, um neue Zugänge zu eröffnen. So könnte ich meine Depression auch zu mir eingeladen haben, um Ruhe vor anderen zu haben. Und so könnte ich eine Panik verursacht haben, um mich selbst zu spüren oder mich vor Schlimmerem zu schützen. Zugrunde liegt der ursystemische Gedanke, dass die Störung – unbewusst – (hervor-)gerufen wurde, um einem Zweck zu dienen: das System zu erhalten, von schlimmeren Problemen abzulenken oder Aufmerksamkeit zu generieren (z. B. die Mailänder Schule; Boscolo et al., 1988). Es interessiert mich als Therapeut dabei nicht, ob dem »wirklich« so ist, ob wir wirklich immer entscheiden – ich nutze aber die Idee als Konstruktion: »Gesetzt den Fall, es wäre alles Ihre Entscheidung, was würde daraus entstehen?«

So denke ich, dass jemand einen guten Grund hat, depressiv zu werden, wenn ein naher Angehöriger plötzlich verstirbt. Das ist jedoch nicht zwingend so, sondern es könnte auch aus dem Fürchterlichsten eine Aufgabe entstehen: zu lernen, damit umzugehen. Zu lernen, damit weiterzuleben. Demnach sind wir tatsächlich selbst gefordert, unsere Krise in die Hand zu nehmen. Wir sind selbst gefordert, unsere Stimmung zu verbessern.

Wie Jean-Paul Sartre sagen würde, sind wir »ins Leben geworfen worden« und selbst verantwortlich für uns, ohne Wenn und Aber (Sartre, 1943/1993). Wie wir damit umgehen, ist unterschiedlich. Der logotherapeutische Kniff, an die Selbstverantwortung zu erinnern, wird häufig widerwillig aufgenommen, kann aber auf längere Sicht Menschen ermächtigen, ihr eigenes Leben neu zu gestalten in dem Rahmen, in dem dies möglich ist. Oder, um Sartre noch einmal zu bemühen: »Wir sind zur Freiheit verurteilt« – immerhin: Wir sind frei und die Verantwortung, die daraus für uns entsteht, ist gleichsam Bürde und freudvolle Energie (Sartre, 1943/1993).

Ich streue diese Gedanken gern ein, egal, ob beim verdeckten oder offenen Arbeiten. Allerdings erscheint mir das vor allem dann erfolgversprechend, wenn gleichzeitig oder davor eine Würdigung des Leids beim Klienten angekommen ist. Provokative Methoden scheinen besser aufgenommen zu werden, wenn eine vertrauensvolle Beziehung zwischen Therapeutin und Klientin bereits aufgebaut ist und wenn Leid nicht verharmlost oder bagatellisiert wird (Shoham-Salomon, u. Rosenthal, 1987).[17] Es geht mir darum, beides nebeneinander stehen zu lassen: das unkontrollierbare Leid und die Aufgabe, die daraus entstehen kann.

Im Fall von Herrn König habe ich immer wieder auf Verantwortungsübernahme hingewiesen. Als er mich überzeugen wollte, dass er ein hoffnungsloser Fall sei, bot ich ihm die alternative Konstruktion an, dass er sich dazu entschieden habe: »Sie haben sich dazu entschieden, Sie haben sich schon vor Jahren dazu entschieden, dass Ihr Leben sinnlos ist – diese Idee, so sagten Sie, sei ›fest in Ihrem Wesen verankert‹.« Ich hatte das schon einmal versucht, aber es war bei ihm nicht angekommen. Ich vermute, dass das Allein-auf-sich-gestellt-Sein und das gleichzeitige Erleben von Selbstakzeptanz dazu geführt haben, dass er die Idee der Verantwortungsübernahme in dieser Sitzung spannend und sogar passend fand.

---

17 Zudem riskieren wir als Therapeut:innen bei jeder herausfordernden Intervention, abgewertet und nicht gemocht zu werden. Jedoch zitiere ich hier eine Kollegin: »Wenn du als Therapeut gemocht werden willst, bist du nicht hilfreich.« Diese Idee hat mich schon manchmal ermutigt, mich zum Nutzen von Klient:innen hin und wieder unbeliebt zu machen.

Den Namen tanzen – und was es sonst noch zu tanzen gibt

Ich werde im Theorieteil noch einmal darauf eingehen: Den Einsatz des Körpers nutze ich häufig beim verdeckten Arbeiten. Er ermöglicht einen weiteren Zugang, den ich beim Sprechen im Sitzen häufig nicht zur Verfügung habe. Ich nutze dabei unser motorisches Gedächtnis und all die Facetten des Embodiment (s. Kapitel IV Embodiment: Psychologische Passung zwischen Körper und Umwelt, S. 171 ff.). Methodisch betrachtet kann es wertvoll sein, einen krisengeschüttelten Klienten in eine positive Körpererfahrung zu bringen mit dem Ziel der Bewusstwerdung, dass es solche positiven Zustände gab und auch wieder geben wird.

Zudem können positive Erfahrungen und Erinnerungen durch Bewegungen »verankert« werden. Ein Anker, so die Metapher, hält einen Gedanken fest, der sonst davonschwimmen würde. Man könnte auch sagen, Anker sind Erinnerungsstützen. Im vorliegenden Fall habe ich das für den Klienten positive Ausbreiten der Arme bei ihm verankert. An Regentagen, wenn sich also einmal wieder eine krisenhafte Zeit ankündigen sollte, könnte er diese Bewegung ausführen und sich so an seine Ressourcen, Stärken und Talente erinnern, die in den Problemtrancen der Krise nicht ohne weiteres zugänglich sind. Um die Verankerung noch weiter zu stabilisieren, bieten sich auch Bilder an. Herrn König habe ich gebeten, ein Erinnerungsbild zu malen. Dadurch können stärkende Gedanken auf möglichst vielen Wegen möglichst häufig aktiviert werden.

Herr König hat zudem seine Bewegungen durch die Krisen seines Lebens wie einen Tanz erlebt. Natürlich hätte ich das nicht getan, wenn es ihm komisch vorgekommen wäre, aber mir war seine Bereitschaft aufgefallen, sich auf solche körperlichen Empfindungen einzulassen. Zugegebenermaßen hatte ich auch eine große Freude daran, ihn, den ich in der ersten Sitzung als unbeweglich und steif wahrgenommen hatte, nun so ausgelassen und frei zu erleben. Die Bewegungsfolge, die er gestaltet hat, kann eine Idee entstehen lassen, dass ein Leben aus Ups und Downs besteht, die allesamt gelebt und bewältigt werden können – Herr König hat mir später berichtet, dass es sein akutes Problem damals auch relativiert hat. Zudem habe es ihm die Idee gegeben, dass er tatsächlich Einfluss auf sein Leben hat.

Der heiße Brei: Am Thema vorbeireden

Ich habe während dieser ganzen Sequenz mit Herrn König kaum über seine tatsächlichen Probleme gesprochen, wie zum Beispiel die Beziehung zu seiner Schwester, die Übergriffe seines Vaters und die seines Chefs. Ich habe auch seine Ängste kaum thematisiert. Dies habe ich bewusst getan. Zugrunde liegt der Gedanke, dass alle Erzählungen, die er bereits zu diesen Themen entwickelt hat, bisher wenig hilfreich waren (de Shazer, 1989). Zudem haben seine Therapeut:innen, die er vor mir besucht hat, vor allem auf seine Angst fokussiert. Wäre das alles hilfreich gewesen, hätte Herr König keine Therapie bei mir angefragt. Ich hatte mich dazu entschieden, etwas grundsätzlich Neues anzubieten. Ich habe bewusst um den heißen Brei herum mit ihm gearbeitet oder viel mehr eine möglichst große Distanz zum Brei gesucht, in der Hoffnung, dass neue Zugänge zu diesen alten Problemen entstehen. Dies ist in diesem Fall geglückt. Wie schon einmal beschrieben, bringt es manchmal mehr, out-of-the-box zu denken, als weiterhin im Problem zu rühren.

Zurückhalten von Hypothesen

Es kommen recht viele Menschen der LGBTQIA-Szene zu uns in die Praxis. Ich hatte schon in den ersten Sitzungen einen Verdacht, dass Herr König schwul sein könnte. Ich wusste allerdings nicht, dass dies ein Problem war, was er später als sein Hauptproblem bezeichnete.

Ich arbeite sehr sparsam mit Hypothesen, weil ich weiß, dass diese von Klient:innen, auch wenn sie noch so konjunktivistisch formuliert sein mögen, oftmals doch als »Erklärung des Herrn Professors« verstanden werden. Wenn ich Hypothesen anbiete, dann nach dem Motto: »Eine Idee ist immer schlecht, wenn sie die einzige ist«. Das bedeutet, ich biete à la Mailänder Schule mindestens drei gleichwertige Ideen an (Pisarsky, 2010). In dem Fall waren mir keine gleichwertigen zu »möglicherweise bist du schwul« eingefallen.

Für mich bedeutet Autopoiese auch, dem Klienten das Timing für seine Prozesse zu überlassen. Wenn er schwul ist und wenn das sein unaussprechbares Hauptproblem wäre, wird schon irgendwann die Zeit kommen, zu der er es ansprechen wird. Ich muss hier nicht

Geburtshelfer spielen oder ihn gar mit meiner »ach so geschulten« Wahrnehmung (meinem »gaydar«) konfrontieren. Der Mensch vor mir ist erwachsen und für sich selbst verantwortlich. Lassen wir ihm seine Würde. Lassen wir ihm Zeit. Ich kann einen Menschen rosa anstreichen. Davon wird er nicht schwul.

Gründe für Black-Box-Methode bei Herrn König

Für Herrn König erschien mir eine Black-Box-Methode aus mehreren Gründen sinnvoll:

- Herrn Königs Narrative über seine Ängste und Krisen schienen mir fast wie »eingeübt«. Fast gebetsmühlenartig schien er in Schleifen sein Leid zu wiederholen und ich litt mit ihm mit. Wir nennen das auch »Problemtrance«: Wir fühlen uns in die Krise ein, erleben sie wieder, wir jammern und klagen und daraus entsteht wenig Hilfreiches in Bezug auf eine Verbesserung der Lage. Sprache kann so zum Zement der »Störung« werden. Hier bieten sich Black-Box-Methoden an, weil sie einen anderen Zugang zum Problem ermöglichen. Ich hatte auch das Gefühl, dass hinter dem Konglomerat von Themen noch ein Hauptthema steckte, der »weiße Elefant« – das ist nicht selten der Fall. Bei Black-Box-Methoden kann der Schleier aus Narrationen das eigentliche Thema oder ein Tabu nicht mehr so gut verdecken.
- Herr König mag körperliche Übungen. Insofern bietet es sich an, diesen Zugang zu nutzen, da er ermöglicht, die Innenbeleuchtung anzuschalten und im motorischen wie im emotionalen Gedächtnis nach möglichen Impulsen zu suchen, die bisher bei der Problembeschreibung unberücksichtigt blieben. Das erweitert die Informationsbasis genauso, wie es neue Ansätze zur Behebung des Problems aktivieren kann. Ehrlich gesagt, hätte ich nicht erwartet, dass er sich so frei in den körperlichen Übungen zeigen würde. Irgendwoher habe ich das Stereotyp, dass Männer dafür nicht so empfänglich sind und mich dann abwerten, und irgendwie habe ich auch das Vorurteil, dass Geschäftsmänner noch weniger »mit sowas was anfangen können«. Das, was wie eine geplante Erfolgsstory aussieht, war nichts als ein Experiment! Ich habe mich in diesem Fall einfach nur getraut.

- Die Timeline kommt mir nicht nur dann in den Sinn, wenn ich nach einer Ressourcenmethode suche, sondern auch, wenn ich den Eindruck habe, dass Menschen die Sinngebung ihres Lebens verloren gegangen ist. Das eine Ende des Seiles, der Tod, ist für viele Menschen ein Ort, an dem Sinnkonstruktion entstehen kann. Habe ich einen Sinn gefunden oder reaktiviert, kann dieses eher übergeordnete Ziel dazu dienen, weitere (Sub-)Ziele, Pläne und Strategien zu entwickeln (Dyllick, Weber u. Storch, 2020). Ich gehe davon aus, dass alle Menschen einen Sinn in diesem Leben sehen, sonst wären sie nicht mehr am Leben, sie ihn aber vielleicht noch nicht artikuliert oder vergessen haben. Nehmen wir einmal an, Herr König hätte sich auf der Todesposition daran erinnert, dass er ein moralisch integres Leben führen möchte, in dem er selbst als Mensch nicht zu kurz kommt. Aus einer solchen Sinnkonstruktion lassen sich schnell Pläne für anstehende Probleme ableiten, wie zum Beispiel ein würdiges Pflegeheim für den Vater zu suchen und während einer Therapie an sich selbst zu arbeiten, ein sexuell und identitär authentisches Leben zu leben oder ein mit Problemen belastetes Haus zu verkaufen. Die inhaltliche Ausgestaltung solcher Sinnziele (Förster, 2017) ist natürlich genauso individuell wie die Generierung von Plänen und Strategien zur Zielerreichung.
- Herr König erschien mir wie jemand, der sich als Spielball des Schicksals definiert. Hätte ich ihm Tipps und Tricks fürs Leben gegeben, hätte er mich vermutlich abgewertet wie alle seine vorherigen Therapeut:innen: »Alle anderen sind schuld, dass es mir schlecht geht, und keiner kann mir helfen. Alle doof.« Ich hätte der Nächste sein können. Black-Box-Methoden geben alle Verantwortlichkeit den Klient:innen (zurück).

Theorie: Systemische Grundpfeiler

In diesem Fall stechen vor allem die Körperlichkeit und die Ressourcenarbeit heraus. Welche theoretischen Gründe gibt es für den Einsatz des Körpers im Coaching und in der Therapie und was soll und bringt eigentlich das Arbeiten mit Ressourcen?

Embodiment: Psychologische Passung zwischen Körper und Umwelt

Mit den Black-Box-Methoden nutzen wir Bewegungen, Körperempfindungen und das motorische Gedächtnis. Neben Gedanken speichert unser psychologisches System nämlich auch Körperimpulse und Bewegungen ab (Engelkamp u. Sieloff, 1985; Prinz, 2016). Anders könnten wir nicht Tanzen oder Klavierspielen lernen, wir könnten nicht Autofahren, ja, wir könnten nicht einmal sprechen, denn das alles beinhaltet auch die Aktivität von Motorik, also Bewegungen. Auch körperliche Empfindungen speichern wir in sogenannten somatischen Markern ab (Damasio, 1994). Hatten wir früher im Mathematikunterricht häufig Magenschmerzen, kann es sein, dass jede Erinnerung an Zahlen Magenschmerzen hervorruft. Es kann umgekehrt auch sein, dass wir, sobald wir uns den Magen verdorben haben, sofort Erinnerungen an Zahlen haben. Körper und Gedanken sind miteinander verbunden.

In den letzten drei Jahrzehnten bekam die Embodiment-Forschung Aufwind (s. Förster u. Strack, 1996; Storch, Cantieni, Hüther u. Tschacher, 2022).

Körper und Geist in Interaktion

Im Gegensatz zum Priming, bei dem es vor allem um den Einfluss von Wörtern und Konzepten auf mentale Zustände geht (deshalb wird es auch *semantisches Priming* genannt), bezieht sich Embodiment auf Trigger, die durch den Körper, das motorische Gedächtnis und Sinneswahrnehmungen entstehen (Förster u. Liberman, 2007). So kann ein saurer Magen ein Signal dafür sein, bei der nächsten Teamsitzung ein Problem anzusprechen. Genauso kann eine gebückte Haltung an Unterwürfigkeit erinnern oder signalisieren, dass mein Selbstwert gerade erschüttert wurde. Und ausgebreitete Arme können an Freiheit erinnern und Selbstverwirklichung, wie oben im Beispiel von Herrn König.

Unser Körper sendet ständig Impulse und Informationen an unser Hirn und aktiviert damit bestimmte Gedanken, Gefühle, Absichten und Handlungen – und Gedanken aktivieren wiederum Körperimpulse. Alles in ständiger Wechselwirkung (Förster, 2000a). Diese Prozesse sind oftmals unbewusst. Befunde der letzten 30 Jahre zeigen, dass Körperhaltungen, Gesichtsausdrücke, Kopfbewegungen oder die Aktivierung einzelner Muskelgruppen unser Gedächtnis, unsere Beurteilungen, unser Denken und unsere Entscheidungen beeinflussen (Storch et al., 2022). Diese Embodiment-Effekte haben zahlreiche Konsequenzen für Lernen im Allgemeinen, gesellschaftliche und persönliche Entscheidungen und menschliches Handeln.

Annähern und Vermeiden: Drauf zu oder weg davon

Zentral ist dabei die Idee, dass die meisten Bewegungen, Gesten und körperlichen Ausdrücke entweder Vermeidungsverhalten oder Annäherungsverhalten bedeuten (Förster, 2000a). Menschen vermeiden unangenehme Situationen und nähern sich angenehmen Situationen an; dies drückt sich körperlich aus.

In meiner Dissertation zu diesem Thema konnte ich zeigen, dass Bewegungen, die Annäherung oder Vermeidung ausdrücken (beispielsweise Nicken oder Kopfschütteln), bestimmte Information aus der Umwelt »herausfiltern« (Förster, 1995). So nahmen Versuchsteilnehmer:innen, die genickt hatten, eher positive Information auf, und Versuchsteilnehmer:innen, die mit dem Kopf geschüttelt hatten, eher negative – dies wirkte sich hinterher in entsprechenden Gedächtnisleistungen aus (Förster u. Strack, 1996; Förster u. Stepper, 2000). Dabei waren den Versuchsteilnehmer:innen in den Experimenten die Bedeutung der Kopfbewegungen nicht bewusst, das heißt, sie wussten nicht, dass es sich dabei um Nicken oder Kopfschütteln handelte – sie bewegten ihre Köpfe allein aufgrund einer Anweisung, »standardisierte Kopfbewegungen auszuführen, um zu testen, ob die Kopfhörer gut auf dem Kopf halten würden«. Nicken und Kopfschütteln sind im motorischen Gedächtnis jedoch über Jahre mit positiven (Nicken zu Dingen, die uns gefallen) oder negativen (Kopfschütteln zu Dingen, die uns missfallen) Ereignissen assoziiert, sodass das eine das andere beeinflussen kann.

Systemischer gesehen sind diese Zusammenhänge zirkulär: Ich nicke zu positiven Ereignissen und wenn ich aus irgendeinem Grund den Kopf auf und ab bewege, dann höre ich vor allem positive Informationen. Körper und Außenwelt sowie Körper und Kognition sind in ständiger Interaktion – ich habe das in meinem Modell »Psychologische Passung« genannt (Förster, 2000a).

Diese und andere Befunde mögen auch therapeutische Relevanz haben: Was, wenn wir den Körper in die Therapie mit einbeziehen? Welche Informationen werden erinnert, wenn Menschen Annäherungs- oder Vermeidungspositionen einnehmen? Wie können wir Menschen durch Körperpositionen anregen, einen milderen Blick auf sich selbst einzunehmen?

Sprache entstand aus Räumen

Ursprünglich kommt die Idee des Embodiment aus den Sprachwissenschaften. George Lakoff und Team argumentierten, dass unsere Sprache aus dem Körperlichen kommt (s. Sowa, 1999). Wenn wir von »denen da oben« reden oder »da liegt noch ein Leben vor uns« oder von einem »warmen Menschen«, wird Körperliches, Räumliches versprachlicht. Vielleicht haben sich Herrscher:innen in der Geschichte immer oben aufgehalten. Sicherlich kam viel Gutes (Sonne, Regen) von oben, bevor es überhaupt Sprache gab. So entstand vielleicht die Assoziation von »oben und gut« und »unten und schlecht« (Schubert, 2005). Und vielleicht gab es in einer früheren Entwicklungsstufe des Menschen noch keine Idee von zeitlichen Räumen, wohl aber eine Wahrnehmung unserer nomadisch lebenden Vorfahren von geografischen Räumen, von Wegen, die *vor* uns lagen oder *dahinter.* So kann die Metapher entstanden sein, dass die Zukunft *vor* uns liegt und die Vergangenheit *hinter* uns. Forschung von Nira Liberman und Yaacov Trope (2008) zeigt, dass wir soziale, zeitliche und räumliche Distanzen im Gehirn miteinander vernetzen (was räumlich weit weg ist, erscheint auch zeitlich weiter weg und »kälter«, also sozial weniger nahe; wenn man Menschen nicht mag, erscheinen sie einem auch räumlich weiter entfernt etc.).

Und die Idee vom *warmherzigen Menschen* könnte aus der körperlichen Empfindung geboren sein, die unsere Vorfahren hatten, wenn sie sich nachts aneinandergeschmiegt haben in Zeiten, in denen es noch keine Heizung und wenig Betten gab. Auch evolutionäre Erklärungen gibt es: Schon Charles Darwin (1872/2000) vermutete, dass Kopfnicken auf eine Bewegung zurückgeht, die wir als Baby mit Freude ausgeübt haben, wenn wir den Kopf zur Brust geneigt haben und das Schnuteziehen und Kopfschütteln waren vielleicht ein Stoppsignal oder eine Aufforderung an die Mutter, weniger Zwiebeln zu essen.

Embodimentforschung – was unser Körper so alles kann

Forschung zeigt die Wirkung solch metaphorischer Verknüpfungen:

- Haben Versuchspersonen eine Tasse warmen Kaffee in der Hand, gefallen ihnen Fremde besser (Williams u. Bargh, 2008).
- Stehen sie aufrecht statt gebückt, sind sie offener für positives Feedback (Stepper u. Strack, 1993).
- Haben sie etwas Süßes im Mund, fallen ihnen eher positive Dinge ein und Porträts von jungen Männern werden als »süßer« beurteilt (Förster, 2000b).
- Schauen sie global auf die Gestalt von Situationen statt auf Details, sind sie kreativer und überwinden Hindernisse besser (Friedman, Fishbach, Förster u. Werth, 2003).
- Mit positiven Erfolgserwartungen steigt die Aktivierung von Annäherungsmuskeln, wie zum Beispiel die Armbeugung (Flexion: Man zieht etwas an sich heran; Förster, Grant, Idson, u. Higgins, 2001).
- Nicken Menschen, geben sie höhere Wahlprognosen für Parteien (in dieser Studie der FDP) in der nächsten Wahl ab und kaufen eher bestimmte Produkte, die sie während der positiven Bewegung sehen (Förster u. Werth, 2001).
- Beugen sie den Arm, essen Versuchsteilnehmer:innen mehr Süßigkeiten und bewerten sie auch besser (Förster, 2003; 2004).
- Fläzen sich Menschen auf dem Stuhl, fühlen sie sich mächtiger (Carney, Cuddy u. Yap, 2015).
- Werden Objekte oder Personen oben am Computerschirm gezeigt, werden sie als mächtiger beurteilt als Personen, die unten präsentiert werden (Schubert, 2005).
- Waschen sich Versuchspersonen die Hände, halten sie sich auch moralisch für reiner (Lee u. Schwarz, 2010).
- Berge werden als steiler eingeschätzt, wenn man einen schweren als wenn man einen leichten Rucksack auf dem Rücken hat – und dies auch, wenn man unten steht und noch keinen Schritt gegangen ist (Schnall, Harber, Stefanucci u. Proffitt, 2008), etc.

Wie oben schon besprochen, unterteile ich körperliche Ausdrucksmuster in »annähernd« oder »vermeidend« und argumentiere, dass Menschen unter Annäherungsbewegungen, also wenn sie nicken oder den Arm zu sich hinführen, gerade stehen oder die Lächelmuskulatur bewegen, positive Informationen besser aufnehmen können. Negative Information wird eher aufgenommen, wenn wir Vermeidungsmuster ausüben, wie zum Beispiel Kopfschütteln, Arm-von-sich-weg-Strecken, Gebücktsitzen oder Stirnrunzeln (Förster, 1995; Förster u. Strack, 1996).

Kreativität entsteht im Körper

Wir konnten sogar zeigen, dass Menschen in positiven Positionen, etwa bei Armbeugung, kreativer waren und Probleme besser lösen konnten (Friedman u. Förster, 2010). Dies passt zu den theoretischen Überlegungen zur menschlichen Kreativität im vorigen Kapitel III (Kreativität im Kontext: Nährböden für neue Ideen, S. 132 ff.). Das Erfinden neuer Lösungswege und Strategien gelingt besser in Situationen, die Sicherheit geben, wenn die Stimmung gut ist – *und* wenn der Körper in einer positiven Haltung oder Bewegung ist. Vielleicht wirken sich deshalb auch Yoga oder Meditation positiv auf die Kreativität aus (Bollimbala, James, u. Ganguli, 2020).

Embodiment in der Therapie: Drück weg, was du nicht haben willst!

Einige Erkenntnisse hielten in die Therapieforschung Einzug, indem beispielsweise Armbewegungen bei der Alkoholtherapie unterstützend eingesetzt wurden. Wiers, Rinck, Kordts, Houben und Strack (2010) wandten unsere Forschung zu Armbeugung und -streckung in der Suchttherapie an und baten Klient:innen in Alkoholentzugskliniken, Bilder von Alkoholika am Computer per Joystick wegzudrücken – wenn sie den Joystick von sich weg drückten, verschwanden die Bilder. Dies unterstützte die Therapie signifikant. Allerdings kann man die Effekte auch für andere, eher kommerzielle Zwecke nutzen, denn Menschen kaufen mehr, wenn sie einen Korb tragen (Annäherungsmuskeln werden aktiviert), als wenn sie einen Einkaufswagen vor sich herschieben (Van den Bergh, Schmitt u. Warlop, 2011).

Embodiment systemischer gesehen

Während viele Forscher:innen eher lineare Beziehungen untersuchen (Nicken → Aufnahme von positiven Informationen erhöht; Fläzen auf dem Stuhl → Selbstwert erhöht etc.) und einige Forscher:innen sogar behaupten, manche Bewegungen seien normativ und angeboren, sehen andere komplexere Wechselbeziehungen und individuelle Unterschiede (Förster, 2009): Nicht jeder verbindet mit Armstrecken Negatives – für eine Bergkletterin ist das eine zielführende Bewegung. Und nicht in jeder Kultur liegt die Zukunft vor uns – in manchen asiatischen Sprachen liegen Zukunft und Vergangenheit oben bzw. unten (Lakoff u. Johnson, 1980/2008). Zudem gibt es Landstriche, in denen Menschen bei Zustimmung den Kopf schütteln und bei Ablehnung nicken (Förster, 1995). Sprich: Auch unsere körperlichen Ausdrucksmuster sind Konstruktionen und sind in einem gesellschaftlichen Kontext entstanden. Zudem sind manche Menschen expressiver und vielleicht auch »körperlicher« als andere. Und nicht zuletzt werden Ausdrucksmuster häufig durch das Gegenüber, also in Kommunikation verändert.

Wie schon erwähnt, sorgen Spiegelneuronen zum Beispiel dafür, dass sich auch traurige Klient:innen gerade hinsetzen, wenn wir als Therapeut:innen gerade sitzen, dass unser Gegenüber nickt, wenn wir nicken, und dass wir uns entspannen, wenn die anderen Personen im Raum auch entspannt sind (Cook, Bird, Catmur, Press u. Heyes, 2014). Es ist natürlich auch umgekehrt anzunehmen, dass Klient:innen einen ähnlichen Effekt auf uns Therapeut:innen haben.

Shared Reality: In anderer Leute Fußstapfen treten

Mit Hilfe von körperlichen Methoden kann auch ein Erleben von neuen oder anderen Sichtweisen gelingen. Zum Beispiel kann ich mich in die inneren Zustände einer anderen Person einfühlen. Versetze ich mich in eine andere Person, erleichtert das nicht nur die Perspektivenübernahme und die Empathie, sondern es ermöglicht mir auch einen Zugang zu anderen Gefühlen und Wirklichkeitskonstruktionen. Dies wiederum kann mich auf neue Ideen bringen. In Laborstudien kann gezeigt werden: Treten Versuchsteilnehmer:innen in die Fußstapfen eines oder einer anderen (treten z. B. auf aus Papier ausgeschnittenen Fußsohlen anderer Menschen; s. Förster u.

Nußbaum, 2018) oder »spielen« ihn oder sie, werden sie empathischer, sie verstehen die anderen besser und Vorurteile, und damit eine eher enge Sichtweise auf das Leben, schwinden (s. z. B. Echterhoff, Higgins u. Levine, 2009). Andere Wirklichkeitsmodelle werden nicht nur wahrgenommen, sondern »geteilt«, wie Higgins (1981) es in seinem Konzept der »shared reality« ausdrückt. Dabei trete ich kurz »aus mir heraus« und nehme eine andere Wirklichkeitskonstruktion wahr, so wie eine Schauspielerin im »Method Acting«, die wohl wirklich fühlt, was sie da spielt.

Auch das eigene Erleben in Vergangenheit und Zukunft (siehe Herr König oben), das Erfühlen von Entscheidungsoptionen (siehe alle Fälle) oder von Konstellationen und Situationen (siehe Frau Kyra) und der metaphorische Gang vom Problem- in den Lösungsraum sind ein solches »Aus der eigenen Person treten«, bereichern häufig die Vorstellungskraft und geben zusätzlich Information. Oftmals habe ich beobachtet, dass Klient:innen, die über Hindernisse im Raum gegangen waren oder die wie Herr König einen zukünftigen Prozess in der Praxis schon einmal durchlaufen haben, weniger Schwierigkeiten haben, ihre Probleme im wirklichen Leben anzugehen.

Die Phänomene des Embodiment sind uns systemisch Denkenden und Arbeitenden seit langem bekannt. Wie so oft ist das Erfahrungswissen der Kolleg:innen in der Praxis erst Jahre später in der Forschung aufgeschlagen. Aus eigener Erfahrung kann ich auch berichten, dass sich die deutsche Wissenschaft besonders schwergetan hat, anzuerkennen, dass unser Körper zirkulär in psychologische Prozesse einbezogen werden kann. Aber auch die niederländische Wissenschaft ist da nicht besser – da werden innovative Ideen sinnbildlich zurückgeschnitten: »Sobald du dich aus dem Maisfeld heraushebst, holen wir einen Mähdrescher und schneiden dich auf Normalhöhe.« Auch nur eine Metapher …

Ressourcen ver-Körper-n

Der unerschrockenen Kollegin Maja Storch ist es mit ihrem Sachbuch »Embodiment« zu verdanken, dass das Embodiment ein größeres Publikum gefunden hat (s. Storch et al., 2022). Mit ihrem Züricher Ressourcenmodell hat sie gezeigt, wie nachhaltig körperliche Verankerungen sein können, wie ich sie bei Herrn König angewandt habe (Storch, Krause u. Weber, 2022). Eine körperliche Bewegung oder Position wie das Ausbreiten der Flügel kann Klient:innen schnell daran erinnern, was sie sich wünschen, was sie können und was ihre eigentlichen Ziele im Leben sind. Sobald ein Klient in meiner Praxis so etwas sagt wie »gerade habe ich den Sinn des Lebens begriffen« oder »gerade habe ich meine Ziele im Leben wieder vor mir gehabt«, ermuntere ich ihn, das körperliche Gefühl festzuhalten und eine kleine Bewegung dazu auszuführen. Maja Storch nennt das »Mikrobewegung«. Diese Bewegung können Klient:innen immer dann ausführen, wenn sich die nächste Krise bemerkbar macht oder wenn sie Lösungsimpulse brauchen. So kann Embodiment leicht ins Alltägliche überführt und Therapie nachhaltig werden. Sogar in der Politik: Gerüchten zufolge beruhte Frau Merkels »Raute«, die sie mit den Händen häufig formte, auf ähnlichen Überlegungen.

Ressourcenarbeit

Üblicherweise ist Therapie ein mit Defiziten assoziierter Kontext: In einer therapeutischen Praxis wird über »Probleme«, »Störungen« oder »Konflikte« geredet. Und faktisch ist es ja so, dass ich, um eine Therapie durch die Kassen finanziert zu bekommen, eine deutliche »Störung« haben muss. Ein recht fragwürdiges System, das Krankheit als Ticket zur Gratisbehandlung ausgibt. Und wenn ein Klient zu uns kommt, erwartet er normalerweise, dass er über seine Störungen sprechen muss – und spricht dann auch darüber. Und wir denken, er *will* über seine Störungen reden, obwohl er lediglich *denkt,* wir oder das System erwarten das von ihm. Und er redet von seinen Störungen und wie schlecht es ihm geht und wir denken, o weh, ist *der* gestört. Der *ist* die Störung. Das ist ganz normal (im Sinne von nachvollziehbar) in diesem Setting: Wir schauen auf die Löcher und nicht auf den Käse.

Bausteine für Lösungen

Diese Logik wird durch die Ressourcenorientierung dekonstruiert – demnach gehört zu jeder Informationssammlung oder Diagnostik auch das Sammeln von Ressourcen, Stärken und Talenten (Satir, 2019; Molter u. Grabbe, 2014). Sie sind im Gegensatz zu den Problemen die

Bausteine für Lösungen und Verbesserungen der Situation. Dabei ist die Kombination von Ressourcen bei jedem Menschen anders, individuell – und aus diesen individuellen Bausteinen kreieren wir mit den Klient:innen gemeinsam spezifische, mitunter sehr individuelle Lösungen. Im Rahmen von Black-Box-Methoden können wir immer wieder Fragen zu positiven, zielunterstützenden Aspekten stellen, die die Aktivierung und Generierung von Ressourcen fördern.

Diese können wir uns berichten lassen – oder auch nicht. Gerade in Bescheidenheit geschulte Menschen schämen sich, wenn sie sagen müssen, dass sie sich etwa für attraktiv oder intelligent halten. So können auch mal Ideen im inneren Dialog untersucht werden, die vielleicht aus Sicht der Klient:innen »größenwahnsinnig« oder »übertrieben« klingen (s. am Beginn des Buchs meine eigene Aufstellung mit Karin Nöcker). Bei anderen Klient:innen lasse ich mir die Ressourcen aber auch gern nennen, damit sie eine Zeugenschaft erhalten. Der Vorteil ist, dass ich dann um sie weiß. So kann ich Klient:innen daran erinnern, wenn sie sich (in weiteren Sitzungen wieder) sehr schwach und klein fühlen, und ich kann sie anregen, daraus eigene Lösungen zu ersinnen. Und zwischen diesen beiden möglichen Endpunkten gibt es verschiedene Möglichkeiten – ich kann beispielsweise Klient:innen Symbole finden lassen für ihre Ressourcen, die nur für sie selbst Sinn ergeben. Als Therapeut kann ich mir sie merken und die Klient:innen später daran erinnern.

Positive Psychologie: Menschen beim Aufblühen unterstützen

Aber bringt denn diese Arbeit wirklich das, was wir uns erhoffen? Oder zeigt diese wertschätzende, ressourcenorientierte Haltung lediglich, dass wir gute Menschen sein wollen? Der US-amerikanische Psychologe Martin Seligman etablierte Ende der 1990er Jahre das Konzept des *flourish* auch in der psychologischen Forschung (Seligman, 2012). Ziel des Ansatzes, der auch *Positive Psychologie* genannt wird, ist es, das Aufblühen von Menschen und Organisationen zu fördern. Seligman beklagte die Defizitorientierung der klinischen Psychologieforschung und forderte einen neuen Fokus auf alles, was empirisch gesichert das Wohlbefinden von Menschen stärkt. Der Blick auf Störungen, Krankheiten und Konflikte bilde nur einen Teil eines Menschen ab und es sei wichtig, in der Forschung auch einen

Blick darauf zu werfen, wie Menschen es eigentlich schaffen, gesund zu bleiben oder zu werden, Ziele zu erreichen, effizient zu kommunizieren, ihre Konflikte zu lösen und erfüllende Beziehungen zu leben, um nur einiges zu nennen. Ohne den Blick auf das Positive in jedem Menschen bliebe das Bild von ihm unzureichend.

Up up to the sky – Aufwärtsspiralen

Es entstand eine neue Forschungsrichtung, in der es um positive Gefühle, Motivation, Selbstregulation, Engagement, Sinnerleben, aufbauende Beziehungen und das Gefühl, wirksam zu sein, geht (Seligman, 2012). International steigt das Interesse an dieser Forschungsperspektive und seit einigen Jahren gibt es auch eine Gesellschaft für positivpsychologische Forschung in Deutschland (http://dgppf.de/).

Richtig in Fahrt kam die Bewegung durch Barbara Fredricksons Arbeiten (Fredrickson, 2001). Sie zeigt in ihrer *Aufwärtsspirale,* wie positive Stimmung zu einer Erweiterung der Wahrnehmung und des Denkens führt, was wiederum Kreativität ermöglicht. Dies habe ich oben bereits beschrieben – positive Stimmung scheint kreative Prozesse zu unterstützen, was wir therapeutisch nutzen können. Aus neuen Ideen und gestärkter Selbstwirksamkeit, die eine Klientin bei uns erleben darf, erweitert sich auch ihr soziales Repertoire: Es ergeben sich neue Begegnungen, die den Aufbau weiterer Ressourcen fördern. Letztendlich kommt es zu mehr Erfolgserlebnissen und verbesserter Gesundheit – als Resultat steigt die Stimmung und die Wahrnehmung erweitert sich … eine Aufwärtsspirale der positiven Befindlichkeit.[18]

Bitte nicht zu fröhlich werden: Warum Menschen nicht platzen vor Glück

Was im systemischen Ansatz längst Erfahrungswissen war, erntete in der Forschung viel Kritik (Lazarus, 2003). Ich war 1998 in New York an der Columbia University und habe beobachten dürfen, wie Martin Seligman damals gegrillt wurde. Deutsche Wissenschaftler:innen stellten ihn unter »Ideologie«-Verdacht – wie kann jemand anderen vorschreiben, was sie untersuchen sollen?!

---

18 Für ein Video zur Ressourcenorientierung siehe https://www.youtube.com/watch?v=RTpxcFzOqCM.

Andere Kolleg:innen argumentierten, dass ein solches System ja irgendwann positiv eskalieren, ja explodieren würde. Dies macht vielleicht aus einer Ingenieur:innen-Perspektive Sinn, aber nicht aus einer psychologischen. Jedem noch so gutgelaunten Menschen kommt irgendwann im Leben das Leben dazwischen: mit Tod und Misserfolg. Nach der Krise ist vor der Krise. Es besteht demnach keine Gefahr eines Overkills durch Freude, Glück oder euphorische Extase. Putin, Trump, Geldgier und – wie Virginia Satir sagen würde – Menschen mit einem leeren Selbstwerttopf werden uns immer mal wieder das Leben zur Hölle machen.

Eine weitere Kritik war, dass Menschen damit eine rosarote Brille aufgesetzt werde, die das Böse im Menschen, Krisen und Fehler übersehen helfe, eigene Gefahren falsch einschätzen lasse und damit dem Risiko aussetze, realitätsblind zu werden (Öttingen, 2005). Wer so über die positive Psychologie spricht, hat in Seligmans Texten vieles überlesen. Seligman erkennt zum Beispiel an, dass wir in Krisenzeiten unsere Ressourcen eher erleben und wahrnehmen – es gibt also immer ein Wechselspiel von guter und schlechter Stimmung und manchmal fördern schlimme Situationen sogar Resilienzen zu Tage.

Zu guter Letzt argumentierte Gabriele Öttingen in ihrem Buch »Rethinking positive thinking« (Deutsch: Die Psychologie des Gelingens, 2005), dass das Fokussieren auf positiven Zielen und Ressourcen nicht genug sei, um Menschen zu motivieren. Sie zeigt, wie bereits besprochen, dass Ressourcen an zu erwartende Hindernisse gekoppelt sein sollten – es ist demnach besser, Strategien zu entwickeln wie »ich bin sehr kreativ, das könnte ich einsetzen, wenn mein Vater nächstes Mal wieder herausfordernd wird«, als einfach mit dem unspezifischen Satz »ich bin so kreativ« durchs Leben zu laufen. Diese Logik wird in der Timeline-Arbeit seit Jahrzehnten umgesetzt, wo Ressourcen nicht ohne Kontext entwickelt werden, sondern erlebte und erwartbare Krisen mit Ressourcen, Talenten und Stärken verknüpft werden. Inzwischen ist Barbra Fredricksons Ansatz einer der meist getesteten in der Psychologie und es spricht viel für die Aufwärtsspirale.

Selbstwert in der Black Box

Zudem gibt es mittlerweile eine jahrzehntelange Tradition der Forschung um das Konzept des Selbstwerts, eines der ältesten Konzepte im systemischen Ansatz – sprach doch schon Virginia Satir vom Selbstwert als zentraler Variable, die wir durch Therapien stärken können (Gross, 2004; Satir, 2019). Der Selbstwert wird durch Ressourcenarbeit erhöht. Um es kurz zu machen: Forschung, die hunderte Studien zum Faktor Selbstwert analysiert, zeigt, dass ein erhöhter Selbstwert ein recht wichtiger Faktor für physische wie psychische Gesundheit ist (Orth u. Robins, 2022). Um nur ein markantes Beispiel zu nennen, so haben Menschen mit einem hohen Selbstwert eine bessere Prognose bei Krebs als Menschen mit einem niedrigen Selbstwert (Katz, Rodin u. Devins, 1995).

Bei Black-Box-Methoden können wir durch positiv aufgeladene Positionen im Geschehen immer wieder Ressourcen erarbeiten. In der Timeline sind die Ressourcen Bestandteil der Methode. Aber auch in jedem anderen Vorgehen sind ressourcenorientierte Fragen nützlich wie: »Was ist gut an dem Schlechten?«, »Wie schaffen Sie es, hier so zu stehen und mit mir an Ihrem Problem zu arbeiten?«, »Worauf würde Ihr bester Freund stolz sein, wenn er Sie hier so sehen würde?«. Aus diesen Ressourcen können wir gemeinsam individuelle Lösungsansätze entwickeln.

Kapitel V: Mal ernstgenommen: Ich als Expertin meiner selbst

Fallbeschreibung: Mitschwingen mit Skeletten und fliegenden Fischen – Halima und Sven in der Reha

Im Rahmen einer gruppentherapeutischen Sitzung einer Reha-Einrichtung wollten 16 Klient:innen eigene Themen bearbeiten. Ein Black-Box-Verfahren wurde ausdrücklich und von allen gewünscht. Nach Abschluss der Übung sollte entschieden werden, ob ein weiterer Austausch oder eine Auswertung zwischen einigen Teilnehmenden oder mit mir gewünscht wäre. Für mich selbst war dieser Wunsch willkommen, sollten doch die gruppentherapeutischen Maßnahmen in dieser Einrichtung aufgrund von finanziellen Engpässen zum Ende das Jahres beendet werden. Gleichzeitig wurde deutlich, dass die Klient:innen sehr viele eigene Anliegen hatten, die wir in den noch verbleibenden Sitzungen gar nicht hätten bearbeiten können. Die hier verwendete Methode, das Resonanzbildverfahren nach Schmeer (2006), ermöglicht ein gleichzeitiges Bearbeiten von vielen Anliegen, da es auf die Selbstorganisation der Klient:innen setzt. Die Teilnehmer:innen waren zwischen 28 und 64 Jahre alt und arbeiteten in unterschiedlichen Berufen oder waren zu der Zeit arbeitssuchend.

Ich werde diese Sitzung aus der Perspektive von Halima, 34 Jahre alt, Sozialarbeiterin, und Sven, 52 Jahre alt, Pfarrer, beschreiben. Beide haben mir später genauer berichtet, wie es ihnen während und nach der Sitzung ergangen ist. Vorher wusste ich kaum etwas von ihren Problemen.

Nach dem Tod ihrer Mutter verfiel Halima in traurige Gedanken, konnte, wie sie sagt, ihre Energie nicht mehr finden, was sie daran hinderte, weiter zur Arbeit zu gehen. Sven beschreibt den Grund seiner Reha-Maßnahme als »Burnout« und »Midlife Crisis«, weshalb er zunächst einmal für längere Zeit krankgeschrieben war.

Alle Teilnehmer:innen saßen im Stuhlkreis. In der Mitte des Raumes hatte ich unterschiedliche Stifte und Farben (Filzstifte, Wachsmalkreiden, Buntstifte, Tuschfarben, Aquarellfarben etc.) und große Malblöcke platziert.

Ich kündigte vorher an, dass die Sitzung eher im Stillen stattfinden würde und dass die Probleme, die die Klient:innen bearbeiten wollten, nicht veröffentlicht werden müssten. Falls jemand während der Sitzung das Gefühl haben sollte, die Methode sei unpassend, dürfe er oder sie die Sitzung sofort und ohne Erklärung beenden bzw. verlassen. Zudem kündigte ich an, dass die Sitzung anders als sonst sehr stark von mir strukturiert werden würde. Ich kündigte acht Phasen an, die ich jeweils einleiten würde.

Für die erste Phase bat ich die Klient:innen, die Stühle an eine Wand zu stellen und sich einen guten Platz im Raum zu suchen, an dem sie ein Bild zu dem Thema malen könnten, mit dem sie hier waren. Ich lud sie dazu ein, sich dazu auf den Boden setzen oder die an der Wand stehenden Tische zu nutzen. Alle setzten sich auf den Boden und ich verteilte Blätter und Zeitungen zum Unterlegen. Jede:r suchte sich ein bestimmtes Set von Farben. Als Ruhe eingekehrt war, lud ich die Teilnehmenden noch einmal dazu ein, ein Bild ihres Anliegens, Themas oder Problems zu zeichnen. Ihrer Kreativität sei dabei keine Grenzen gesetzt. Das Problem müsse nicht konkret auf dem Bild erscheinen, es wäre vielleicht hilfreich, sich Metaphern oder innere Bilder vorzustellen, die auf dem Papier auftauchen könnten. Ich instruierte weiter, dass es nicht um einen Wettbewerb gehe, wer das schönste Bild male, sondern ermunterte die Teilnehmenden dazu, aus dem Bauch heraus das auf das Bild zu bannen, was gerade in ihnen vorging. Die Bilder würden später vor der Gruppe gezeigt werden, wobei die Bedeutung nicht erklärt werden müsste. Es werde keinerlei Bewertung stattfinden. So begannen die Teilnehmenden zu malen. Ich gab ihnen dazu 30 Minuten Zeit.

Halima malte eine Landschaft mit einem hohen, grauen Berg, um den schwarze Vögel kreisten. Im Vordergrund erschienen viele von grünem Gras umsäumte, verschlungene Wege, die in Braun gezeichnet waren, und am Rand und ganz im Vordergrund stand ein großer knorriger Baum mit Früchten.

Sven malte eine Art Stadtkarte mit vielen Straßen und Wegen und vielen Häusern in unterschiedlicher Größe, wie zum Beispiel kleine

Geschäfte, Kioske, Hochhäuser, Kirchen etc. Die Wege waren alle in Schwarzweiß gezeichnet, während die Häuser bunt gestaltet waren.

Als alle nach ca. 35 Minuten fertig waren, bat ich die Teilnehmenden, den Raum aufzuräumen, sich wieder in den Stuhlkreis zu setzen und die Bilder vor sich hin zu legen, so dass jede:r sie sehen konnte. Ich bat alle, kurz einmal in sich hineinzufühlen und auf einer Skala von 1 = »sehr schlecht« bis 10 = »sehr gut« ihre Stimmung anzugeben und diesen Wert auf einem bereitgelegten Post-it zu markieren und neben den Stuhl zu heften.

Danach folgte eine zweite Runde. Der Reihe nach sollten die Teilnehmenden nun ihre Bilder zeigen und, wenn sie wollten, drei Sätze oder Begriffe dazu sagen. Es sollten jedoch niemals mehr als drei kurze Sätze sein. Halima sagte »Zukunft«, »schwerer Rucksack auf dem Rücken« und »Familie nicht loswerden«, Sven sagte »Spiritualität«.

In der dritten Phase lud ich die Teilnehmenden dazu ein, sich ein Bild einer anderen Person auszusuchen, das bei ihnen die stärkste Resonanz ausgelöst habe. Sie sollten für sich behalten, warum sie das betreffende Thema so interessant finden. Ihre Aufgabe war nun, auf einem kleineren Blatt ein Resonanzbild zu entwerfen, das sie der betreffenden Person später zeigen würden. Sie dürften das Thema, das sie darin sahen, in ihrer eigenen Bildsprache illustrieren. Es müssten auf dem Bild nicht unbedingt konkrete Lösungsimpulse erscheinen – alles könne ganz abstrakt sein und aus dem Bauch heraus gezeichnet werden. Es solle auch gar nichts deutlich zu erkennen sein und es brauche auch nicht schön zu sein – wichtig sei, eine schnelle und spontane Umsetzung »aus dem Bauch heraus«. Im Gegensatz zum ersten Bild sollte diese Skizze nur mit einem schwarzen Kuli gezeichnet werden. Auf der Rückseite sollten drei Wörter oder knappe Sätze notiert werden, die beim Malen eine Rolle gespielt hätten, wobei diese heilsam und ressourcenorientiert sein könnten, aber nicht müssten. Ich gab dafür 10 Minuten Zeit.

Als alle fertig waren, startete die vierte Runde, die Vorstellung der Resonanzbilder. Jede:r Teilnehmende sollte die Skizze in die Runde zeigen, den Namen des oder der Teilnehmenden nennen, für den oder die es bestimmt war, und die drei Wörter auf der Rückseite vorlesen. Vorher bat ich die Klient:innen, nicht enttäuscht zu sein, wenn keine Resonanz auf ihr Bild erfolgte. Das war bei Halima tatsächlich der Fall; niemand hatte ein Resonanzbild für sie gemalt. Zwei Teilnehmende hatten dagegen eine Skizze für Sven. Auf der ersten war ein Tisch zu sehen, ein Weihnachtsbaum und viele Geschenke darunter. Die Worte waren »Ein Geschenk des Lebens«. Auf der anderen war eine Blumenwiese zu sehen; die Worte auf der Rückseite waren »Bienen«, »Honig« und »Imker«.

Sven selbst hatte ein Bild für einen anderen Teilnehmer gemalt, auf dem ein freundlich grinsendes Skelett auf einem Fahrrad zu sehen war. Sven hatte die Worte »Bedenke, dass du sterben wirst«, »Sinn des Lebens« und »Gottesgeschenk« auf die Rückseite geschrieben.

Auf Halimas Bild für eine Teilnehmerin war ein Schwarm Fische zu sehen, die mit dem Kopf nach unten in Richtung Grund schwammen. Ein einzelner Fisch, der schwarz ausgemalt war, sprang aus dem Wasser, um sich eine Fliege zu schnappen. Die Worte auf der Rückseite, die Halima sichtlich bewegt vortrug, waren »Freiheit«, »Leichtigkeit« und »Eigensinn«.

Nachdem alle ihre Skizzen gezeigt hatten, begann ich die fünfte Phase mit einem kleinen Vortrag. Ich lud die Teilnehmenden ein, ihr Resonanzbild neben ihr eigenes Originalbild zu legen. Ich wies darauf hin, dass wir alle Expert:innen für unsere eigenen Probleme sind. Und dass wir, wenn wir Lösungen für andere entwerfen, vielleicht eher über uns nachdenken als über andere. Diesen Punkt machte ich noch deutlicher, in dem ich sagte, dass ich persönlich davon überzeugt sei, dass die Lösungsimpulse, die sie alle entwickelt hätten, vermutlich hilfreicher für die Lösung des eigenen Problems seien. Damit könnte in der Lösungsskizze auch ein Ausweg aus dem akuten Problem für einen selbst stecken.

Mit diesen Worten bat ich die Teilnehmenden, sich einen guten Platz für sich und die beiden Bilder – also ihr eigenes und die Lösungsskizze, die für ein anderes Bild gezeichnet war – zu suchen, um einmal eine halbe Stunde darüber nachzudenken, welche Lösungsmöglichkeiten für das eigene Problem in der Lösungsskizze stecken könnten. Falls keine Lösungsimpulse aufkommen sollten, sollten sie einmal schauen, inwiefern sich das Originalbild im Lichte der Skizze verändert habe. Oder welche neuen Fragen sich aus der Arbeit im Hinblick auf das Problem entwickeln würden. Dies war die sechste Phase.

Nach der halben Stunde saßen wir noch einmal zusammen im Stuhlkreis. In dieser siebten Phase fragte ich die Teilnehmenden, wie es ihnen gehe, wobei sie wieder die Skala von 1 bis 10 nutzen durften, die sie in der Eingangsrunde verwendet hatten. Ich bat sie dann, mir zu sagen, ob sich die Stimmung verschlechtert habe. In dieser Gruppe war das in keinem Fall so. Bei zwei Teilnehmenden war die Stimmung wie am Anfang, bei allen anderen war sie um mindestens einen Skalenpunkt angestiegen. Halimas Stimmung war von 3 auf 7 angestiegen, Svens von 4 auf 6.

In einer anschließenden Abschlussrunde fragte ich die Teilnehmenden der Reihe nach, wie sie die Runde verlassen würden und ob sie mit der Übung etwas anfangen konnten. Alle lud ich ein zu teilen, womit sie gerade gedanklich beschäftigt waren. Gleichzeitig wies ich darauf hin, dass wir für diese Runde nur 45 Minuten Zeit hatten, daher sollte der Beitrag »so kurz wie möglich und so lang wie nötig« sein. In dieser Gruppe konnten 14 Teilnehmende »viel« mit dieser Übung anfangen, und berichteten von »guten Einfällen«, »spannenden Impulsen«, »neuen Fragen« und tollen »Inneneinsichten«. Sieben davon meinten, dass sich »alles erst noch einmal setzen muss«. Sie nähmen wertvolle Anregungen mit. Zwei Teilnehmenden hatte die Übung weniger gefallen, was auch damit zu tun habe, dass sie nicht zeichnen könnten. Beide berichteten von starken Leistungsmotiven, die sie jetzt wieder bemerkt hätten. Es ergab sich eine kurze Diskussion über Leistungsansprüche mit dem Fokus auf einer Würdigung von Leistung bei gleichzeitiger Berücksichtigung der Nachteile, die ein zu starkes Leistungsmotiv haben kann.

Halima fühlte sich »erfüllt« von der Übung. Sven meinte, er müsse sich mehr mit dem eigenen Sterben und der Endlichkeit auseinandersetzen. Ihm sei klargeworden, dass er diese Gedanken verdrängt habe und dass sie der Schlüssel zu all seinen Problemen seien.

Ich bat die Teilnehmenden in der letzten, der achten Phase, die Bilder mitzunehmen und sie wirken zu lassen. Bei der nächsten Sitzung, die sechs Wochen später stattfinden sollte, würde ich Zeit zur Verfügung stellen, über Erlebtes zu sprechen. In diesem Setting der Reha-Maßnahmen hatten die Teilnehmenden ohnehin die Gelegenheit, mich einmal in der Zwischenzeit aufzusuchen.

In der folgenden Sitzung waren alle bis auf eine Klient:in anwesend. Alle teilten mit, dass sie die Impulse der Übung interessant fanden. Neun berichteten, dass sie das Ganze in ihrem Therapieprozess weitergebracht habe.

Halima wollte sich öffnen und berichtete kurz und mit emotionalen Worten von ihrem Prozess. Sie sei als Kind aus einer sehr ländlichen und armen Gegend der Türkei nach Deutschland gezogen. Die Landschaft, die braunen vertrockneten Erden, die knorrigen Bäume, habe sie nie vergessen. Als ihre Mutter starb, sei nicht nur eine Beziehung zu Ende gegangen, sondern auch das letzte Band zur Heimat zerrissen worden. Das sei ihr erst beim Malen klargeworden, denn ihre Heimatlandschaft habe sie eigentlich gar nicht malen wollen, das Bild »sei einfach aus ihr herausgeflossen«. Ihr Trauerprozess habe sich auch in der Therapie immer auf die Mutter bezogen. Ihr sei aber klar geworden, dass es auch einen Trauerprozess bezüglich der Türkei brauchen werde, der mit dieser Übung begonnen habe. Halima berichtete von vielen Ideen, die ihr in dem Prozess helfen würden: eine Reise in ihre Heimat, ein Gespräch mit ihrem Onkel, der in den USA lebte, und eines mit ihrem Arbeitgeber – sie habe sich entschieden, zu kündigen, weil ihr das ständige Bitten um Auszeiten und Ausnahmen inzwischen peinlich sei und sie sehr belaste. Stattdessen würde sie gern eine Weiterbildung als systemische Coachin beginnen und – wenn sie zurück sei von den Reisen, die sie plante – damit beginnen, Geflüchtete zu coachen und zu unterstützen. Ein Teilnehmer fragte, ob er sie etwas fragen dürfe, worauf sie nickte. »Du musst es mir nicht erzählen, aber auf deinem Lösungsbild hattest du sowas wie ›Freiheit‹ geschrieben und da war so ein Fisch, ein schwarzer Fisch auf dem Bild, der aus dem Wasser sprang, ganz allein, in eine andere Richtung. Möchtest du dazu etwas sagen?« Ich erinnerte Halima daran, dass sie darauf nicht antworten müsse. Sie sagte aber spontan: »Es war toll, darüber nicht reden zu müssen. So spielte sich alles in mir ab. Ich durfte Gedanken denken, die allein mir zugänglich waren. Hätte ich gesprochen, hätte ich mich vielleicht nicht getraut, sie zu äußern. Vielleicht vor dir, Jens, in einer Einzeltherapie, aber sicher nicht in einer Gruppensituation wie dieser hier. Es ist auch das erste Mal, dass ich das öffentlich erzähle, und vielleicht tut mir diese Veröffentlichung gerade auch gut. Ich habe immer so getan, als ob die Türkei mich nicht beschäftigen würde, ich wollte nicht so jammern wie viele Freunde von mir, die ständig über die ach so tolle Türkei reden und über die ›deutschen Kartoffeln‹ lästern. In der Übung wurde mir klar, dass Heimweh doch ein Thema für mich ist.« Sie schaute auf ihre Schuhe und sagte dann: »Ich habe mich übrigens auch von meinem Freund getrennt. Ich habe während des Malens gefühlt, dass er mir bei nahezu allem, was ich gerade brauche, im Weg steht. Er macht Druck, dass ich wieder zurück in die Arbeit gehe, er würde nicht wollen, dass ich längere Zeit reise, er ist der Meinung, dass mir die Türkei nicht gut tut, er meint, ich brauche mein Geld für andere, wichtigere Dinge. Ich hatte das Gefühl, dass er über mir kreist, wie dieser Schwarm Vögel, der in dem Bild war. Unangenehm, luftnehmend – wozu brauche ich eine Beziehung, wenn sie mich nicht stützt?« Dann weinte sie. »Das sind keine Trauertränen«, sagte sie und ich fragte spontan »Und wenn?«. Dann weinte sie noch heftiger, sagte schließlich: »Es ist traurig und gleichzeitig bin ich stolz, dass ich mich freigeschwommen habe.« Ich fragte sie, wo in diesem Raum ein Platz für die Trauer wäre und wo für Stolz. Sie stellte sich ohne zu zögern in eine der Ecken: »Hier ist die Trauer.« Und dann in die gegenüberliegende: »Und hier ist Stolz.« Sie stellte sich in die Trauerecke. »Ja, auch hier zieht es mich hin. Das braucht auch Raum. Das ist ein großer Raum. Und von hier aus sieht der Stolz noch schöner aus, als wenn ich in ihm drinstehe.« Damit setzte sie sich und gab weiter an Sven, der ebenfalls signalisiert hatte, dass er sprechen wolle.

»Ich bin nach dem letzten Mal nach Hause gefahren und habe mich zuerst geärgert. Ich habe als Pfarrer mehr mit dem Tod zu tun als mit Hochzeiten oder Taufen. Und dann male ich so einen Stadtplan und schaue da drauf und denke: Wie verfahren das alles ist. Und wie langweilig. Die bunten Häuser, der Mief, der Alltag! Da war kein Sinn weit und breit. Und dann male ich dieses Skelett auf dem Fahrrad und denke erst, das habe ich bestimmt von Willi, der mir gegenübersitzt mit seiner nackten Wade und dem Totenkopf drauf. Und auf dem Fahrrad nach Hause denke ich dann: ›Wahnsinn, das bist du. Du hast den Sinn aus den Augen verloren. Du sprichst deine Sprüche, du bist für jeden da, aber du stehst neben dir.‹ Die Kinder sind aus dem Haus und melden sich nicht, meine Frau macht sich selbstständig und es macht mir Freude, einerseits, aber wir sehen uns kaum noch. Ich arbeite im Garten, ich helfe Leuten, ich mache den Haushalt, aber ich weiß überhaupt nicht mehr, wo ich bin und wozu ich das alles mache, widme dieser Frage keinen einzigen Gedanken. Nicht, dass ihr jetzt denkt, ich hätte eine Antwort, aber es brodelt und ich kann seitdem schlafen. Ich habe am Abend nach der Übung wie ein Kind geschlafen. Das schaffe ich sonst nur mit zwei Flaschen Wein.« Er schaut aus dem Fenster. »Das mache ich jetzt übrigens nicht mehr. Ich habe in der Übung selbst gedacht: ›So kann das ja nicht weitergehen. Trink mal weniger.‹ Und das hat Gottseidank auch geklappt.« Er verschränkt seine Arme hinter seinem Kopf.

»Und: Ich denke darüber nach, mich beruflich zu verändern. Ein Obdachlosenheim um die Ecke sucht nach einer Leitung und ich habe mal da angerufen und nächste Woche spreche ich mit denen einmal über Optionen.« Er steht auf und geht ans Fenster, schaut hinaus. »Das war schon lebensverändernd, das Bild. Und es war nicht Willis Tattoo auf seiner Wade, sondern mein Unterbewusstes, das sich da gemeldet hat!«

Ich bin selbst überrascht und doziere ein wenig über die Logotherapie von Viktor Frankl, der behauptet, dass bei der Auseinandersetzung mit dem Tod Sinnfragen entstehen. Ich stelle das gleich wieder in Frage, damit es nicht so klingt wie eine Botschaft à la »Der Herr Doktor hat gesagt, das ist mit Sven passiert«. Sven lächelt und meint, er werde Frankl mal wieder lesen, als Teenager sei er fasziniert von ihm gewesen.

Ich bin noch in Kontakt mit Halima und Sven. Halima hat eine Weltreise hinter sich und lebt mittlerweile glücklich mit einer Frau zusammen als systemische Coachin in Norddeutschland. Sven ist Pfarrer geblieben, an seine Stelle zurückgekehrt und setzt sich seitdem maßgeblich für die Obdachlosenhilfe in seiner Stadt ein. Er habe gelernt, sich mehr abzugrenzen. Er habe eine Paartherapie mit seiner Frau begonnen und sei immer noch auf Sinnsuche, was ihm guttue.

Methode: Resonanzbild

Das Resonanzbildverfahren basiert auf psychoanalytischen und kunsttherapeutischen Überlegungen und wird auf Gisela Schmeer (2006) zurückgeführt. Volker Kiel gibt ihm einen systemischen Rahmen (Kiel,

2020). Mit einer systemischen Haltung, die von Deutungen absieht, ist die Resonanzbildmethode meiner Meinung nach passend für viele Anliegen. Bei dieser Methode wird die systemische Prämisse, dass Klient:innen Expert:innen für ihre Probleme und deren Lösungen sind, quasi analog umgesetzt: »Du malst eine Lösung für dich!« Und dies, ohne es zu wissen! In der Originalmethodenanleitung wird vieles exakt festgelegt, wie die genaue Größe der Papiere, die Art der Farben, es gibt bestimmte Instruktionen etc. In meiner Arbeit steht die Prozessorientierung im Vordergrund, das heißt, ich breche fast immer, bei jeder Methode und in jeder Sitzung, mit der Strenge der Leitfäden und Manuale. Manuale sind hilfreich und hinderlich zugleich. Machen Sie, was Sie wollen – so lange es den Klient:innen dient.

Für Gruppensettings schätze ich allerdings auch die vorgegebene Struktur, weil sie für einen reibungslosen Ablauf sorgt. Es ergibt zum Beispiel Sinn für mich, die Aussagen über die Bilder zeitlich zu begrenzen (maximal drei Sätze!) und ich habe auch schon Teilnehmende unterbrochen, wenn sie anfingen, ihre Bilder detailliert zu beschreiben und zu monologisieren. Das hilft auf jeden Fall schon einmal fürs Zeitmanagement, das in der Gruppensituation sehr schnell aus dem Ruder laufen kann. Es verhindert auch eine zu starke Versprachlichung des Gemalten. Schmeer drückt es so aus: »Es wird dem Zauber der Resonanzbildmethode nicht gerecht, wenn sie zerredet wird« (Schmeer in Kiel, 2020, S. 308). Auf jeden Fall hilft mir diese Konstruktion, auch einmal streng zu sein und Wortbeiträge während der Übung einzuhegen. Aus meinen Erfahrungen mit der Methode ist allerdings durchaus eine Veränderung des ursprünglichen Manuals entstanden, das ich hier präsentieren möchte. Und ich habe überhaupt nichts dagegen, wenn jede:r das daraus macht, was für die eigenen Klient:innen nützlich erscheint.

Die Methode kann ab zwei Teilnehmenden angewandt werden, ich wende sie allerdings fast nur ab einer Teilnehmendenzahl von fünf an (für Familien ist sie übrigens auch geeignet). Ich habe beobachtet, dass auch die in der Runde präsentierten Assoziationsfetzen, Sätze und die vielleicht auf den ersten Blick als irrelevant erscheinenden Bilder einen Beitrag zum Erfolg der Methode leisten. In den ersten Runden entsteht im Raum eine inspirierende Komplexität, die manche schon als »Mind Blowing« beschrieben haben.

Allerdings bietet Volker Kiel (2020) in seinem Buch auch eine Variante für ein Einzelcoaching an. Ich könnte mir zum Beispiel vorstellen, im Einzelcoaching Klient:innen ein Initialbild malen zu lassen und ihnen dann vorbereitete Bilder von anderen anzubieten, mit der Frage, welches eine Resonanz erzeugt. Dann könnten die Klient:innen Lösungsbilder entwerfen, die dann – nach dem Zeichnen – wieder an sie zurückgegeben werden, mit dem Auftrag, sie auf ihr eigenes Problem zu beziehen.

Methodenleitfaden: Resonanzbildverfahren

Die folgende Abfolge hat sich in meiner Erfahrung bewährt.

1. Schritt: Das Initialbild. Mit dem Initialbild bringt jede:r auf seine oder ihre Weise ein Anliegen oder Problem zum Ausdruck. Jede:r Teilnehmende malt ein Bild mit dem Thema »Meine Frage, zu der ich mich gern einmal beraten lassen würde« oder »Mein Thema oder Anliegen, für das ich gern Impulse hätte«. Dafür gebe ich mindestens 15 Minuten, wenn mehr Zeit vorhanden ist, besser 30 bis 45 Minuten. Das Thema wird gleich zu Beginn der Sitzung auf Papierformat (ich nehme DIN A3) farbig skizziert.

2. Schritt: Vorstellung der Initialbilder. Jede:r stellt das Initialbild vor (mit maximal drei Sätzen) und die anderen hören zu. Es entsteht keine Kommunikation zwischen den Teilnehmenden. Das Ganze profitiert von einem kurzen, raschen Durchgang. So sind am Ende der Vorstellungsrunde alle gehört worden, ohne Dialog. Die »angeschnittenen« Themen, so die Idee, lösen bei den Gruppenteilnehmer:innen höchstwahrscheinlich Resonanzen aus. Ich erfasse an dieser Stelle auch gern die Stimmung, verteile Post-its, die neben den Stuhl geheftet werden können, und bitte die Teilnehmenden, einen Stimmungswert auf einer Skala von 1 = »sehr schlecht« bis 10 = »sehr gut« zu bestimmen.

3. Schritt: Das Resonanzbild. Aus den vorgestellten Bildthemen greift nun jede:r ein Bild der anderen auf, das ihn oder sie besonders berührt oder interessiert hat, und reagiert darauf mit dem Resonanzbild.

Dieses ist schwarzweiß und hat ein anderes, kleineres Format (5 bis 10 Minuten Bearbeitungszeit). So kann die Einladung lauten: »Schau mal, ob dich bei der Vorstellungsrunde das Bild einer anderen Person besonders beeindruckt oder berührt hat. Zeichne zu diesem Bild der anderen Person eine kleine Skizze mit einem schwarzen Stift – spontan und ganz einfach, in dem das Thema wieder aufgenommen wird. Und auf der Rückseite notiere bitte drei heilsame oder hilfreiche Wörter oder knappe Sätze, die dir gerade dazu einfallen oder beim Zeichnen eingefallen sind.« Schmeer (zit. nach Kiel, 2020) verzichtet auf jeglichen Hinweis auf »Lösungen«. Nach meiner Erfahrung schadet es aber auch nichts, an dieser Stelle so etwas einfließen zu lassen wie »und wenn Sie Lösungsimpulse haben, können die auch in die Skizze miteinfließen«. Ich habe häufig beobachtet, wie kreativ Klient:innen eigene Ideen entwickelten, wenn ich sie dazu ermuntert hatte.

4. Schritt: Vorstellung der Resonanzbilder. Die Resonanzbilder werden im Plenum vorgestellt. Dabei wird das Bild sichtbar in die Runde gehalten, deutlich gesagt, für wen es bestimmt war, und die Assoziationen oder hilfreichen Botschaften auf der Rückseite werden vorgelesen.

5. Schritt: Überraschung und Ent-Täuschung. Schmeer beschreibt diese Phase als die wichtigste: »Das Wesentliche ist, dass der Teilnehmer überrascht wird (laterales Denken/Querdenken), ein Thema, das er nicht erwartet hat« (Kiel, 2020, S. 310). Ich beobachte auch oft eine Ent-Täuschung und anschließend eine kindliche Neugier, wie das wohl weitergehen soll (auf die ich mich als Therapeut und Dozent auch immer wie ein kleines Kind freue!): »Wenn wir ein Problem eines anderen sehen und uns sogar Lösungen dazu einfallen, hat das, systemisch gesehen, mehr mit unseren Problemen und wie wir sie lösen zu tun als mit dem oder der anderen. Nimm einmal an, dein Resonanzbild hätte mehr mit dir und deinem Thema zu tun als mit dem Initialbild der anderen Person.«

6. Schritt: Verbindung Resonanz-/Initialbild. Die Teilnehmenden werden nun gebeten, Sinn aus der Kombination der beiden Bilder zu kreieren: »Leg die beiden einmal nebeneinander und lass dich einmal auf die beiden Bilder ein.« Mögliche Fragen sind:

- »Welche Verbindung siehst du?«
- »Inwieweit hat sich dein Initialbild in deiner Wahrnehmung verändert?«
- »Schau einmal, ob sich Impulse für dich ergeben, um eine Verbesserung deiner Situation zu erreichen. Notiere diese kurz.«

Normalerweise lasse ich die Teilnehmenden ca. 20 bis 45 Minuten allein mit sich.

An dieser Stelle kann die Sitzung beendet werden, allerdings nicht, ohne zu fragen, wie es den Teilnehmenden geht. Dazu bitte ich die sie, auf der bekannten Skala von 1 bis 10 den derzeitigen Wert aufzuschreiben und mir – bei wenig Zeit – kurz mitzuteilen, ob sich der Wert verbessert oder verschlechtert hat oder ob er gleichgeblieben ist. Falls Werte sich extrem verschlechtert haben sollten, was in meinen Sitzungen noch nie passiert ist, würde ich intervenieren und ein Gespräch anbieten.

7. Schritt: Präsentation. Alternativ ist auch eine Vergemeinschaftung, ein Sharing möglich, in dem jede:r, der oder die will, Beobachtungen teilen kann. Für diese Variante spricht, dass ein Teilen des Erlebten Erfahrungen verankert und eventuelle Commitments, die vor der Gruppe ausgesprochen werden, eine Bestärkung erfahren können.

Hier habe ich keine klare Empfehlung, denn es spricht auch etwas dafür, die Gedanken und Bilder im Inneren zu belassen, wenn man die Erfahrung gemacht hat, dass eine Versprachlichung Erlebtes vielleicht nivelliert oder bagatellisiert. Um mich verständlicher zu machen: Wenn Sie mit ihrer Liebe einen Sonnenaufgang betrachten, ist manchmal ein gemeinsames Schweigen intensiver und ein Ausruf »was für ein schöner Sonnenaufgang« eher trivialisierend – es kann aber auch umgekehrt sein, wenn das Teilen der Empfindungen die romantische Empfindung verstärkt. Hier gibt es kein Richtig oder Falsch und oft wird der Zeitrahmen eine solche Entscheidung mit beeinflussen. Mögliche Fragen für eine Abschlussrunde könnten sein:

- »Wo bin ich mit meinem Thema?«
- »Was brauche ich noch von euch für mein Thema?«
- »Welche neue Frage entwickelt sich jetzt?«

8. Schritt: Austausch, Auftragsorientierung für weitere Sitzungen. Zudem könnte eine Auftragsorientierung erfolgen, wenn noch weitere Sitzungen folgen sollten. Mögliche Fragen wären:
- »Welches Thema liegt obenauf? Welche Themen folgen womöglich?«
- »Mit welchen Fragen gehst du hier raus?«
- »Welche Themen sind miteinander verbunden, welche nicht?«
- »Womit beginnen wir wohl das nächste Mal?«

Prozessorientierte Anwendung der Methode

Die Einladung, als systemische Coach:innen und Therapeut:innen Methoden zu variieren, gilt auch für diesen so wunderschön dicht gestalteten Leitfaden. In der Fassung von Kiel (2020) ist es zum Beispiel erlaubt, während der Präsentation der Originalbilder Fragen zu stellen. Die sollen dann aber nicht weiter beantwortet oder diskutiert werden. Dies ist sicherlich eine Anreicherung, die man in Betracht ziehen kann. In meiner Erfahrung erlebe ich mich bei der Methode häufig ohnehin schon sehr in der Steuerung, ja, als »Löwenbändiger«, wenn ich Wortbeiträge streng zeitlich begrenze und etwa Teilnehmende daran erinnere, dass ihre Auskünfte bitte kurz zu halten sind. Da möchte ich mich nicht noch mit weiteren, häufig als unhöflich empfundenen Begrenzungen à la »Fragen dürfen gestellt, aber nicht beantwortet werden« hervortun. Ich persönlich verzichte in dieser Phase auf die Möglichkeit, Fragen zu stellen.

Manchmal wird es für Teilnehmende schwierig, wenn ein Bild einer anderen Person sehr häufig als Originalbild gewählt wird und das eigene nicht. Ich bereite ein wenig darauf vor, indem ich so etwas sage wie: »Ihr werdet es erleben, dass einige eurer Bilder mehrfach gewählt werden und andere nicht. Das mag auf den ersten Blick enttäuschend sein. Später werdet ihr merken, dass das nicht relevant ist.«

Die Materialien sind bei Schmeer festgelegt. Aus gutem Grund findet sie Wasserfarben am geeignetsten (Kiel, 2020, S. 309), da das Malen dann unkontrollierbarer verlaufe. Dies unterstütze unbewusste Prozesse. Für mich dagegen ist Freiwilligkeit und Selbstbestimmung extrem wichtig und daher biete ich Klient:innen, wo immer es geht, eine Auswahl an Möglichkeiten an. Zudem ist Zeichnen für manche

Menschen eine »Todesstrafe« (wie mir ein Teilnehmer einmal sagte) – nicht alle hatten freundliche Kunstlehrer:innen – und ich habe die Idee, dass eine Auswahl an unterschiedlichen Malwerkzeugen die Ängste und Sorgen etwas nehmen kann. Ich lege Wasserfarben, Wachsmalkreiden, Aquarellfarben, Buntstifte und Filzstifte in verschiedenen Stärken und Formen aus, damit sich jede:r das heraussuchen kann, was er oder sie passend findet. Es spricht auch nichts dagegen, das Material zu erweitern, indem auch Collagen aus Zeitschriftenbildern angefertigt werden können oder Knetgummi angeboten wird. Eine Kollegin arbeitet zum Beispiel gern mit Fimo, weil es extrem zäh ist und damit der kreative Prozess in die Länge gezogen wird und zu langen Betrachtungen einlädt. Wenn Zeit vorhanden ist, finde ich diesen Effekt sehr hilfreich.

Gründe für die Black-Box-Methode in der Gruppe mit Halima und Sven

Die Methode bietet sich in Mehrpersonensettings wie Gruppentherapie, Paar- und Familientherapie sowie in der Supervision, zum Beispiel in der Fallsupervision, an. Im vorliegenden Beispiel habe ich sie aus folgenden Gründen gewählt.

- In der Gruppe hatten mehrere Teilnehmende ein Anliegen und ich hatte nicht die Zeit, mit allen einzeln zu arbeiten.
- Am Ende einer längeren Phase von Gruppentherapie entlasse ich die Teilnehmenden gern mit einem Gefühl der Selbstwirksamkeit. Das Gefühl, eigene Probleme selbst lösen zu können, kann Selbstorganisationsprozesse nachhaltig aktivieren. Halima und Sven hatten beide mit ihrem Selbstwert zu kämpfen, aus unterschiedlichen Gründen.
- Halima hatte sich in einer Vorstellungsrunde als Mensch beschrieben, der viele Probleme nach außen trägt. Das sei aber nicht immer hilfreich für sie. Eine meiner Hypothesen war, dass sie das tut, um in Beziehung zu bleiben. Wer viele Probleme mit Freund:innen teilt, wird gesehen und gehört. Manchmal kommt es dann zu einem unheilvollen Muster: »Wenn ich kein Problem mehr habe, werde ich nicht geliebt, also schaffe ich mir (unbewusst) immer mehr Probleme.« Hans Lieb und Barbara Brink (2009) haben dieses Muster einmal

als »chronisch kriselnd« beschrieben. Der Nachteil des Musters besteht darin, den Fokus auf Lösungen und Ressourcen aus dem Blick zu verlieren. Halima hatte einmal berichtet, dass ihr das Gruppensetting gut gefalle, weil sie dort nicht so oft zum Reden komme. Sie lehne sich gern zurück und höre zu, wie es den anderen gehe – und habe dadurch schon einige Lösungsimpulse bekommen. Im Sinne einer Musterunterbrechung kann es hilfreich sein, Halima einmal die Möglichkeit zu geben, das Thema auf einer nichtsprachlichen Ebene anzugehen. Das innere und bildliche Arbeiten könnte einen neuen Zugang bieten. Zudem erlaubt die Methode, neben den Problemen direkt auf Ressourcen und Lösungsmöglichkeiten zu schauen.

- Weiterhin hatte ich bei Halima das Gefühl, dass es neben den Problemen, die sie in der Runde veröffentlichte, noch ein anderes, vielleicht tabuisiertes, Thema gab. Tatsächlich kam das Thema »Heimweh« erst bei dieser verdeckten Methode auf.
- Sven habe ich als Menschen wahrgenommen, der gern rationalisiert. Es schien mir, als möchte er Dingen analytisch auf den Grund gehen, und er sagt selbst, dass ihm dies häufig nicht hilft.
- Ich hatte im Vorhinein die Hypothese, dass es bei ihm um Sinnfragen gehen könnte. Diese sind manchmal der Sprache nicht zugänglich, weil »der Sinn des Lebens« wohl das abstrakteste und komplexeste Konstrukt der Welt ist (Förster, 2017). Hier könnte eine Verbildlichung helfen. Bilder sind reich. Aus-Reich-End.

Theorie

Autopoiese und Konstruktivismus finden sich auch in dieser Methode wieder. Die Frage mag aber aufkommen, warum wir überhaupt mit Metaphern, Bildern oder Externalisierungen arbeiten. Was ist der theoretische Grund, der Sinn dahinter?

Externalisierung: Du hast ein Problem, aber du bist nicht das Problem

Als *Externalisierung* wird in der Psychologie die Verlagerung oder Symbolisierung »innerer« Zustände wie Befindlichkeiten, Gedanken, Pläne, Motive, Themen etc. nach außen bezeichnet (White, 2011). Ich kann es auch einfach beschreiben als einen Prozess, der vom Innen ins Äußere, in eine Veräußerung geht. Wenn ein Taschentuch meine Trauer symbolisiert, wenn eine Ecke für mich »der Lösungsraum« wird oder der umgeworfene Papierkorb mein »Chaos im Leben« darstellt, dann sind das alles Externalisierungen. Auf theoretischer Ebene wird damit eine bestehende Narration auf eine andere erzählerische Ebene gebracht, um einen neuen Zugang zum alten Problem zu ermöglichen.

Michael White und David Epston, die als wichtige Repräsentanten der *Narrativen Therapie* gelten (White u. Epston, 1990), nahmen an, dass das, was wir »Leben« nennen, tatsächlich *Geschichten* über unser Leben sind. Auch in der Praxis erzählen Menschen uns ihre Geschichten über ihr Leben, wobei wir betonen sollten, dass es sich dabei immer um einen winzig kleinen Ausschnitt aus ihrem dicken Buch des Lebens handelt.

Ich erzähle, was (ich denke, was) ankommt …

Zudem sind diese Narrationen von Erwartungen der Leser:innen geprägt. Eine Krimiautorin weiß, dass ihre Leser:innen beim nächsten Buch einen Krimi erwarten, und schreibt deshalb auch mit einiger Wahrscheinlichkeit eine spannende Geschichte über Mord und Totschlag. Erwartungssets für Therapie beinhalten, dass es um Probleme, Störungen und Konflikte geht – daher wird sich eine Klientin darauf einstellen, in einer Therapiesitzung über Probleme, Störungen und Konflikte zu reden. Im Prinzip ist eine Störungsgeschichte das Ticket für den Eintritt in eine psychotherapeutische Praxis: »Ohne Störung brauchst du nicht mehr wiederzukommen« (zumindest nicht, wenn deine Behandlung die Kasse übernehmen soll). Die Klientin *erzählt* uns von ihrer Störung, sie *ist* aber nicht die Störung. Und der Ausschnitt, den sie uns aus ihrem Buch des Lebens erzählt, ist vermutlich häufig die Stelle, wo es stimmungsmäßig nach unten geht oder die Dramatik zunimmt.

Dekonstruktion durch Bewegung von innen nach außen

Im Narrativen Ansatz geht es darum, Probleme und dominante Erzählungen zu dekonstruieren, inkohärente Erzählungen zu vervollständigen und geschlossene Erzählungen zu öffnen. Dazu wird das sogenannte Problem externalisiert, also vergegenständlicht und außerhalb der Person lokalisiert. Der Konflikt einer Person, einer Familie, eines zu beratenden Systems wird »greifbar«, so wie das Objekt (eine Moderationskarte, eine Figurs etc.) »in die Hand genommen« werden kann. Zudem wird eine Distanz zum Problem erzeugt und ein Blick *auf* das Problem oder Thema ermöglicht, das in einer wertschätzenden, respektvollen Weise angesprochen wird.

Du bist nicht dein Problem, du hast es …

Externalisierung ermöglicht, zwischen einer Person und deren Problem zu *unterscheiden*[19]. Die sprachliche und gegenständlich gemachte Trennung von Person und Problem ermöglicht es, Muster zu verstören, neue Blickwinkel zu ermöglichen, Ressourcen zu aktivieren und ein Problem als eine transiente, also eine vorübergehende, kontextualisierte Zustandsbeschreibung zu betrachten.

Nehmen wir als Beispiel eine Klientin, die aufgrund von erlernten Glaubenssätzen meint, sie sei »doof und hässlich«. Um diese festen Überzeugungen zu verflüssigen, könnte sie beispielsweise die Wörter »Doofheit« und »Hässlichkeit« auf Karten schreiben und sie nebeneinanderlegen. Allein dadurch werden diese Glaubenssätze zu Problemen, die *neben* ihr stehen, die sie anfassen kann, bearbeiten kann, vergrößern, verkleinern, zerstören etc. kann. Als Therapeut:in könnte ich nachfragen »Was bist du *noch?*« und sie bitten, weitere Karten mit anderen, vor allem auch positiven Eigenschaften zu beschreiben und dazuzulegen. So relativieren sich schlechte Glaubenssätze im Gesamtbild. Oder ich kann Ausnahmefragen stellen: »Was wäre, wenn diese beiden Aspekte einmal zugedeckt sind – gibt es Momente, wo das keine Rolle spielt?«, »Wann findest du dich weniger dumm?« Oder Verschlimmerungsfragen: »Wann ist es besonders schlimm? Was musst du tun, um die dümmste Kuh von Santa Fe zu werden?« (s. für solche Fragetechniken Simon u. Rech-Simon, 2020). Um im Bildlichen zu bleiben, könnte ich die Karten tatsäch-

---

19 Vor allem Unterscheidungen, so die Systemtheorie von Niklas Luhmann (basierend auf Gregory Bateson), geben oder schaffen Information. Die Frage nach oder die Beobachtung von Unterschieden sind in der systemischen Beratung zentral.

lich einmal umdrehen oder verdecken oder vergrößern (ich kann z. B. eine Lupe in die Hand geben). Daran anschließend könnten wir gemeinsam versuchen, die negativen Aspekte zu kontextualisieren: »Selbst wenn es heute so wäre, dass ich mich hässlich fühle, muss das morgen nicht der Fall sein. Und sicherlich fühle ich mich nicht bei jedem Menschen dumm und hässlich – wer, denke ich, sieht mich anders?« Ziel ist eine Verflüssigung fester, wenig hilfreicher Konstruktionen.

Möglichkeiten, etwas nach außen zu verlagern

Externalisierung bedeutet Dekonstruktion und Neukonstruktion. Es gibt dabei unterschiedliche Formen der Externalisierung.

Narrationen

Externalisierungen können auf rein sprachlicher Ebene stattfinden. Häufig kommt es uns so vor, als habe ein Klient dieselbe Geschichte schon oft erzählt, mit den gleichen Worten, dem gleichen Tonfall – sie wirkt wie eingeübt. Und die Schlussfolgerung liegt nahe: So erzählt, hat die Geschichte nicht aus dem Problem geführt. Wir brauchen also eine neue Version, eine neue Narration, die hilfreicher ist. Daher fragen wir uns: *Wie* müsste diese Geschichte lauten, damit sie als hilfreicher erlebt wird? Wozu ist sie gut und *an welchen Stellen* wirkt diese Geschichte eher hinderlich? *Wer* kommt darin vor und wer nicht? Eine Möglichkeit, das Ganze sprachlich ins Außen zu verlagern, wäre eine triadische, zirkuläre Frage: »Wie würde Ihre beste Freundin die Geschichte erzählen? Nehmen wir an, sie säße auf dem Stuhl neben Ihnen. Setzen Sie sich doch einmal darauf. Und erzählen Sie einmal dieselbe Geschichte aus ihrer Perspektive.«

In der narrativen Tradition können Therapeut:innen versuchen, gemeinsam mit den Klient:innen die Bedeutungsmuster zu erarbeiten, die über die erzählten Geschichten transportiert werden, und die »Realitäten« für die Mitglieder eines Systems. Wenn zum Beispiel ein Mann einer Frau, die das Baby zu Hause versorgt, zuschreibt, sie sei »halt weniger belastbar« als andere Frauen in seiner Familie, die viele Kinder betreut hätten und sich nicht beschwert hätten, könnten wir zusammen einmal versuchen, das Wort »belastbar« durch ein anderes, weniger negatives zu ersetzen. Oder ihn dazu ermuntern, den Vergleich, der in der Narration steckt, einmal wegzulassen. Oder ihn die Perspektive der besten Freundin seiner Frau einnehmen und die Geschichte aus ihrer Sicht erzählen zu lassen.

Eine auch von mir genutzte Methode ist es, Klient:innen ihre erzählte Geschichte neu schreiben zu lassen. Sven könnte ich zum Beispiel dazu einladen, bis zur nächsten Sitzung einmal aufzuschreiben, wie er als 80-Jähriger wohl über den Tod denken würde. Oder wie er seine Geschichte schreiben würde, wenn er Atheist wäre. Oder Buddhist. Eine solche Verschriftlichung lese ich den Klient:innen dann auch gern vor. So kann die Person einmal aus der Distanz zuhören, welche anderen Möglichkeiten es geben kann, über dasselbe Thema nachzudenken. Auch das Hören aus einem anderen Mund wird als Externalisierung bezeichnet.

Externalisierung mit Handpuppen, Figuren

Ich nutze gern Schleich-Tiere oder Playmobil-Figuren, je nachdem, was die Klient:innen anschlussfähig finden. Um ein Beispiel zu geben, so kann die Prüfungsangst einer Klientin durch ein Tier dargestellt werden und sie kann mit »der Angst« in einen Dialog gehen. Das ermöglicht einen Perspektivwechsel und durch Fragen wie »Was brauchst du denn, damit du noch mehr Lust hast, mich zu pesten?« oder »Wann wirst du denn müde, wann lässt du mich in Ruhe?« wird ein lösungsorientiertes Arbeiten möglich. Puppen und Figürchen erlauben ebenfalls Distanzierung und oftmals bekommt das Problem dadurch eine neue Leichtigkeit.

Solche Objekte kann man auch zu sich einladen. Eine Klient:in lud ich ein, ihre Angst, ein Stofftier namens »Panikkuchen«, jeden Abend eine Viertelstunde um Rat zu bitten, wie sie ihre Angstzustände noch verschlimmern könnte. Das war ein Durchbruch in der Therapie und machte »die Angst« plötzlich kontrollierbar. Auch Humor schafft Distanz.

Externalisierungen durch räumliche Darstellungen

Skulpturen, Strukturaufstellungen, Familienbrett, Organigramme etc. sind Beispiele für räumliche Abbildungen von Strukturen und Prozessen. Die Visualisierung kann mit Hilfe von Stühlen, Moderationskarten, Menschen etc. stattfinden. Sowohl Personen, problematisches Verhalten als auch Themen und Fragen – fast alles kann aufgestellt werden, wie ja die vorigen Fälle schon gezeigt haben.

Black-Box-Methoden nutzen Externalisierungen. Das Nach-außen-Bringen von inneren Bildern und Prozessen, das Heraustreten und Von-außen-Betrachten kann den Möglichkeitsraum vergrößern und neue Denkräume aus der Außenperspektive eröffnen.

Der Sinn des Bildhaften

Vielleicht ist die Frage an dieser Stelle angebracht: Was ist denn eigentlich der Unterschied zwischen einem Bild und gesprochener Sprache? Und was sind denn Vorteile einer Therapie, die Bilder mit einbezieht?

Bild und Sprache

Ein Bild bezieht sich, wenn man gängige Definitionen bemühen möchte, im Unterschied zu einem Gebilde, immer auf ein wahrgenommenes oder vorgestelltes Objekt. Das heißt, ein Bild bezieht sich immer auf irgendetwas, das der oder die Bildschaffende im Kopf hat. Damit ist ein Bild irgendeinem wahrgenommenen Objekt ähnlich, gleichartig oder analog (im Duden wird »analog« als »ähnlich«, »vergleichbar«, »gleichartig« oder »entsprechend« definiert, Duden Online, 2023). Es ist die Verkörperung des systemischen Konzepts einer Landkarte, die nicht das Land ist.

Aus der Betrachter:innenperspektive sehen wir im Bild eine besondere, subjektive Vorstellung des oder der Bildschaffenden, aber nicht eins zu eins das Ding, wie es in der physikalischen Welt auftaucht. Für die Betrachtenden ist ein Bild immer nur intuitiv einsehbar. In diesem Wahrnehmungsprozess spielt die subjektive Verfasstheit des oder der Betrachtenden eine wesentliche Rolle.

Konstruktivistisch gesprochen, beziehen sich unsere Wahrnehmung und Vorstellung fast immer auf etwas, das in der realen Welt besteht, jedoch erscheint es uns auf der Basis unseres eigenen, individuellen Wahrnehmungssystems – und unterscheidet sich von denen anderer Personen. Das wäre nicht unbedingt ein großer Unterschied zum gesprochenen Wort, wenn man die Theorie der Systeme von Luhmann, wie oben schon besprochen, mit einbezieht.

Mit Luhmann im Bilde

Allerdings scheinen Bilder häufig noch abstrakter, noch diffuser, noch vager zu sein als Sprache (Amit, Wakslak u. Trope, 2013), womit der eigene Beitrag am Dechiffrieren der Bedeutung »Was ist das denn, was sich mir da zeigt?« noch fühlbarer wird. Watzlawick spricht von einer *komplexen, logischen Syntax* (Watzlawick, Beavin u. Jackson, 2016). Wenn ich etwa ein Bild mit einem Skelett sehe, habe ich eher das Bedürfnis, mich zu fragen, was das denn jetzt zu bedeuten hat, als wenn mir jemand beispielsweise erzählt, dass er Angst vor dem Tod hat. Ich bin neugierig zu erfahren, was der oder die *Bildschaffende damit sagen wollte* und was es *für mich* zu bedeuten hat. Je abstrakter das Bild ist, umso weniger werde ich davon ausgehen, dass jemand anderes dasselbe damit meint. Umso mehr werde ich mir *Gedanken machen.* Mein kognitives System wird aktiviert, nach Sinn zu suchen.

Bilder können uns helfen, die Luhmann'sche Theorie besser zu verstehen. Ich bin ein geschlossenes System und es ist mir vollkommen klar, dass jemand anders etwas anderes in einem Bild sieht als ich.

Beim Resonanzbildverfahren wird gar eine doppelte Kontingenz (s. Kapitel I: Kommunikation ist unmöglich, Therapie ist nützlich, S. 24) mit zwei verschiedenen Selbstanteilen erzeugt, dem Teil, der ein Problem hat, und dem Teil, der eine Lösung hat. Beide verstehen sich nicht, müssen sich also miteinander unterhalten. Als Klient werde ich in einem therapeutischen Rahmen dazu eingeladen, *mir selbst* Gedanken darüber zu machen, was das Resonanzbild *für mich* zu bedeuten hat. Ich mache mir damit selbst Sinn. Dieser Prozess der aktiven, eigenen Sinngebung beim Verständnis von Problem- und Lösungsinformation kann durch Bilder und Metaphern besonders gut sichtbar gemacht werden (Barker, 2013).

Digital und analog ticken

Unterschiede zwischen *digitaler,* also sprachlicher, und *analoger* Kommunikation wurden von Kolleg:innen wie zum Beispiel Paul Watzlawick (Watzlawick et al., 2016) und Volker Kiel (2020) bereits herausgehoben. Unser kognitives System verarbeitet Sprache und Bilder wohl unterschiedlich: Während *digitales Denken* sequenziell, verbal, logisch und analytisch ist, ist das *analoge Denken* bildhaft, ganzheitlich und intuitiv. Aus diesen Unterschieden ergeben sich für therapeutische Interventionen Konsequenzen. Das digitale Denken, das vor allem durch sprachliche Kommunikation aktiviert wird, fördert rationales, diskursives und analytisches Problemlösen, während das analoge Denken dabei hilft, Situationen zu klären und kreatives Denken zu stimulieren. Wenn ich mit jemandem in einem sprachlichen Diskurs bin, »verstehe« ich *nach und nach* das Problem, ich ziehe Schlussfolgerungen und kann so auch Wissen vermitteln. Gerade beim Vermitteln von Sachverhalten ist der digitale Kanal hilfreich. Beim analogen Denken durch Bilder oder Metaphern werden Gefühle ausgelöst und mein Erkennen von Ähnlichkeiten und Bezügen zu mir und meinen Themen ist intuitiv, das heißt, nicht allein rational. Oftmals fühle ich mich in eine Situation ein, um das Bild besser begreifen zu können. Die Vernunft hilft mir hier oft nicht: Was sollte denn ein Fisch, der aus dem Wasser springt, bedeuten? Oder ein Skelett auf dem Fahrrad?

Der Prozess des Wahrnehmens, Erkennens und Verstehens von Bildern ist auch häufig sprunghaft und spontan, das heißt nicht so sequenziell wie beim digitalen Verarbeiten. Plötzlich sehe ich etwas in einem Bild, das vorher keine Bedeutung für mich hatte, plötzlich habe ich den Eindruck, es habe etwas mit mir zu tun, plötzlich *erkenne* ich etwas. Dies kann man als ein *ganzheitliches Erfassen* beschreiben. Oder als parallele Verarbeitung, denn ich kann durchaus ein Bild in seiner Gesamtheit erfassen und dabei vieles gleichzeitig sehen – das nennt man *globales Wahrnehmen* (Navon, 1977). Bei gesprochener Sprache muss ich nach und nach, das heißt, *lokal* versuchen zu erfassen, was mir das Gegenüber sagen möchte.

GLOMO^{sys}: Vom Wald und von den Bäumen

Ich selbst habe eine Theorie zu den Unterschieden von globalem und lokalem Verarbeiten entworfen (Glomo^{sys}; Förster u. Dannenberg, 2010) und in vielen Experimenten gefunden, dass globale, ganzheitliche Prozesse kreatives Denken fördern. Die können wir gut nutzen, wenn Klient:innen ihre eigenen Lösungen oder ein »Verständnis« für ihre Probleme finden sollen. Globales Sehen ist für das Wahrnehmen und die Vorstellung von sozialen Systemen zudem notwendig: Eine Familie kann ich nur erfassen, wenn ich alle Mitglieder gleichzeitig »sehen« oder mir vorstellen kann, einschließlich ihrer Beziehungen zueinander. Das kann ein digital verarbeitender Wahrnehmungsapparat schlichtweg nicht (s. a. Wakslak, Trope, Liberman u. Alony, 2006, die den Nachweis erbrachten, dass Bilder abstrakt und global verarbeitet werden).

Was und wie – Inhalt und Beziehung

Watzlawick argumentierte, dass digitales Verarbeiten die *Inhaltsebene* der Kommunikation berührt. Über *was* sprechen wir eigentlich, *was* ist das Problem? Die analoge Verarbeitung sage dagegen mehr über die *Beziehung zwischen Systemen* aus – sehe ich beispielsweise eine Geste, einen Gesichtsausdruck, eine Bewegung, dann taugt das als Beziehungsbotschaft. Er geht sogar noch einen Schritt weiter: »Eine Geste oder eine Miene sagt uns mehr darüber, wie ein anderer über uns denkt, als 100 Worte« (Watzlawick et al., 2016, S. 64). Diese Annahme ist allerdings inzwischen widerlegt, das heißt, der analoge Kanal ist nicht wahrhaftiger oder ehrlicher oder unverfälschter als der digitale Kanal – bis heute zeigt Forschung zum Beispiel, dass das Erkennen von Lügen bei Menschen nicht funktioniert, wenn jemand täuschen möchte. Das trifft sowohl auf das gesprochene Wort als auch auf Gesichtsausdrücke zu. Menschen können normalerweise auf allen Ebenen gut lügen und andere können das nicht gut erkennen (Fiedler, 2011). Insofern bestätigt die moderne Forschung eher Luhmanns These: Wir denken zwar, dass wir andere »erkennen«, wir können es aber nicht. Wie oft habe ich gehört: »Ich habe eine gute Intuition.« Wie oft habe ich dann gedacht: »Wenn du wüsstest ...« Es ist schwierig, Menschen ihre eigene Selbstüberschätzung nahezulegen. Ich lasse ihnen das lieber – Selbstüberschätzung, so zeigt Forschung, ist gesundheitsfördernd und selbstwertsteigernd (Pronin, Gilovich u. Ross, 2004). Hier aber sei die Frage angebracht (die ich nicht beantworten werde!): Was wärest du ohne deine Intuition? Wärest du komplett unwirksam?

Ich sehe was, was du nicht siehst

Allerdings sind wahrgenommene Inkongruenzen zwischen Mimik und Inhalt therapeutisch nutzbar. Wenn jemand über Konflikte redet und die ganze Zeit dabei lächelt, dann könnte eine beschreibende Beobachtung eine hilfreiche Information für den Klienten sein.

Systemischer gesehen sei an dieser Stelle gesagt, dass wir Menschen beide Modalitäten haben und nutzen, sie häufig auch parallel ablaufen, und dass keine – auch für die Therapie – besser oder schlechter ist. Es spricht nichts gegen Gespräche. Allerdings spricht einiges dafür, beide Modalitäten zu nutzen. Der Anlass für dieses Buch ist die Wahrnehmung, dass wir den bildlichen, analogen Kanal in der Therapie und im Coaching häufig zu wenig nutzen.

Resonanz

Die Bilder, Skulpturen, Metaphern, die wir bei den Black-Box-Methoden verwenden, scheinen also auf einer anderen Ebene verarbeitet zu werden als Wörter. Gedanken und Bemerkungen wie »Genauso, wie ihr da in der Aufstellung steht, sieht es in mir innen aus!« oder »Ich habe das rein aus dem Bauch heraus gemalt, ohne darüber nachzudenken, und es ist komisch, wie viel das mit mir zu tun hat!« sind nicht selten beim analogen Arbeiten. Hört man Teilnehmenden zu, so ist häufiger von Gefühlen die Rede und vom »Mitschwingen«.

Beim Resonanzbild ist es zusätzlich spannend zu sehen, dass ein Bild, das jemand für eine andere Person gemalt hat, plötzlich »Sinn« bezüglich des eigenen Problems ergibt. Dabei zaubern wir weder, noch passieren hier Dinge, die wir überhaupt nicht beschreiben oder erklären könnten.

Mitschwingen – wenn es passt

Im Raum scheinen Resonanzen zu wirken, die es uns ermöglichen, mit anderen mitzufühlen, und die gleichzeitig viel mit uns zu tun zu haben scheinen. Wir kennen als Menschen dieses Mitschwingen mit anderen Menschen. »Resonare« kommt vom Lateinischen »widerhallen« und es ist bekannt, dass, wenn jemand Cello spielt, die ausgelösten Schwingungen dazu führen, dass ein anderes im Raum stehendes Cello ebenfalls ins Schwingen kommt. Man kann das richtig fühlen, wenn man den Bauch des stillstehenden Cellos berührt.

Auch wir Menschen haben manchmal das Gefühl der Resonanz: Da ist etwas plötzlich relevant, ähnlich zu unseren Themen, da springt uns etwas an, das wir mitfühlen können. Wie beim Cello ist Grundvoraussetzung für psychische Resonanzphänomene, dass zwei Gedanken gleichzeitig »im Raum stehen«, das Wahrgenommene aus der physikalischen Welt (hier ein Bild eines anderen) und das »kognitiv ›Anklingende‹, bzw. das damit kognitiv Verbundene [...] sodass ein ›Gleichklang‹ zwischen beiden Inhalten ›eingeläutet‹ wird« (Kiel, 2020, S. 144). Wie im Cello-Beispiel schwingt auch nicht alles, was in einem Raum ist, mit. Gisela Schmeer, die Erfinderin der Methode, drückt das so aus: »das Nachschwingen oder Mitschwingen im Kontakt mit Menschen: mit einem ist man auf einer Welle, mit anderen nicht – als würden sie ein ganz anderes Instrument symbolisieren, das einem fremd ist, wo es zu keiner Resonanz kommt« (Schmeer in Kiel, 2020, S. 307).

Psychologisch gesehen beschreibt das mein Konzept der »Psychologischen Passung« (Förster, 2000a; s. a. Kapitel III ◘ Kreativität im Kontext: Nährböden für neue Idee, S. 132 ff.). Wenn ich nicht ein ähnliches Gefühl, einen ähnlichen Gedanken, eine ähnliche Erfahrung wie jemand anders gemacht habe, entsteht auch keine Resonanz. Das wäre trivial – der Witz ist jedoch, dass es auch im Unbewussten automatisch stattfindet – ohne Intention, Kontrollmöglichkeit und Überlegen. Es passiert. Dies ist durch tausende Experimente über unbewusstes Priming belegt. Wird Menschen am Computer etwa ein aggressives Wort angezeigt, ohne dass sie es bewusst wahrnehmen können, werden sie – ohne es zu merken – aggressiver. Dies aber *nur,* wenn sie schon eine Bereitschaft zur Aggression mitbringen. Bei Menschen, die sich kaum aggressiv verhalten, resoniert der unbewusste Prime nicht (Förster u. Liberman, 2007). Es muss also eine *psychologische Passung* bestehen.

Unterschiede zwischen Empathie und Perspektivenwechsel: Mitfühlen, Mitdenken

Menschen können sich einfühlen, sie können sich mit anderen Menschen und Themen verbinden. In der Psychologie wurde der Unterschied zwischen der Gefühlsebene, der *Empathie,* und der kognitiven Ebene, dem *Perspektivwechsel,* beschrieben (Woltin, Corneille, Yzerbyt u. Förster, 2011). Beides sichert menschliches Miteinander. Allerdings können wir nicht in eine andere Person hineinkriechen, also völlig in ihr aufgehen – und das ist vermutlich auch gut so. Wir sind und bleiben in diesem Sinne geschlossene Systeme. Das im Raum schwingende Cello löst sich nicht in Luft auf oder verschmilzt mit dem spielenden, es bleibt das Cello, das es war, es schwingt nur mit, weil es von seiner Beschaffenheit her nicht anders kann. Für unsere Wahrnehmung bedeutet das aber auch, dass wir nicht losgelöst von uns selbst mit oder für andere fühlen, denken und handeln können. Mitgefühl, so könnte man sagen, ist das, was wir empfinden, ohne uns selbst zu vergessen. Und zusätzlich fühlt es sich an, als wären wir für Momente ganz bei einer anderen Person.

Resonanzbildmethode: Was geht denn da ab?

Um das Resonanzphänomen noch einmal konkret auf die Gruppensituation und die Methode zu beziehen: In Resonanz kommen wir nur, wenn das, was uns angeboten wird, irgendetwas mit uns zu tun hat. Das führt in Gruppen, in denen viel Informationen im Raum liegen, zu Selektionen. Es resonieren nicht alle Themen im Raum, sondern nur die, die etwas mit uns zu tun haben. Die Themen, die gerade irgendwie relevant sind, die ich von mir kenne, die mich in besonderer Weise berühren, wähle ich mir aus. Je größer die Gruppe und je mehr und komplexer die Informationen, umso eher die Wahrscheinlichkeit, dass mich irgendetwas anspricht. Da ich in dieser Situation gerade (auch) auf Lösungssuche für mich bin, sprechen mich die Themen an, die auch ich »auf dem Schirm« habe.

Auch in diesem Kontext gilt: Sinngebung entsteht in uns. Wir sehen das, was wir sehen können. Die Struktur unseres Gehirns und die Individualität unserer Biografie, die im Hirn gespeichert ist, bestimmen, was und wie wir wahrnehmen. Menschen sind demnach »eigengesetzliche« Systeme, die Dinge der physikalischen Welt subjektiv wahrnehmen. Dabei sind die Vorstellungen und Wahrnehmungen nicht völlig losgelöst von der Realität, sondern sie beziehen sich immer auf etwas »Seiendes« (Kant, 1787/1998). Beim Resonanzbild wird in der Phase nach dem Lösungsbildzeichnen dieses »Seiende« durch eine minimale, aber überraschende Instruktion erzeugt. »Ich sage dir, dass das Lösungsbild, das du gemalt hast, mehr mit dir zu tun hat als mit dem, für den du es gemalt hast.« Dahinter steckt ein Appell, das Seiende, also das, was dahintersteckt, als die eigene Person zu sehen in dem Sinne: »Ich sage dir, das, was da abgebildet ist, bist du, dein Problem und deine Lösung. Finde heraus, was es ist. Mach daraus Sinn!«

Und das eigene sinnsuchende Wahrnehmungssystem gibt infolgedessen dem, was ihm von draußen angeboten wird, einen eigenen Sinn. Dieser Prozess läuft eigentlich, so die Systemtheorie, immer ab, auch bei sprachlichen Äußerungen. Bei Bildhaftem wird nur besonders deutlich, wie versiert wir Menschen sind, Sinn zu geben, wo vorher keiner oder ein anderer Sinn war (das Bild war nicht für mich bestimmt!). Insofern nutze ich die Methode auch sehr gern in meinen Seminaren, um zu illustrieren, wie Autopoiese und Konstruktivismus funktionieren. Immer wieder sind Teilnehmende überrascht, dass das so ablaufen kann.

Wir können es auch Projektion nennen – jenseits von »richtig oder falsch«

Wenn ich das Resonanzbild male, male ich ein Bild für eine andere Bildgeberin in der guten Absicht, es für sie zu tun. Dabei fließen, auch gemäß der Theorie, unweigerlich eigene Gedanken zum Thema ein. Vor allem wenn wir uns auf Lösungen beziehen, haben wir ein bestimmtes Wissen und Erfahrungen darüber, was bei uns gut funktioniert.

Manche Kolleg:innen nennen diesen Prozess »Projektion« und ich wäre auch damit einverstanden, wenn es nicht gleichzeitig eine negative Assoziation im Sinne einer Störung mit sich brächte. Auch die kognitive Sozialpsychologie hat Unterschiede zwischen dem Objekt, wie es in der physikalischen Welt existiert (der Präsentation), und dem, was wir daraus machen (der Repräsentation), als *Verzerrung* oder *Bias* beschrieben. Wenn beispielsweise eine hungrige Autofahrerin an einem »McPaper« vorbeifährt und im ersten Moment »McDonald's« liest, wurde das als *»motivated cognition«* beschrieben – als gäbe es eine »richtige« und eine »falsche« Wahrnehmung (Kunda, 1990).

Das »Nützliche« im »Falschen«

Sicherlich könnte man behaupten, dass Hunger oder andere Bedürfnisse die Wahrnehmung »verzerren« und zu mehr »Fehlern« führen im Vergleich mit einem Zustand, in dem ich satt bin; schließlich kann ich Papier und Radiergummis nicht essen. Auf der anderen Seite könnte ich den eigentlichen allgemeinen Prozess, dass ein hungriges Wesen *sensibel* für alle möglichen Reize in der Umwelt ist, die seinen Hunger stillen könnten – als sinnvolle (!) selektive Wahrnehmung bezeichnen. Wir filtern doch sowieso nur das aus der viel zu komplexen Umwelt heraus, was für uns relevant ist. Wenn wir hungrig alles besser erkennen, was mit Essen zu tun hat, dann könnte man das auch bewundern, statt abzuwerten. Beim Resonanzbild ist es durchaus ähnlich. Wenn ich ein Problem habe, filtert mein System all das, was ich vielleicht brauchen könnte, um darüber hinwegzukommen. Dieses selbstregulatorische System wird in der Methode aktiviert, indem ich erst einmal, in der ersten Phase der Übung, mein eigenes Problem auf den Schirm rufe. Dieses ist der Filter für meine nachfolgende Wahrnehmung. Ein ziemlich hilfreicher Prozess, diese Projektion!

Nehmen wir nun an, ich fahre an einem McDonald's vorbei und schimpfe »Schweinefraß!«. So könnte man das ebenfalls als verzerrte Wahrnehmung bezeichnen, denn tatsächlich habe ich (vielleicht) keine Ahnung davon, wie das Essen da schmeckt, und bin auch gar nicht auf dem letzten Stand, wie (un-)ökologisch und (un-)sozial die dort arbeiten. Es handelt sich also, rein technisch gesprochen, um ein Vorurteil (Förster, 2020a). Das Ganze fühlt sich aber für mich als Mensch nicht wie ein Fehler an, sondern wie eine gute Selbstregulation. Und das ist »normal« – viele meiner Freunde und Freundinnen empfinden ebenso. Auf der anderen Seite gibt es aber recht viele Leute, die meinen Griff zu Bioprodukten, als »verzerrt« oder ideologisch beschreiben würden und ihre Lebensweise, einschließlich des Besuchs von Fast-Food-Restaurants, als »selbstregulatorisch«. Auch das ist »normal« in dem Sinne, dass viele so denken. Jede:r von uns erlebt seine oder ihre Wahrheit als richtig und vernünftig, wir haben alle recht.

Jenseits der Bewertung als gut oder schlecht kann ich die beobachteten Prozesse therapeutisch nutzen, wie die Resonanzbildmethode deutlich macht. Ich habe ein Lösungsbild für eine andere

Person gemalt und plötzlich – weil mir die Therapeutin das nahelegt – erkenne ich darin eine Lösung für meine eigenen Probleme, weil meine Bedürfnislage und meine derzeitige Situation im Ganzen eine Voreinstellung erzeugen, mit der ich die Welt wahrnehme.

Mal auf uns geschaut ...

Diese Projektionen erschweren allerdings manchmal ein therapeutisches Vorgehen, denn auch als Therapeut:innen können wir uns nicht aus uns selbst herauslösen. Es könnte sein, dass im Therapieprozess von mir entwickelte Ideen und Lösungsvorschläge für Klient:innen nicht anschlussfähig sind. Habe ich etwa gerade gute Erfahrungen mit Intervallfasten gemacht, heißt das nicht, dass mein übergewichtiger Klient den gut gemeinten Tipp, 16 Stunden am Tag nichts zu essen, auch umsetzen würde. Vielleicht frühstückt er gern, vielleicht bekommt er Kopfschmerzen, wenn er länger nichts isst oder vielleicht sind die gemeinsamen Essen mit seiner Partnerin für ihn beziehungsstiftend. Vielleicht würde er dadurch auch gar nicht abnehmen, weil sein Stoffwechsel anders funktioniert als meiner.

Dieses Problem betrifft die Kybernetik 2. Ordnung, die Idee, dass wir als Therapeut:innen immer auch Teil des Problems oder der »Störung« sind. Black-Box-Methoden reduzieren den ungewünschten Beitrag unserer Wahrnehmung im Vertrauen darauf, dass die Klient:innen sich besser regulieren können als wir sie.

Aus diesem Vertrauen heraus würde ich als Therapeut deshalb die Bilder nicht weiter kommentieren oder interpretieren. Das ist sicherlich eine Angelegenheit der Haltung – und es ist eine Frage der jeweiligen »Schule«. Ich sehe hier einen Unterschied zwischen einer psychoanalytischen und einer systemischen Vorgehensweise. Schmeer argumentiert, dass beim Resonanzbild gewichtige verdrängte Themen nach vorn kämen: »Ein ganzer Themenkomplex tut sich auf. Um diesen geht es. Denn es handelt sich fast immer um eine verdrängte, abgespaltene oder im Familiensystem tabuisierte Thematik« (Schmeer in Kiel, 2020, S. 314). Diese Gedankengänge resonieren bei mir nicht. Vermutlich habe ich andere Erfahrungen gemacht. Zwar kommen manchmal vormals tabuisierte Inhalte durch die Methode zutage, aber oftmals auch konkrete Lösungen und Ideen. Allerdings stimme ich zu, wenn sie behauptet: »Sobald man als Therapeut dazu anregt, einen eventuellen Zusammenhang zu sehen bzw. zu finden, wird ein unglaubliches Assoziationsfeld aktiviert.« Die Methode hat in meiner Praxis schon häufig zu erstaunlichen, kreativen Ergebnissen geführt.

Kapitel VI: Gehen, um anzukommen

Die fünf Fallbeispiele sollten einen Einblick in meine Auseinandersetzung und Arbeit mit Black-Box-Methoden geben. Ich habe versucht, die angewandten verdeckten Verfahren theoretisch zu untermauern mit systemischen Konzepten wie Konstruktivismus, Autopoiese, Embodiment, Ressourcenarbeit, kontextabhängige Kreativität, Priming und Prozesswechseln (liegende Acht), um nur einige zu nennen.

Im Folgenden möchte ich kurz auf Randbedingungen für verdecktes Arbeiten eingehen, die die systemische Prozessorientierung und ihre Vorteile noch einmal konzeptuell zu erfassen versuchen, und schließlich erörtern, welche Einstellungen oder welche Haltung nützlich für uns als beratendes System wären, um mit Black-Box-Methoden zu arbeiten.

Randbedingungen

Beim Arbeiten mit Black-Box-Methoden habe ich, so scheint es, keine Kontrolle über allerlei Prozesse. Ich weiß nicht, um welche Inhalte es geht, ich weiß nicht, welche Entscheidungen mein Klient trifft, und ich weiß nicht, aufgrund welcher subjektiver Theorien die Klient:innen ihre Entscheidungen treffen. Ich vertraue der Selbstorganisation meiner Klient:innen sozusagen »blind«.

Aggression und Suizid

Teilnehmende meiner Black-Box-Seminare fragen mich manchmal, wie sie verhindern könnten, dass jemand insgeheim suizidale, gewalttätige oder kriminelle Pläne schmiedet.

Die erste Antwort auf die Frage wäre eine Gegenfrage: Wie können wir das denn durch typische Coaching- oder Beratungsgespräche verhindern? Der Systemtheorie folgend haben wir auch hier keinen Zugriff auf die Gedanken unseres Gegenübers. Beim Gespräch haben wir lediglich ein anderes Gefühl bezüglich der Kontrolle anderer – ich könnte auch sagen, dass da die Kontroll*illusion* größer ist.

Eine zweite Antwort wäre, dass der Kern systemischen Arbeitens die Auftragsklärung ist. Auch bei Black-Box-Methoden haben wir alle Möglichkeiten von Rückkoppelungen. Habe ich den Eindruck, mein Klient hegt Suizidabsichten, so kläre ich so gut wie möglich ab, wie konkret, spezifisch und ernsthaft sie gemeint sind – das übliche psychotherapeutische Vorgehen wäre also hier angesagt. Das kann bedeuten, dass ich (kurz) aus dem analogen Modus in einen offenen, sprachlichen wechsele.[20] Damit wäre ein Black-Box-Verfahren keinesfalls gescheitert, sondern es hätte ein hilfreicher prozessorientierter Austausch stattgefunden.

Ich gehe sowieso davon aus, dass wir in gutem Kontakt zu unseren Klient:innen sind. Das bedeutet, wir schauen sie an, fühlen uns ein, hören gut zu, statt auf Manuale zu schauen oder alles mitzuschreiben. Ein Joining ist kein Zeitvertreib, sondern ist einer der wichtigsten Teile der Arbeit. So sehen wir auch in den meisten Fällen, wenn es unseren Klienten schlecht oder schlechter geht. Falls wir im Zweifel sind, können wir Fragen stellen, um zu erfahren, wie es ihnen gerade geht. Ich nutze dafür auch gern Skalierungsfragen mit Post-its (s. **Kapitel V ➔ Fallbeschreibung**, S. 185). Wenn eine Stimmung auf einer Skala 1 = »sehr schlecht« und 10 = »sehr gut« von 7 auf 1 sinken würde, würde ich nachfragen, was los ist, ob das auszuhalten ist, wie wir wieder auf einen höheren Wert kommen könnten etc. – das gesamte systemische Fragenrepertoire steht mir hier zur Verfügung.

Eine letzte Antwort wäre, dass es jedem und jeder überlassen ist, ob er oder sie ein Black-Box-Verfahren anwenden würde, wenn er oder sie den oder die Klient:in für stark suizidgefährdet hält. Für viele Kolleg:innen gilt: Für suizidgefährdete Menschen sind Aufstellungen nicht geeignet. Dasselbe gilt für den Verdacht auf Aggression gegenüber anderen. Ich bin hier nicht auf Mission. Wenn sich ein Ver-

---

20 https://www.aerzteblatt.de/archiv/220611/Hinweise-der-Bundesaerztekammer-zum-aerztlichen-Umgang-mit-Suizidalitaet-und-Todeswuenschen-nach-dem-Urteil-des-Bundesverfassungsgerichts-zu-217-StGB. – https://www.therapie.de/psyche/info/index/diagnose/suizid/reaktion-bei-selbsttoetungsgefahr/.

fahren aus welchem Grund auch immer unpassend anfühlt, dann überlege dir ein anderes. Kreativ zu denken ist dein Job.

»Psychosen« und Stimmen hören

Zudem kommt immer wieder die Frage auf, ob Aufstellungsverfahren für sogenannte psychotische Klient:innen geeignet wären. Ich wäre da vorsichtig, weil solche Verfahren die Komplexität erhöhen und den Stress durch mögliche »innere Stimmen« ungünstig erhöhen könnten. Von Teilnehmenden, die in ihren Kontexten Black-Box-Methoden geübt haben, habe ich jedoch auch gehört, dass sie in Gruppentherapiesitzungen sehr gute Erfahrung gemacht haben mit Klienten und Klientinnen, die als »psychotisch« bezeichnet worden waren. Insgesamt ist sicherlich noch mehr empirische Forschung wie auch Erfahrungsaustausch unter Kolleg:innen nötig, um mögliche Randbedingungen näher zu definieren. Meine Prognose ist, dass Black-Box-Methoden überall da einsetzbar werden, wo auch Gesprächsmethoden hätten eingesetzt werden können – wenn wir in Kontakt mit den Menschen sind. Wenn wir wach und aufmerksam sind.

Das bedeutet auch: Sorge dafür, dass du wach bist! Pflege dein System, wie du dein teuerstes Instrument pflegen würdest. Damit du neugierig und kreativ sein und bleiben kannst. Wie würdest du eine teure Geige pflegen? Ein wunderschönes Pferd? Würdest du nicht das edelste Öl kaufen, das teuerste Futter, um sie zu pflegen? Und was tust du dir Gutes? Du bist dein Instrument. Investiere in dich. Du bist wertvoll.

Prozessorientierung

Mein Gesangsprofessor Kurt Rapf sagte immer: »Wenn du ein Duett singen willst, dann schau halt deiner Partnerin aufs Maul!« Beratung ist wie ein Duett singen, so scheint es mir.

Jede Klientin und jeder Klient ist anders. Und auch wir als Therapeut:innen und Coach:innen unterscheiden uns voneinander. Daher gibt es für mich keine Therapie und kein Coaching vom Reißbrett. Wir können Sitzungen planen, uns im Vorhinein Gedanken machen, wir können Manuale auswendig lernen … die Interaktion zwischen uns und den Klient:innen wird doch immer wieder überraschend anders sein. Sie wird es erforderlich machen, dass wir die Methoden zu unseren eigenen machen, dass wir unseren Klient:innen in die Augen schauen und uns fragen, was sie gerade brauchen. Dass wir statt Moderationskarten Objekte aus unserer Praxis nutzen, dass wir Sitzungen kürzen oder verlängern. Dass wir Fragen anders stellen, als uns ein Lehrbuch vorgibt. Dass wir eine Methode gar ganz abbrechen oder Teile wiederholen oder streichen. Dass wir uns in diesem co-kreativen Raum der Praxis oder des Büros alles erlauben, was für den Prozess nützlich ist. Wir können eine Frage singen, wir können sie malen, sie tanzen, sie im Rollenspiel wirken lassen – alles geht.

Die Orientierung an den Klient:innen, die im systemischen Ansatz als *Prozessorientierung* bekannt ist, unterscheidet uns von anderen Therapieschulen. Zunehmend haben wir in den Weiterbildungen am IF Weinheim neugierige Menschen als Teilnehmende, die einen anderen Schulenhintergrund haben. Hinzu kommen immer mehr Lehraufträge aus anderen Approbationsinstituten, in denen jetzt auch systemische Grundkenntnisse vermittelt werden müssen. Der Ritterschlag der kassenärztlichen Anerkennung macht's möglich.

Insgesamt scheint die ganze Szene auf Integrationskurs zu sein. Jeder klaut von jeder ein bisschen. Das begrüße ich außerordentlich. Und dennoch sollte meiner Meinung nach auch Differenzbildung möglich sein. Die völlige freie Gestaltung des Coaching- und Therapiegeschehens ist ein solcher Unterschied. Während unser Krankenkassensystem, Jugendämter, viele unserer Einrichtungen und auch viele Therapieschulen und Beratungsinstitute Behandlungspläne fordern oder auferlegen, einschließlich klar definierter Diagnosen und Interventionen, arbeiten wir auf der Grundlage unserer konstruktivistischen Theorien (s. Kapitel II) anders.

Ja, wir arbeiten anders, und das ist auch gut so (siehe für eine Standortbestimmung auch Lieb, 2009).

Natürlich unterrichten wir anfangs auch am IF Weinheim Leitfäden, Manuale und Methoden mit ihren einzelnen Schritten, aber wir behandeln sie wie Stützräder beim Radfahrenlernen – irgendwann haben wir unsere eigene Balance als Beratende gefunden. Irgendwann werden sie lästig. Irgendwann stellen wir keine Fragen mehr wie: »Wie groß müssen denn die Moderationskarten sein?«, »Welche Stifte verwendest du?«, »Welche Fragen sollte ich lieber nicht bei Depressionen stellen?« oder »Was sind denn Behandlungsfehler bei Black-Box-Methoden?« Sondern wir haben selbst Erfahrungen gemacht und eine eigene Therapeut:innenpersönlichkeit gebildet, die sich immerfort selbst reflektiert – in Supervisionen, Intervisionen, in sozialen Netzwerken (ich meine damit vor allem solche, in denen wir uns live begegnen). Mit einer Haltung, die uns sicher durch den Alltag trägt.

Vielleicht sind die Auftragsklärung und die Prozessorientierung die Gründe, weshalb wir weniger Therapiesitzungen benötigen als andere Schulen.[21] Vielleicht ist das ständige Abklären von Prozessen, Motivationen und Stimmungen ein wichtiger Schritt, das Beratungsgeschehen effizienter zu gestalten.

Für die Prozessorientierung spricht nicht nur die damit verbundene Kund:innenorientierung, sprich, eine humanistische Haltung der Augenhöhe, der wir uns verpflichtet haben. Menschen haben eine Würde, es wird daher nichts »mit ihnen gemacht«, ohne dass sie es wollen. Wer sind wir denn, dass wir anderen etwas vorschreiben können, nur weil wir gerade mal ein Psychologiestudium und eine Approbationsabschluss-Ausbildung absolviert haben? Und warum sollten Menschen etwas für Beratungen bezahlen (das tun sie immer, und sei es indirekt durch Krankenkassenbeiträge), in denen ihnen etwas vorgeschrieben wird, das sie vielleicht gar nicht wollen? Und wer sind wir denn, dass wir ihnen so etwas sagen wie »Ihr Problem, einen Partner zu finden, liegt an einer gestörten Bindung zu Ihrem Vater« oder »Nehmen Sie ab jetzt einmal Ihr inneres Kind an die Hand!« oder »Sie müssen Ihre Beziehung zu Ihrer Mutter noch einmal angehen.« Woher wissen wir das denn? Waren wir dabei, als dieses Leben, das vor uns sitzt, gelebt wurde?

Auch von Deutungen und Analysen sehen wir ab – wir haben keinen blassen Schimmer, woher irgendein Verhalten kommt! Das sind doch alles nur Geschichten, die wir uns angelesen haben, die wir Theorien nennen und die wir dann auf anderen abladen. Lassen wir die Kund:innen doch lieber ihre eigenen Geschichten erzählen –

---

21 Und weshalb uns die Krankenkassen weniger Stunden pro Klient:in geben wollen: Ihr seid doch schneller, das zeigt doch die Forschung.

sie sind in den meisten Fällen hilfreicher als das, was wir zu bieten haben. Wo wir sie doch kaum kennen!

Zudem sollte Beratung nachhaltig sein. Es geht nicht darum, dass wir uns Kund:innenstämme dadurch warmhalten, dass ihr Therapieerfolg nach einem Jahr wieder verflogen ist und sie wiederkommen müssen. Therapie und Beratung können nachhaltig die Selbstwirksamkeit von Menschen erhöhen. Wenn eine Kundin den Eindruck hat, sie hätte das Therapiegeschehen mitgestaltet und somit einen großen Beitrag zur Verbesserung ihrer Situation geleistet, so entsteht dadurch sicherlich eine höhere Selbstwirksamkeit für kommende Krisen, als wenn sie glaubt, das hätte eine berühmte Therapeutin oder eine besonders teure Coachin geschafft.

Wir können beim systemischen Arbeiten auch immer wieder beobachten, dass die Compliance sehr hoch ist. Es ist naheliegend, dass das durch den großen Anteil an intrinsischer Motivation, der durch Prozessorientierung ermöglicht wird, geschaffen wird. Wenn eine Jugendliche selbst für sich entdeckt, dass Sport ihr hilft, sich weniger selbst zu verletzen, wird sie diesen Gedanken sicherlich eher umsetzen, als wenn ich ihr das als »Hausaufgabe« vorgebe.

Prozessorientierung kann man nicht verordnen, sondern wir müssen Erfahrungen sammeln, üben, üben und nochmals üben, um mit der Unsicherheit, die damit einhergeht, gut umgehen zu können und um unseren eigenen Stil zu entwickeln. Mir helfen Black-Box-Methoden dabei ungemein, vor allem wenn ich mich von den Manualen löse. So kann ich arbeiten, ohne Verhalten erklären zu müssen, ohne steuern zu müssen, ohne beeinflussen zu können.

So kann ich meiner Klient:in oder meinem Klienten ohne Vorannahmen aufs Maul schauen, wie Kurt Rapf das von mir forderte – letztendlich ist das hilfreich, damit schlussendlich ein schönes Duett dabei entsteht.

Einstellungen und Haltung

Black-Box-Methoden verlangen auch einiges von uns. Was bedeutet das konkret für Berater:innen und Therapeut:innen? Was sollten wir mitbringen oder entwickeln? Folgende Aspekte der Einstellung, der Haltung und der Fähigkeiten halte ich für die Durchführung für wichtig.

- Um Black-Box-Methoden durchführen zu können, ist ein *Vertrauen in Selbstorganisationsphänomene und co-kreative Prozesse* unabdingbar. Unsere Klient:innen sind Expert:innen des eigenen Erlebens, sie kennen ihr Problem besser als wir und sind besser darin, passende Lösungswege zu entwickeln. Wir definieren uns als Prozessbegleiter:innen statt als Heilende, die die Probleme, Konflikte oder »Störungen« anderer »lösen« oder »beheben« könnten. Demut und neugieriges Staunen kleiden uns besser als weiße Kittel.
- Dabei sollten wir Pausen gut aushalten können, denn die innere Zeit der Klient:innen ist häufig anders als unsere. Wenn Klient:innen Lösungen entwickeln, gedanklich Situationen durchspielen oder sich einfühlen, brauchen sie Zeit – und wir brauchen mitunter viel Geduld, wenn wir sie beim Denken beobachten dürfen. Eine Kollegin meinte einmal: »Für systemisches Arbeiten ist *Impulskontrolle* das wichtigste. Wer sich das nicht zutraut, wird vor allem versuchen zu steuern!« Und das ist vielleicht manchmal gut, aber häufig bedeutet Steuern, am Klienten vorbeisegeln.
- Statt Bewertungen oder Zuschreibungen zu liefern, *beobachten und beschreiben* wir Bewegungen, Mimik, Gestik, Körperhaltungen und nutzen Sprache eher sparsam, um Interpretationen zu vermeiden. Wo wir können, überlassen wir die Sinngebung für Prozesse den Klient:innen selbst: Wirkt ein in die Ecke gestellter Stuhl auf uns als »Enge«, lohnt es sich nachzufragen, was er für die Klientin bedeutet, und mit *ihrer* Sinngebung fortzufahren. Wir deuten nicht, sondern hören zu, fassen zusammen, beschreiben. Wann immer wir als »Expert:innen« glauben zu wissen oder etwas verstanden zu haben, sollten wir davon ausgehen, dass es sich nur um eine mögliche Idee handeln kann. Dies bedeutet, dass wir unsere Beobachtungen zur Verfügung stellen und dabei ergebnisoffen bleiben. Falls wir Hypothesen bilden, sollten wir das durch Konjunktive und Qualifizierer wie »möglicherweise«, »vielleicht«, »aus meiner Sicht, aber das bin ja nur ich« sichtbar machen.
- Wir *bilden Hypothesen in der Kybernetik 2. Ordnung* (Dell u. Goolishian, 1981), also in dem Bewusstsein, dass unsere Beobachtungen subjektiv sind und wir als Berater:innen Teil des Systems sind, womit sich auch die Problembeschreibung der Klient:innen ändert. Wir fragen uns bei ungewünschten Verhaltensweisen oder

Gefühlen, wozu sie in einem System nützlich sein könnten bzw. für wen. Warum-Fragen können wir dagegen nicht beantworten.

- Es klingt paradox, aber auch bei der Arbeit mit Black-Box-Methoden ist eine besondere Beachtung der therapeutischen Sprache wichtig. Statt »Du bist ja jetzt so blass und hilflos« wäre ein »in meiner Wahrnehmung, aber das bin ja auch nur ich, wirkt es so, als hätte sich deine Gesichtsfarbe geändert. Wie nimmst du das wahr?« hilfreicher. Beobachtungen sollten auch als solche markiert werden.
- Wir halten es aus, dass wir nichts von dem Problem erfahren, weil wir entsprechend der Systemtheorie sowieso wissen, dass wir nichts wissen. *Wir sind geschlossene Systeme, die einander nicht beeinflussen können.* Kurz zusammengefasst bedeutet das: »Ich weiß nichts über dich, ich verstehe dich nicht, ich kann dich nicht kontrollieren.« Wir können aber Rahmenbedingungen für Selbstorganisation schaffen und co-kreative Räume gestalten, in denen Lösungsimpulse oder Verbesserungen entwickelt werden können. Insgesamt aber verabschieden wir uns von der Idee der Kontrolle.

Bei mir hat dieser Prozess viele Jahre gedauert. Ich denke, das Verstehen des Nichtverstehens ist auf der einen Seite leicht. Schnell konnte ich dazu nicken. Die Konsequenzen dieser Haltung umzusetzen, sie gar zu leben, hat allerdings lange gedauert. Unsere Sozialisation hat uns zu bewertenden Menschen gemacht, die glauben, sie könnten ihre Umwelt kontrollieren. Solche automatisierten Routinen können wir nicht von heute auf morgen ablegen.

- Wir verabschieden uns auch von dem Gedanken, dass etwas richtig oder falsch ist. Die Frage ist eher: Was ist nützlich, wann, für wen, in welchem Kontext? Damit gibt es auch keine »richtige« Anwendung der Methoden. Der Prozess wird von den Klient:innen gesteuert. Wenn sie woanders hingehen wollen, als es im »Leitfaden« steht, wenn sie sich selbst Fragen stellen, die darin (noch) gar nicht vorgesehen sind, wenn sie eigene Ideen entwickeln, wie der Prozess fortfahren soll, dann lassen wir sie gewähren.
- Wir brauchen dazu Sicherheit und daher denke ich, dass *ohne Üben und das Sammeln von Erfahrungen* systemisches Arbeiten schwierig ist, weil es zunächst verunsichert. Es ist völlig normal, dass am Anfang der Weiterbildung als systemische:r Therapeut:in

große Unsicherheit empfunden wird. Wenn ich Kontrolle abgebe, was bleibt mir denn dann? Sich auf den Prozess zu konzentrieren, den die Klientin vorgibt, sich von ihr leiten zu lassen, anstatt zu leiten, zu beobachten, statt zu bewerten – das ist zunächst für viele von uns schwer. Das Ganze wird allerdings leicht, wenn wir die Klient:innen mögen. Wenn wir Menschen in ihrer Individualität mögen. Wenn wir immer wieder darüber staunen können, wie unterschiedlich wir doch alle sind. Dann entwickelt sich der gesamte Prozess wie eine Blütenknospe, die aufspringt – und wir dürfen dabei zuschauen.

Black-Box-Methoden passen in besonderer Weise zu dieser Haltung. Sie exemplifizieren sie. Möglichkeiten der Steuerung, Kontrolle, Beeinflussung werden dadurch verhindert, dass ich wenig vom Problem weiß. Sie ermöglichen ein würdevolles Arbeiten.

Der Ansatz bietet viel Raum zum »Spielen« und Ausprobieren und weckt auch unser schöpferisches therapeutisches Potenzial. Ich kann mir nicht vorstellen, während einer Black-Box-Methode plötzlich ohne Ideen dazustehen. Da bewegt sich so viel im Raum, das auch mich bewegt. Das mich auf neue spannende Fragen und Hypothesen bringt, auf die ich durch Reden vermutlich nicht gekommen wäre.

Eins habe ich noch vergessen – das verdeckte Arbeiten macht mir ungeheuren Spaß. Ich spüre darin meine Verantwortung als Erwachsener, meinen scharfen Verstand als Wissenschaftler, meine Spielfreude als Kind und lerne jedes Mal mehr über die erstaunliche Selbstschöpfung des Menschen.

Ich wünsche Ihnen viel Freude damit.

Danksagung

Ich danke allen meinen Klient:innen, die mich immer wieder von Neuem anregen, inspirieren und ausbilden.

Am IF Weinheim, Institut für systemische Ausbildung und Entwicklung, konnte ich gesunden, mich entwickeln und wurde zum Regisseur meines schönen Lebens. Hier fand ich die in diesem Buch oftmals erwähnten »Räume zur Selbstorganisation«. Ich konnte ohne Druck meine Haltung entwickeln und mein Wissen vertiefen, im Einklang mit meinen Werten und meinen mir eigenen Gefühlen. Eine Haltung, die mir Orientierung gibt und mir auch in meiner Praxis hilft als Therapeut, Coach, Supervisor und Organisations- und Teamentwickler. Ich erlebe mich als selbstwirksam und meine Arbeit als sinngebend.

Ich danke allen, die an diesem wunderbaren Konzept mitarbeiten und mitgearbeitet haben. Mein Dank geht an Hagen Böser, Bettina Grote, Dennis Haase, Conni Hennecke, Eva Kaiser-Nolden, Andreas Klink, Christopher Klütmann, Hans Lieb, Haja Molter, Barbara Ollefs, Angelika Pannen-Burchartz, Martina Pestinger, Tom Pinkall, Claudia Terrahé-Hecking und Stephan Theiling.

Und ich bedanke mich bei unserer wunderbaren Geschäftsstelle! Ich fühle mich geehrt, als Lehrtherapeut und Gesellschafter für das IFW mitarbeiten zu dürfen.

Ein besonderer Dank geht an Karin Nöcker. Karin, Du hast mir in schwierigen Zeiten Mut gemacht, ohne mir Komplimente zu machen. Du hast mir nicht geschmeichelt, sondern mich gefordert und mich herausgefordert – immer wohlwollend, immer mit einem liebevollen Blick auf das, was ich Dir zeigen konnte und wollte. Wenn Du mit mir gearbeitet hast, hast Du oftmals Black-Box-Methoden verwendet, und ich konnte meine Ressourcen, Stärken und Talente spüren. Ich habe dabei Entscheidungen getroffen, die mein Leben sehr stark und zum Guten verändert haben.

Du hast meine Grenzen respektiert, Du hast mich würdevoll begleitet, Du hast mich beobachtet statt bewertet, Du bist mit mir in den Austausch gegangen und hast mich ausgebildet. Du hast mir immer mal wieder ein schönes Leben gewünscht. Das habe ich jetzt.

Mein lieber Manfred, auch wenn ich in diesem Buch mehrfach wiederhole, dass wir Menschen uns nicht verstehen können – so fühle ich mich doch von Dir verstanden. Als Mann, Partner, Freund, Co-Dozent, Kollege und Co-Direktor im Systemischen Institut für Positive Psychologie in Köln.

Du bist seit 30 Jahren mein Zuhause.

Und gleichzeitig sind wir ständig auf Wanderschaft.

Du tust mir gut.

Literatur

Amabile, T. M. (1996). Creativity in context. Update to the social psychology of creativity. Boulder, CO: Westview Press.

Amit, E., Wakslak, C., Trope, Y. (2013). The use of visual and verbal means of communication across psychological distance. Personality and Social Psychology Bulletin, 39, 43–56.

Baas, M., De Dreu, C. K., Nijstad, B. A. (2008). A meta-analysis of 25 years of mood-creativity research: Hedonic tone, activation, or regulatory focus? Psychological Bulletin, 134, 779–806.

Baird, B., Smallwood, J., Mrazek, M. D., Kam, J. W., Franklin, M. S., Schooler, J. W. (2012). Inspired by distraction: Mind wandering facilitates creative incubation. Psychological Science, 23, 1117–1122.

Barker, P. (2013). Using metaphors in psychotherapy. London: Routledge.

Bargh, J. A., Gollwitzer, P. M. (1994). Environmental control of goal-directed action: Automatic and strategic contingencies between situations and behavior. In W. D. Spaulding (Ed.), Integrative views of motivation, cognition, and emotion (pp. 71–124). Lincoln: University of Nebraska Press.

Bartlett, F. C., Burt, C. (1933). Remembering: A study in experimental and social psychology. British Journal of Educational Psychology, 3, 187–192.

Bateson, G. (1967/1972/dt. 1981). Kybernetische Erklärung. In G. Bateson, Ökologie des Geistes. Anthropologische, psychologische, biologische und epistemologische Perspektiven. Frankfurt a. M.: Suhrkamp.

Bateson, G. (2000). Steps to an ecology of mind: Collected essays in anthropology, psychiatry, evolution, and epistemology. Chicago: University of Chicago Press.

Baumeister, R. F., Bushman, B. J. (2020). Social psychology and human nature. Boston, MA: Cengage Learning.

Bollimbala, A., James, P. S., Ganguli, S. (2020). The effect of Hatha yoga intervention on students' creative ability. Acta Psychologica, 209, 103–121.

Boscolo, L., Cecchin, G., Hoffman, L., Penn, P. (1988). Familientherapie – Systemtherapie. Das Mailänder Modell. Theorie, Praxis und Konversationen. Dortmund: Modernes Lernen.

Brandler, R., Grinder, R. (1975). The structure of magic I: A book about language and therapy. Palo Alto, CA: Science and Behavior Book.

Bucci, W. (2002). The referential process, consciousness, and the sense of self. Psychoanalytic Inquiry, 22, 766–793.

Bundesärztekammer (2021). Hinweise der Bundesärztekammer zum ärztlichen Umgang mit Suizidalität und Todeswünschen nach dem Urteil des Bundesverfassungsgerichts zu § 217 StGB. https://www.aerzteblatt.de/archiv/220611/Hinweise-der-Bundesaerztekammer-zum-aerztlichen-Umgang-mit-Suizidalitaet-und-Todeswuenschen-nach-dem-Urteil-des-Bundesverfassungsgerichts-zu-217-StGB (Zugriff am 24.11.2023).

Cacioppo, J. T., Priester, J. R., Berntson, G. G. (1993). Rudimentary determinants of attitudes II: Arm flexion and extension have differential effects on attitudes. Journal of Personality and Social Psychology, 65, 5–17.

Carney, D. R., Cuddy, A. J., Yap, A. J. (2015). Review and summary of research on the embodied effects of expansive (vs. contractive) nonverbal displays. Psychological Science, 26, 657–663.

Cecchin, G. (1988). Zum gegenwärtigen Stand von Hypothetisieren, Zirkularität und Neutralität: Eine Einladung zur Neugier. Familiendynamik, 13, 190–203.

Cecchin, G., Lane, G., Ray, W. A. (1993). Respektlosigkeit. Eine Überlebensstrategie für Therapeuten. Heidelberg: Carl-Auer.

Cook, R., Bird, G., Catmur, C., Press, C., Heyes, C. (2014). Mirror neurons: From origin to function. Behavioral and Brain Sciences, 37, 177–192.

Daimler, R., Sparrer, I., Varga von Kibéd, M. (2008). Basics der systemischen Strukturaufstellungen. München: Kösel.

Damásio, A. (1994). Descartes' Irrtum. Fühlen, Denken und das menschliche Gehirn, München: List-Verlag.

Darwin, C. (1872/2000). Der Ausdruck der Gemütsbewegungen bei dem Menschen und den Tieren [The expression of the emotions in men and animals]. Frankfurt a. M.: Eichborn.

De Shazer, S. D. (1989/2022). Der Dreh. Überraschende Wendungen und Lösungen in der Kurzzeittherapie (14. Aufl.). Heidelberg: Carl-Auer.

De Shazer, S. (1996). »… Worte waren ursprünglich Zauber«. Lösungsorientierte Therapie in Theorie und Praxis. Dortmund: Modernes Lernen.

De Shazer, S., Berg, I. K. (1997). ›What works?‹ Remarks on research aspects of solution-focused brief therapy. Journal of Family Therapy, 19, 121–124.

De Shazer, S., Dolan, Y. (2020). Mehr als ein Wunder. Lösungsfokussierte Kurztherapie heute. Heidelberg: Carl-Auer.

Dell, P. F., Goolishian, H. A. (1981). Ordnung durch Fluktuation. Familiendynamik, 6 (2), 104–122.

Dilts, R. (2006). Die Veränderung von Glaubenssystemen. NLP-Glaubensarbeit. Paderborn: Junfermann.

Duden Online (2023). Stichwort: analog. https://www.duden.de/rechtschreibung/analog_Adjektiv (Zugriff am 27.07.2023).

Duden Online (2023). Stichwort: Dilemma. https://www.duden.de/rechtschreibung/Dilemma#bedeutung (Zugriff am 10.01.2024).

Dyllick, T. H., Weber, J., Storch, M. (2020). Motto-Ziele – ein neuer Zieltyp für das Unbewusste. Systhema, 34, 263–275.

Echterhoff, G., Higgins, E. T., Levine, J. M. (2009). Shared reality: Experiencing commonality with others' inner states about the world. Perspectives on Psychological Science, 4, 496–521.

Elliot, A. J., Maier, M. A., Moller, A. C., Friedman, R., Meinhardt, J. (2007). Color and psychological functioning: The effect of red on performance attainment. Journal of Experimental Psychology: General, 136, 154–168.

Engelkamp, J., Sieloff, U. (1985). Interindividuelle Unterschiede in der motorischen Vorstellungsfähigkeit und das Behalten von Handlungsphrasen. Archiv für Psychologie, 136, 241–253.

Erickson, M. H., Rossi, E. L. (2006). Hypnotherapie. Aufbau – Beispiele – Forschungen (8. Aufl.). Stuttgart: Klett-Cotta.

Erpenbeck, M. (2017). Wirksam werden im Kontakt. Die systemische Haltung im Coaching. Heidelberg: Carl-Auer.

Fiedler, K. (Ed.) (2011). Social communication. London: Psychology Press.

Foerster, H. von (1981). Das Konstruieren einer Wirklichkeit. In P. Watzlawick (Hrsg.), Die erfundene Wirklichkeit. Wie wissen wir, was wir zu wissen glauben? (S. 39–60). München: Piper.

Foerster, H. von, Pörksen, B. (1998). Wahrheit ist die Erfindung eines Lügners. Gespräche für Skeptiker. Heidelberg: Carl-Auer.

Förster, J. (1993). Autofahrerinnen oder Autofahrer? Das generische Maskulinum primt männliche Stereotype. Unveröffentlichter Datensatz an der Universität Trier.

Förster, J. (1995). Der Einfluß von Ausdrucksverhalten auf das menschliche Gedächtnis. Theoretische Überlegungen und Experimente zu Motor-Kongruenzeffekten. (Dissertation an der Universität Trier, 1994.) Bonn: Holos.

Förster, J. (2000a). Psychologische Passung. Kompatibilität von Körperrückmeldung und Reizvalenz beeinflußt Motivation und Kognition. Habilitationsschrift an der Universität Würzburg.

Förster, J. (2000b). Süßer Geschmack lässt Porträts von jungen Männern süßer erscheinen. Unpubliziertes Datenset, Universität Würzburg.

Förster, J. (2003). The influence of approach and avoidance motor actions on food intake. European Journal of Social Psychology, 33, 339–350.

Förster, J. (2004). How body feedback influences consumer's evaluation of products. Journal of Consumer Psychology, 14, 415–425.

Förster, J. (2007). Kleine Einführung in das Schubladendenken. Über Nutzen und Nachteil des Vorurteils. München: DVA.

Förster (2009). Opening doors for new research questions: On simulatability. European Journal of Social Psychology, 39, 1151–1155.

Förster, J. (2012). Unser Autopilot. Wie wir Wünsche verwirklichen und Ziele erreichen können – von der Motivationspsychologie lernen. München: DVA.

Förster, J. (2015). Was das Haben mit dem Sein macht. Die neue Psychologie von Konsum und Verzicht. München: Pattloch.

Förster, J. (2017). Der kleine Krisenkiller. 12 Wege, schwierige Lebenssituationen zu meistern. München: Pattloch.

Förster, J. (2018). Warum wir tun, was wir tun. Wie die Psychologie unseren Alltag bestimmt. München: Droemer.

Förster, J. (2020a). Wie wir andere wahrnehmen: Eine sozialpsychologische Perspektive auf Stereotype, Vorurteile und Diskriminierung in der systemischen Praxis. Systhema, 100, 148–159.

Förster, J. (2020b). Schublade auf, Schublade zu. Die verheerende Macht der Vorurteile. München: Droemer.

Förster, J. (2020c). Erich Fromm. Hoedong-Gil: Book21.

Förster, J. (2022). Haben und Sein. In P. Ozimek, H.-W. Bierhoff, E. Rohmann, S. Hanke (Hrsg.), Angewandte Sozialpsychologie. Ein Lehrbuch (S. 243–257). Stuttgart: Kohlhammer.

Förster, J., Dannenberg, L. (2010). GLOMO^{sys}: A systems account of global versus local processing. Psychological Inquiry, 21, 175–197.

Förster, J., Denzler, M. (2006). Selbst-Regulation. In W. Bierhoff, D. Frey (Hrsg.), Handbuch der Sozialpsychologie und Kommunikationspsychologie (S. 33–39). Göttingen: Hogrefe.

Förster, J., Friedman, R. (2003). Kontextabhängige Kreativität. Zeitschrift für Psychologie, 211, 149–160.

Förster, J., Grant, H., Idson, L. C., Higgins, E. T. (2001). Success/failure feedback, expectancies, and approach/avoidance motivation: How regulatory focus moderates classic relations. Journal of Experimental Social Psychology, 37, 253–260.

Förster, J., Higgins, E. T., Idson, L. C. (1998). Approach and avoidance strength during goal attainment: Regulatory focus and the »goal looms larger« effect. Journal of Personality and Social Psychology, 75, 1115–1131.

Förster, J., Liberman, N. (2007). Knowledge activation. In E. T. Higgins, A. W. Kruglanski (Eds.), Social psychology: Handbook of basic principles (2nd ed., pp. 201–231). New York: Guilford Press.

Förster, J., Liberman, N., Friedman, R. S. (2007). Seven principles of goal activation: A systematic approach to distinguishing goal priming from priming of non-goal constructs. Personality and Social Psychology Review, 11, 211–233.

Förster, J., Nußbaum, M. (2018). Körperweisheit trifft Vorurteil: Der Einsatz von Embodiment bei Trainings zu Empathie und fairer Personenbeurteilung. In M. Brohm-Badry, C. Peifer, J. M. Greve (Hrsg.), Wie Menschen wachsen. Positiv-Psychologische Entwicklung von Individuum, Organisation und Gesellschaft (S. 181–192). Lengerich: Pabst Science Publishers.

Förster, J., Nußbaum, M. (2022). Vorsicht, Diskriminierung! Familiendynamik, 47, 124–132.

Förster, J., Stepper, S. (2000). Compatibility between approach/avoidance stimulation and valenced information determines residual attention during the process of encoding. European Journal of Social Psychology, 30, 853–871.

Förster, J., Strack, F. (1996). Influence of overt head movements on memory for valenced words: A case of conceptual-motor compatibility. Journal of Personality and Social Psychology, 71, 421–430.

Förster, J., Werth, L. (2001). Zur Wechselwirkung von Medien und Motorik: Der Einfluss induzierten Annäherungs- und Vermeidungsverhaltens auf die Beurteilung der FDP. Zeitschrift für Sozialpsychologie, 32, 223–233.

Frankl, V. E. (1947). Die Psychotherapie in der Praxis. Eine kasuistische Einführung für Ärzte. Wien: Deuticke.

Frankl, V. E. (1987). Logotherapie und Existenzanalyse. München: Piper.

Fredrickson, B. L. (2001). The role of positive emotions in positive psychology: The broaden-and-build theory of positive emotions. American Psychologist, 56, 218–226.

Friedman, R., Fishbach, A., Förster, J., Werth, L. (2003). Attentional priming effects on creativity. Creativity Research Journal, 15, 277–286.

Friedman, R., Förster, J. (2001). Friedman, R., Förster, J. (2001). The effects of promotion and prevention cues on creativity. Journal of Personality and Social Psychology, 81, 1001–1013.

Friedman, R., Förster, J. (2005). Effects of motivational cues on perceptual asymmetry: Implications for creativity and analytical problem solving. Journal of Personality and Social Psychology, 88, 263–275.

Friedman, R., Förster, J. (2010). Implicit affective cues and attentional tuning: An integrative review. Psychological Bulletin, 136, 875–893.

Fromm, E. (1960/2015). Psychoanalyse und Zen-Buddhismus. Psychoanalysis and Zen Buddhism. München: Open Publishing GmbH.

Gergen, K. J. (2002). Konstruierte Wirklichkeiten. Eine Hinführung zum sozialen Konstruktionismus. Stuttgart: Kohlhammer.

Gergen, K. J., Epstein, E. K. (2005). Von der Behandlung zum Dialog. Familiendynamik, 30, 184–198.

Gergen, K. J., Gergen, M. M. (2009). Einführung in den sozialen Konstruktionismus. Aus dem Englischen von K. Roth. Heidelberg: Carl-Auer.

Glasersfeld, E. von (1985). Einführung in den Radikalen Konstruktivismus. In P. Watzlawick (Hrsg.), Die erfundene Wirklichkeit. Wie wissen wir, was wir zu wissen glauben? Beiträge zum Konstruktivismus (S. 16–38). München: Piper.

Glasersfeld, E. von (1991). Wege des Wissens im Text. Lehren und Lernen aus der Sicht eines Konstruktivisten. Heidelberg: Carl-Auer.

Glasersfeld, E. von (1994). Pourquoi le constructivisme doit-il être radical? Revue des sciences de l'éducation, 20, 21–27.

Glick, P., Fiske, S. T. (1997). Hostile and benevolent sexism: Measuring ambivalent sexist attitudes toward women. Psychology of Women Quarterly, 21, 119–135.

Golan, R., Gepner, Y., Shai, I. (2019). Wine and health – new evidence. European Journal of Clinical Nutrition, 72 (1), 55–59.

Grabbe, M. (2003). Time-Line in der Krisenintervention. Der »Ressourcen-Orientierte Lösungs-Fokussierte Schritt«. PiD – Psychotherapie im Dialog, 4, 376–379.

Gross, S. J. (2004). Pathways to lasting self-esteem. Bloomington, IN: AuthorHouse.

Gümüsay, K. (2020). Sprache und sein. Berlin: Hanser.

Haber, R. (2002). Virginia Satir: An integrated, humanistic approach. Contemporary Family Therapy, 24, 23–34.

Halvorson, H. G., Higgins, E. T. (2013). Focus: Use different ways of seeing the world for success and influence. New York: Penguin Press.

Higgins, E. T. (1981). Role-taking and social judgment: Alternative developmental perspectives and processes. In J. H. Flavell, L. Ross (Eds.), Social cognitive development: Frontiers and possible futures (pp. 119–153). New York: Cambridge University Press.

Higgins, E. T. (1996). Knowledge activation: Accessibility, applicability, and salience. In E. T. Higgins, A. W. Kruglanski (Eds.), Social psychology. Handbook of social principles (pp. 133–169). New York: Guilford Press.

Higgins, E. T., King, G. A. (1981). Accessibility of social constructs: Information-processing consequences of individual and contextual variability. In N. Cantor, J. Kihlstrom (Eds.), Personality, cognition and social interaction (pp. 69–122). Hillsdale, NJ: Erlbaum.

Holm-Hadulla, R., Kriz, J., Lieb, H. (2004). Ist Beziehung alles und ohne Beziehung alles nichts? PiD – Psychotherapie im Dialog, 5, 321–334.

Horx, M. (2023). Regnose und Prognose: Wo liegt der Unterschied? https://www.zukunftsinstitut.de/artikel/zukunftsreport/das-prinzip-regnose/ (Zugriff am 27.07.2023).

Hunger, C., Link, L. (2014). Was soll in Aufstellungen verändert werden und wie kann das gemessen werden? In J. Weinhold, A. Bornhäuser, C. Hunger, J. Schweitzer (Hrsg.), Dreierlei Wirksamkeit. Die Heidelberger Studie zu Systemaufstellungen. Heidelberg: Carl-Auer.

Hunger-Schoppe, C. (2020). Familienaufstellung als Einzelintervention im Gruppensetting bei chronisch-psychosozialen Konflikten: Kurz-, mittel- und langfristige Wirksamkeit. Zeitschrift für Psychiatrie, Psychologie und Psychotherapie, 69, 263–273.

Isen, A. M. (1987). Positive affect, cognitive processes, and social behavior. In L. Berkowitz (Ed.), Advances in experimental social psychology (Vol. 20, pp. 203–253). New York: Academic Press.

Johnston, W. A., Dark, V. J. (1986). Selective attention. Annual Review of Psychology, 37, 43–75.

Kahneman, D., Slovic, P., Tversky, A. (Eds.) (1982). Judgment under uncertainty: Heuristics and biases. Cambridge: Cambridge University Press.

Kant, I. (1787/1998). Kritik der reinen Vernunft. Hamburg: Felix Meiner.

Karremans, J. C., Stroebe, W., Claus, J. (2006). Beyond Vicary's fantasies: The impact of subliminal priming and brand choice. Journal of Experimental Social Psychology, 42 (6), 792–798.

Katz, M. R., Rodin, G., Devins, G. M. (1995). Self-esteem and cancer: theory and research. The Canadian Journal of Psychiatry, 40, 608–615.

Kiel, V. (2020). Analoge Verfahren in der systemischen Beratung. Ein integrativer Ansatz für Coaching, Team- und Organisationsentwicklung. Göttingen: Vandenhoeck & Ruprecht.

Köhn, M. (2019). Aristoteles und Nagarjuna. Die abendländische und buddhistische Perspektive der Metaphysik. München: GRIN Verlag.
Kruglanski, A. W. (1996). Motivated social cognition: Principles of the interface. In E. T. Higgins, A. W. Kruglanski (Eds.), Social psychology: Handbook of basic principles (pp. 493–520). New York: Guilford Press.
Kumbruck, C., Gnosa, H., Nickel, W. (2005). Organisationsaufstellung – eine Methode der Explizierung von verborgenem Wissen. Journal für Psychologie, 13, 403–419.
Kunda, Z. (1990). The case for motivated reasoning. Psychological Bulletin, 108, 480–498.
Lakoff, G., Johnson, M. (1980/2008). Metaphors we live by. Chicago: University of Chicago Press.
Lambert, M. J., Barley, D. E. (2001). Research summary on the therapeutic relationship and psychotherapy outcome. Psychotherapy: Theory, Research, Practice, Training, 38, 357–361.
Längle, A. (1988). Entscheidung zum Sein. Viktor E. Frankls Logotherapie in der Praxis. München: Piper.
Lazarus, R. S. (2003). Does the positive psychology movement have legs? Psychological Inquiry, 14, 93–109.
Lee, S. W., Schwarz, N. (2010). Dirty hands and dirty mouths: Embodiment of the moral-purity metaphor is specific to the motor modality involved in moral transgression. Psychological Science, 21, 1423–1425.
Levold, T., Lieb, H. (2017). Für welche Probleme sind Diagnosen eigentlich eine Lösung? Tom Levold und Hans Lieb im Gespräch mit Uwe Britten. Göttingen: Vandenhoeck & Ruprecht.
Lewin, K. (1943). Psychology and the process of group living. Journal of Social Psychology, 17, 113–131.
Liberman, N., Trope, Y. (2008). The psychology of transcending the here and now. Science, 322 (5905), 1201–1205.
Lieb, H. (2009). So hab ich das noch nie gesehen. Systemische Therapie und Verhaltenstherapie. Heidelberg: Carl-Auer.
Lieb, H. (2020). Werkzeug Sprache in Therapie, Beratung und Supervision: Das Grundlagenbuch. Göttingen: Vandenhoeck & Ruprecht.
Lieb, H., Brink, B. (2009). Krise – Herausforderung und Chance. Teil 2: Krisenbewältigungstypen: Merkmale und Therapie. Systhema, 23 (2), 151–165.
Lindner, M. H. (2021). Rezension zu *Heike Bungert, Die Indianer. Eine Geschichte der indigenen Nationen in den USA. München, Beck 2020.* Historische Zeitschrift, 313 (3), 720–721.
Loth, W., Schlippe, A. von (2004). Die therapeutische Beziehung aus systemischer Sicht. PiD – Psychotherapie im Dialog, 5, 341–347.
Lubbadeh, T. (2020). Job burnout: A general literature review. International Review of Management and Marketing, 10, 7–15.
Luhmann, N. (1984). Soziale Systeme: Grundriß einer allgemeinen Theorie. Frankfurt a. M.: Suhrkamp.

Luhmann, L. (1991). Die Wissenschaft der Gesellschaft, Frankfurt a. M.: Suhrkamp.

Luhmann, L. (1996). Die Realität der Massenmedien (2., erw. Aufl.). Opladen: Westdeutscher Verlag.

Luhmann, N. (2017). Systemtheorie der Gesellschaft. Frankfurt a. M.: Suhrkamp.

Maturana, H. R., Varela, F. J. (1972). Autopoiesis and cognition: The realization of the living. Boston studies in the philosophy and history of science, Vol. 42. Dordrecht: Reidel.

Maturana, H., Varela, F. (1987). Der Baum der Erkenntnis. Die biologischen Wurzeln des menschlichen Erkennens. Bern: Scherz.

Meerwein, G., Rodeck, B., Mahnke, F. H. (2007). Farbe – Kommunikation im Raum. Basel: Birkhäuser.

Molter, H. (2021). Schon die alten Griechen … Spurensuche: Therapie und Beratung in Bewegung. Zeitschrift für Systemische Therapie und Beratung, 39, 11–18.

Molter, H., Grabbe, M. (2014). Virginia Satir. Das bleibt! Familiendynamik, 39, 284–294.

Molter, H., Nöcker, K. (2012). Das Raummodell als Landkarte für Coachingprozesse. Coaching-Magazin, 2, 38–41.

Molter, H., Nöcker, K. (2016). FragenStellen. In H. Neumann-Wirsig (Hrsg.), Lösungsorientierte Supervisions-Tools: Renommierte Supervisorinnen und Supervisoren beschreiben 50 lösungsorientierte, systemische und hypnosystemische Tools für die Supervision (S. 115–120). Bonn: ManagerSeminare.

Mummendey, A., Otten, S. (2002). Theorien intergruppalen Verhaltens [Theories of intergroup behavior]. In D. Frey (Hrsg.), Theorien der Sozialpsychologie. (2., völlig überarb. Aufl.) [Theories of Social Psychology (2nd completely revised edition)] (pp. 95–119). Bern: Hogrefe.

Navon, D. (1977). Forest before trees: The precedence of global features in visual perception. Cognitive Psychology, 9, 353–383.

Nöcker, K., Molter, H. (2012). Luhmann für mich und dich. Systhema, 26, 19–29.

Oettingen, G. (2015). Die Psychologie des Gelingens. München: Pattloch eBook.

Orth, U., Robins, R. W. (2022). Is high self-esteem beneficial? Revisiting a classic question. American Psychologist, 77, 5–17.

Peper, E., Shumay, D. M., Moss, D. (2012). Change illness beliefs with biofeedback and somatic feedback. Biofeedback, 40, 154–159.

Pisarsky, B. C. (2000). Die Mailänder Schule: Systemische Therapie von der paradoxen Intervention zum epigenetischen Ansatz. Göttingen: Vandenhoeck & Ruprecht.

Prinz, W. (2016). Ideo-motor action. In H. Heuer, A. Sanders (Eds.), Perspectives on perception and action (pp. 47–76). London: Routledge.

Pronin, E., Gilovich, T., Ross, L. (2004). Objectivity in the eye of the beholder: Divergent perceptions of bias in self versus others. Psychological Review, 111, 781–799.

Pro Psychotherapie e.V. (2023). Verdacht auf Selbsttötungsabsichten. https://www.therapie.de/psyche/info/index/diagnose/suizid/reaktion-bei-selbst-toetungsgefahr/ (Zugriff am 24.11.2023).

Ryan, R. M., Deci, E. L. (2000). Intrinsic and extrinsic motivations: Classic definitions and new directions. Contemporary Educational Psychology, 25, 54–67.

Sartre, J.-P. (1943/1993). Das Sein und das Nichts (22. Aufl.). Reinbek b. Hamburg: Rowohlt Taschenbuch.

Satir, V. (2019). Selbstwert und Kommunikation: Familientherapie für Berater und zur Selbsthilfe (Leben Lernen 18). Stuttgart: Klett-Cotta.

Satir, V. (2022). Glaubenssätze von Virginia Satir. https://www.reisslandt.de/virginia-satir (Zugriff am 23.11.2023).

Schindler, H. (1995). Die Zeitlinie – eine Möglichkeit zur erlebnisintensiven systemischen Therapie mit Einzelklientinnen. Systhema, 9, 53–60.

Schlippe, A. von (2006). Das »Auftragskarussell« oder auch »Münchhausens Zopf«. Psychotherapeutische Schätze, 101, 30–36.

Schlippe, A. von, Schweitzer, J. (2016). Lehrbuch der systemischen Therapie und Beratung I: Das Grundlagenwissen (3. Aufl.). Göttingen: Vandenhoeck & Ruprecht.

Schlippe, A. von, Schweitzer, J. (2019). Gewusst wie, gewusst warum: Die Logik systemischer Interventionen. Göttingen: Vandenhoeck & Ruprecht.

Schmeer, G. (2006). Die Resonanzbildmethode – Visuelles Lernen in der Gruppe: Selbsterfahrung – Team – Organisation (Leben lernen 190). Stuttgart: Klett-Cotta.

Schmeer, G. (2016). Interview mit Volker Kiel. In V. Kiel (2020), Analoge Verfahren in der systemischen Beratung: ein integrativer Ansatz für Coaching, Team- und Organisationsentwicklung (S. 297–316). Göttingen: Vandenhoeck & Ruprecht.

Schnall, S., Harber, K. D., Stefanucci, J. K., Proffitt, D. R. (2008). Social support and the perception of geographical slant. Journal of Experimental Social Psychology, 44 (5), 1246–1255.

Schooler, J. W., Engstler-Schooler, T. Y. (1990). Verbal overshadowing of visual memories: Some things are better left unsaid. Cognitive Psychology, 22, 36–71.

Schooler, J. W., Melcher, J. (1995). The ineffability of insight. In S. M. Smith, T. B. Ward, R. A. Finke (Eds.), The creative cognition approach (pp. 97–134). Cambridge, MA: MIT Press.

Schubert, T. W. (2005). Your highness: Vertical positions as perceptual symbols of power. Journal of Personality and Social Psychology, 89, 1–21.

Schwarz, N., Bless, H. (1991). Happy and mindless, but sad and smart? The impact of affective states on analytic reasoning. In J. Forgas (Ed.), Emotion and social judgments (pp. 55–71). Oxford: Pergamon.

Schwarz, N., Clore, G. L. (1996). Feelings and phenomenal experiences. In E. T. Higgins, A. W. Kruglanski (Eds.), Social psychology: Handbook of basic principles (pp. 433–465). New York: Guilford Press.

Seehausen, M. (2019). Die emotionale Wirkung von Paraphrasieren – Ergebnisbericht dreier neuropsychologischer Studien. Zeitschrift für Konfliktmanagement, 22, 164–169.

Seligman, M. (2012). Flourish – Wie Menschen aufblühen: Die positive Psychologie des gelingenden Lebens. München: Kösel.

Shoham-Salomon, V., Rosenthal, R. (1987). Paradoxical interventions: A meta-analysis. Journal of Consulting and Clinical Psychology, 55, 22–28.

Siebert, H. (1999). Pädagogischer Konstruktivismus. Eine Bilanz der Konstruktivismusdiskussion für die Bildungspraxis. Neuwied: Luchterhand.

Simon, F. (2022). Die Kunst, nicht zu lernen. Und andere Paradoxien in Psychotherapie, Management, Politik … Heidelberg: Carl-Auer.

Simon, F. B., Rech-Simon, C. (2020). Zirkuläres Fragen: Systemische Therapie in Fallbeispielen. Ein Lernbuch. Heidelberg: Carl-Auer.

Sowa, J. F. (1999). Review of *Philosophy in the Flesh: The embodied mind and its challenge to Western thought* by George Lakoff and Mark Johnson. Computational Linguistics, 25 (4), 631–634.

Sparrer, I. (2001). Wunder, Lösung und System. Lösungsfokussierte Systemische Strukturaufstellungen für Therapie und Organisationsberatung. Heidelberg: Carl-Auer-Systeme.

Sparrer, I., Varga von Kibéd, M. (2000). Ganz im Gegenteil. Tetralemmaarbeit und andere Grundformen systemischer Strukturaufstellungen. Für Querdenker und solche, die es werden wollen. Heidelberg: Carl-Auer-Systeme.

Sparrer, I., Varga von Kibéd, M. (2010). Klare Sicht im Blindflug. Schriften zur Systemischen Strukturaufstellung. Heidelberg: Carl-Auer.

Steele, C. M. (1997). A threat in the air: How stereotypes shape intellectual identity and performance. American Psychologist, 52, 613–615.

Steele, C. M., Aronson, J. (1995). Stereotype threat and the intellectual test performance of African Americans. Journal of Personality and Social Psychology, 69, 797–811.

Stepper, S., Strack, F. (1993). Proprioceptive determinants of emotional and nonemotional feelings. Journal of Personality and Social Psychology, 64 (2), 211–220.

Sternberg, R. J., Lubart, T. I. (1991). An investment theory of creativity and its development. Human Development, 34, 1–31.

Storch, M., Cantieni, B., Hüther, G., Tschacher, W (2022). Embodiment: Die Wechselwirkung von Körper und Psyche verstehen und nutzen (4., überarb. Aufl.). Bern: Hogrefe.

Storch, M., Krause, F., Weber, J. (2022). Selbstmanagement – ressourcenorientiert: Theoretische Grundlagen und Trainingsmanual für die Arbeit mit dem Zürcher Ressourcen Modell (ZRM®) (7., überarb. Aufl.). Bern: Hogrefe.

Trenkle, B. (2021). Dazu fällt mir eine Geschichte ein: Direkt-indirekte Botschaften für Therapie, Beratung und über den Gartenzaun. Heidelberg: Carl-Auer.

Trope, Y., Liberman, N. (2010). Construal-level theory of psychological distance. Psychological Review, 117 (2), 440–463.

Van den Bergh, B., Schmitt, J., Warlop, L. (2011). Embodied myopia. Journal of Marketing Research, 48, 1033–1044.

Van IJzendoorn, M. H., Bakermans-Kranenburg, M. J. (2021). Replication crisis lost in translation? On translational caution and premature applications of attachment theory. Attachment & Human Development, 23, 422–437.

Varela, F. G., Maturana, H. R., Uribe, R. (1974). Autopoiesis: The organization of living systems, its characterization and a model. Biosystems, 5, 187–196.

Varga von Kibéd, M. (2009). Der Körper als Wahrnehmungsorgan in der systemischen Aufstellungsarbeit 1. In G. L. Baxa, C. Essen, A. H. Kreszmeier (Hrsg.), Verkörperungen: Systemische Aufstellung, Körperarbeit und Ritual (S. 40–58). Heidelberg: Carl-Auer.

Wakslak, C. J., Trope, Y., Liberman, N., Alony, R. (2006). Seeing the forest when entry is unlikely: probability and the mental representation of events. Journal of Experimental Psychology: General, 135, 641–653.

Watzlawick, P. (1976). How real is real? Confusion, disinformation, communication. New York: Random House.

Watzlawick, P. (2001). »Wir können von der Wirklichkeit nur wissen, was sie nicht ist«. Paul Watzlawick über die Axiome der Kommunikation, den heimlichen Realismus einer psychiatrischen Diagnose und das konstruktivistische Lebensgefühl. In B. Pörksen, Abschied vom Absoluten: Gespräche zum Konstruktivismus (S. 211–231). Heidelberg: Carl-Auer-Systeme.

Watzlawick, P., Beavin, J., Jackson, D. (2016). Menschliche Kommunikation: Formen, Störungen, Paradoxien (13. Aufl.). Bern: Hogrefe.

Watzlawick, P., Weakland, J. H., Fisch, R. (2009). Lösungen. Zur Theorie und Praxis menschlichen Wandels (7. Aufl.). Bern: Huber.

White, M. (2011). Narrative practice: Continuing the conversations. New York/London: W. W. Norton & Company.

White, M., Epston, D. (1990). Die Zähmung der Monster. Übers. von M. Balkenhol. Heidelberg: Carl-Auer.

Wiers, R. W., Rinck, M., Kordts, R., Houben, K., Strack, F. (2010). Retraining automatic action-tendencies to approach alcohol in hazardous drinkers. Addiction, 105 (2), 279–287.

Williams, L. E., Bargh, J. A. (2008). Experiencing physical warmth promotes interpersonal warmth. Science, 322 (5901), 606–607.

Willke, H. (2004). Einführung in das systemische Wissensmanagement. Heidelberg: Carl-Auer.

Woltin, K. A., Corneille, O., Yzerbyt, V. Y., Förster, J. (2011). Narrowing down to open up for other people's concerns: Empathic concern can be enhanced by inducing detailed processing. Journal of Experimental Social Psychology, 47, 418–424.